本著作是2022年度广西高校中青年教师科研基础能力提升项目"文化传播视域下广西农家书屋助力乡村振兴的路径研究"（项目编号：2022KY0567）的研究成果。

专著出版得到广西高校中青年教师（科研）基础能力提升项目（文化传播视域下广西农家书屋助力乡村振兴的路径研究，项目编号：2022KY0567）资助。

乡村振兴

视域下广西乡村文化建设研究

李 莎／著

新 华 出 版 社

图书在版编目（CIP）数据

乡村振兴视域下广西乡村文化建设研究 / 李莎著.

北京 : 新华出版社, 2024. 9. –– ISBN 978-7-5166

–7563–2

Ⅰ. G127.67

中国国家版本馆CIP数据核字第2024U0L353号

乡村振兴视域下广西乡村文化建设研究

作　　者：李　莎

责任编辑：于　梦　　　　　　　封面设计：沈加坤
特约编辑：赵　鹤

出版发行：新华出版社
地　　址：北京石景山区京原路8号　邮　　编：100040
网　　址：http : //www.xinhuapub.com
经　　销：新华书店
　　　　　新华出版社天猫旗舰店、京东旗舰店及各大网店
购书热线：010-63077122　　　中国新闻书店购书热线：010-63072012

照　　排：北京亚吉飞数码科技有限公司
印　　刷：北京亚吉飞数码科技有限公司
成品尺寸：170mm×240mm　　　1/16
印　　张：17　　　　　　　　　字　　数：269千字
版　　次：2025年3月第一版　　　印　　次：2025年3月第一次印刷
书　　号：ISBN 978-7-5166-7563-2
定　　价：82.00元

前　言

实施乡村振兴战略,是党的十九大作出的重大决策部署,是决胜全面建成小康社会、全面建设社会主义现代化国家的重大历史任务,是新时代"三农"工作的总抓手。2018年中央一号文件正式颁布,全面部署乡村振兴战略,乡村振兴全面启动。乡村振兴,既要塑形,又要铸魂。乡村是中华文明兴衰的底线,历经几千年的中华农耕文明积淀了灿烂的乡村物质与精神文化宝藏,是乡村振兴重要的软实力。乡村文化建设是乡村振兴的灵魂工程,研究以乡村振兴战略为导向,分析当前乡村文化建设存在的问题及原因,探寻乡村文化建设路径,既是乡村振兴战略的应有之义,又能为乡村振兴战略的实施提供精神和智力上的支撑。乡村振兴战略是中共十九大对中国乡村发展作出的重大战略部署,乡村文化建设是乡村振兴战略的重要环节,研究乡村文化建设对推进新时代中国特色社会主义新农村建设具有重要意义。

本书对乡村振兴视域下广西乡村文化建设进行了系统性的研究。全书共包含六章。

第一章为绪论,该部分主要由研究缘由、研究意义、相关概念、研究现状和研究方法等构成。

第二章,乡村振兴视域下乡村文化建设概述。本章从乡村振兴战略的提出背景、目标要求与基本原则三个方面阐述了乡村振兴战略,在文化和乡村文化概念的基础上,对乡村文化建设理论基础进行了全面梳理,分析论证了乡村振兴战略与乡村文化建设之间的逻辑关系。从乡村振兴战略的概述、乡村文化建设的概述、乡村文化建设的理论基础三个方面阐述了乡村振兴战略与乡村文化建设的内在逻辑联系,同时也为后面章节的相关论述提供坚实的理论基础。

第三章，乡村振兴视域下乡村文化建设的历史机遇与时代价值。本章内容是本书的难点，从当前党和国家事业发展的历史机遇与时代价值两个方面论述乡村文化建设的机遇和价值，其中，乡村振兴视域下乡村文化建设的历史机遇包括满足人民对美好生活的需要是推动力量、国家政策支持乡村振兴战略的实施、增强中国特色社会主义文化自信等方面；乡村文化建设的时代价值包括有利于推动乡村产业融合发展、有利于激发乡村文化发展内生动力、有利于深化对乡风文明认同感、有利于推进乡村治理现代化等方面。

第四章，乡村振兴视域下广西乡村文化建设的基本属性，共分为乡村振兴视域下广西乡村文化建设的基本特征、主要内容和现实功能三节，其中，基本特征包括坚定社会主义方向、坚持农民主体地位、统筹区域协同发展等方面；主要内容包括传承乡村优秀传统文化、增强乡村公共文化建设、着力消除乡村精神贫困等；现实功能包括营造乡村振兴的和谐社会环境、夯实乡村振兴的精神文化素质基础、建设美丽乡村促进生态振兴等方面。

第五章，广西乡村文化建设实践中的问题及其原因。存在的问题包括乡村空心化、引才留才难、原始生态文化资源破坏严重、乡村建设缺少文化内涵、乡村文化优秀传统文化缺乏保护与传承、公共文化服务体系活力不够等内容。原因主要体现在乡村人才建设机制不完善、过度追求经济效益与保护意识薄弱、乡村社会文化环境的巨大改变、乡村公共文化服务体系不健全等四方面。

第六章，乡村振兴视域下广西乡村文化建设的路径选择。本章内容是本书的重点，也是难点。分为四大部分：一是从社会主义核心价值观引领乡村文化建设、以优良乡风涵养乡村文化建设等两个方面加强乡村文化建设的价值引领；二是从完善乡村教育体系、注重乡村人才引进、发挥乡贤引领作用等三方面建立健全人才发展体制机制；三是从大力发展乡村文化旅游产业、着力打造乡村数字文化产业两方面探索传统乡村文化融合方式；四是加强乡村公共文化设施建设、优化乡村公共文化服务质量、提升乡村公共文化服务效能三方面完善乡村公共文化服务体系。

总之，通过系统研究乡村振兴视域下乡村文化建设，本书主要提出如下创新观点：一是应从人类文明的高度理解乡村文化建设的科学内涵，从概念论述、理论基础、实施必要性、历史机遇与时代价值、基本属性等方面概述乡村文化建设；二是采用实地调研方式，沉浸式探寻广西乡村文化建设的实际发展状况，追寻其实践过程中存在的问题及原因剖析；三是进一步丰富了乡村振兴视域下乡村文化建设的主要内容，尤其是广西乡村文化建设的可借鉴之处；四是在分析乡村振兴视域下乡村文化建设存在的问题的基础上，给出了相应的对策与思考。

　　本书的顺利出版得到了玉林师范学院马克思主义学院领导和同事，尤其是马克思主义学院丁祥艳、黄基凤、石瑞红等老师的支持和帮助。由于本人知识水平有限，本书难免有疏漏之处，恳请专家学者批评指正。

目 录

第一章

绪论

第一节　研究背景和意义

一、研究背景

农为邦本，本固邦宁；务农重本，国之大纲。近年来，党和国家尤为关注"三农"问题。自2004年以来至2024年，我国在连续21年发布的中央一号文件中都涉及"三农"问题。十九大报告提出实施乡村振兴战略要坚持农业农村优先发展，按照产业兴旺、生态宜居、乡风文明、治理有效、生活富裕的总要求，建立健全城乡融合发展体制机制和政策体系，加快推进农业农村现代化。2024年中央一号文件中明确指出，推进中国式现代化，必须坚持不懈夯实农业基础，推进乡村全面振兴。2024年中央一号文件强调，要学习运用"千万工程"蕴含的发展理念、工作方法和推进机制，把推进乡村全面振兴作为新时代新征程"三农"工作的总抓手，坚持以人民为中心的发展思想，完整、准确、全面地贯彻新发展理念，因地制宜、分类施策，循序渐进、久久为功……打好乡村全面振兴漂亮仗，绘就宜居宜业和美乡村新画卷，以加快农业农村现代化，更好推进中国式现代化建设。

乡村振兴是新时代我国"三农"工作的总抓手，是实现中华民族伟大复兴的重要组成部分。乡村文化建设作为乡村振兴的重要支撑，对于推动乡村经济、社会、生态、文化的全面发展具有重要意义。广西地处我国西南边陲，是多个少数民族的聚居区，拥有丰富多样的民族文化资源和地方特色，这些独特的乡村文化不仅是当地人民的精神家园，也是中华文化的重要组成部分。在乡村振兴的过程中，保护和传承这些独特的乡村文化，对于促进民族团结、增强文化自信、推动乡村可持续发展具有重要意义。从文化建设视角探寻，挖掘乡村文化在乡村振兴中的独特价值，积极发挥乡村文化在乡村社会发展中的文化传播和文化建设作用，既能够有效提升乡村民众的精神文化素养，又有利于文明乡风的形成、彰显国家文化的软实力。但目前广西乡村文化建设与社会经济发展不相适应，存在乡村空心化、引才留才难、原始生态文化资源破坏严重、乡村文化优秀传统文化缺乏保护与传承、公共文化服务体系活力不足等问题，这些问题与中国式现代化本质要求不相适应。因此，要不断加强乡村振兴战略实施的政策支持，进一步加强广西乡村文化的保护和传承工作，推动乡村文化建设的创新发展，为实现乡村全面振兴贡献智慧和力量，增强中国特色社会主义文化自信。

二、研究意义

（一）理论意义

首先，乡村文化建设研究有助于丰富和发展乡村振兴理论。乡村振兴战略是一个综合性的战略，涉及经济、政治、文化、社会等多个方面，乡村文化建设作为乡村振兴战略的重要组成部分，其研究有助于深化对乡村振兴战略的认识，丰富和发展乡村振兴理论。

其次，乡村文化建设研究有助于推动乡村文化的发展和传承。乡村文化是中华民族优秀传统文化的重要组成部分，是乡村社会发展的重要支撑。通过对乡村文化建设的研究，可以更好地了解乡村文化的特点、价值和意义，探索乡村文化的发展路径和传承方式，为乡村振兴提供不竭的精神文化动力。

再次，乡村文化建设研究有助于提高乡村社会的文明程度和素质水平。乡村文化建设不仅涉及文化问题，还涉及教育、科技、卫生、体育等多个领域，通过对乡村文化建设的研究，能探索有效的乡村教育模式，推广科学知识和技术，提高乡村社会的文明程度和素质水平，促进乡村社会的全面发展。

最后，乡村文化建设研究有助于增强乡村社会的凝聚力和向心力。乡村文化建设是一个涉及面广、综合性强的领域，它不仅涉及物质层面的建设，还涉及精神层面的建设，通过对乡村文化建设的研究，可以探索有效的乡村文化传承和弘扬方式，增强乡村社会的凝聚力和向心力，促进乡村社会的和谐稳定和发展进步。

综上所述，乡村振兴视域下乡村文化建设研究的理论意义重大而深远，它不仅有助于丰富和发展乡村振兴理论，推动乡村文化的发展和传承，提高乡村社会的文明程度和素质水平，增强乡村社会的凝聚力和向心力，还为我国农村的全面振兴提供了重要的理论支撑。

（二）现实意义

首先，乡村文化建设是推动乡村发展的重要手段。随着城市化进程的加速，乡村人口逐渐减少，乡村文化也随之衰落，因此，加强乡村文化建设能够激发农民的文化认同感和归属感，提高他们的文化素质和自我发展能力，从而推动乡村经济的持续发展。其次，乡村文化建设是实现文化自信的重要途径。乡村文化是我国优秀传统文化的重要组成部分，也是中华民族的精神家园。通过挖掘、保护、传承和弘扬乡村文化，可以增强人民群众的文化自信，促进文化的繁荣发展。最后，乡村文化建设对于社会治理具有积极意义。乡村文化建设能够促进乡村社会的和谐稳定，增强村民的法治意识和道德观念，从而减少社会矛盾和冲突，提高乡村社会的治理水平。因此，乡村振兴视域下乡村文化建设研究具有深远的意义和价值；加强乡村文化建设，可以推动乡村经济的发展、增强人民群众的文化自信、促进社会的和谐稳定。

第二节　国内外研究现状

自2005年党的十六届五中全会提出加快新农村建设以来，我国乡村文化建设日益引起学术界的高度关注，尤其在党的十九大提出乡村振兴战略之后，关于乡村文化建设和乡村振兴的研究逐渐增多。从当前研究热点问题来看，学者对乡村振兴战略、乡村文化建设、乡村振兴战略与乡村文化建设两者间的关系等方面进行了深入研究，从多维度和多角度进行论述和阐释，发表和出版了一些论文和专著，取得了许多重要的研究成果。

一、国内研究现状

（一）乡村振兴战略研究

目前，国内学者从实施乡村振兴战略的依据及意义、内涵、现实挑战、策略与路径等方面进行了多角度的论述和阐释，为进一步研究乡村振兴背景下乡村文化建设奠定了较好的理论基础。

1.关于实施乡村振兴战略的依据及意义研究

关于实施乡村振兴战略的依据，2018年中央一号文件指出，在中国特色社会主义新时代，乡村是一个可以大有作为的广阔天地，迎来了难得的发展机遇。我们有党的领导的政治优势、社会主义的制度优势、有亿万农民的创造精神、有强大的经济实力支撑、有历史悠久的农耕文明、有旺盛的市场需求，完全有条件有能力实施乡村振兴战略。

众多学者从多个角度阐述了乡村振兴实施战略的意义。

第一，自改革开放以来，中国共产党在乡村文化建设方面经历了显著发展。以十一届三中全会为起始点，中国共产党乡村文化建设是一个科学逻辑体系演进过程，这主要体现在三个方面：一是从历史角度来看，中华文化五千年来尤其是近代以来民主革命和社会主义建设时期为当前乡村文化建设奠定了历史条件；二是从理论基础角度来看，中国共产党人继承了马克思、恩格斯、毛泽东等人关于乡村建设、文化建设的思想，结合不同时期的国内外环境变化，在邓小平、江泽民、胡锦涛、习近平等人理论自觉基础上进行了丰富与发展，形成了具有中国特色的乡村文化建设理论体系；三是从实践角度来看，中国共产党人领导国家从党和国家发展的全局出发，为乡村文化建设作出了战略安排，逐步推进中国乡村文化建设。同时还从改革开放以来中国共产党乡村文化建设的逻辑起点、理论依据、实践探索、效果审视、推进图式等方面系统而深入地进行论述。①

第二，乡村振兴的外部条件至关重要。乡村振兴离不开工业化、城市化的拉动，工业化和城市化的水平决定了中国乡村发展水平；乡村振兴需要政府支持创造基本条件，从我国农村发展的现实来看，政府对乡村基础设施、公共服务建设以及耕地整理的财政支持，是乡村振兴的基本条件；乡村振兴需要城乡生产要素自由流动，想要实现城乡生产要素的自由流动，政府就必须尽快废除城乡二元户籍体制，缩小城乡基础设施和公共服务的差距，实现城乡社会保障一体化，并加快土地制度改革，放松城市居民到乡村流转土地、宅基地的限制。②

第三，乡村振兴发展中乡村与城市的关系至关重要。一是乡村振兴是遵循现代化建设规律作出的战略部署，从处理工农、城乡关系这一主线来看，工农、城乡发展面临的中心任务和表现形态的发展历程经历了三个阶段：现代化初期优先发展工业，农业支持工业；现代化中前期优先发展工业和城镇，农业农村支持工业和城镇；现代化中后期工业反哺农业，城镇支持农村。二是乡村振兴是走中国特色现代化道路的必然要求，应将城镇化与乡村振兴结合起来，共同为解决农业农村发展难题和实现国家现代化服务。城镇

① 张世定.中国共产党乡村文化治理的百年实践及启示[J].长白学刊，2021（04）：18-26.
② 王文龙.落实乡村振兴战略应厘清五大问题[J].吉首大学学报（社会科学版），2020，41（02）：82-90.

化是通过转移农业剩余人口为农业现代化和农民市民化创造条件，乡村振兴是通过建设乡村实现农民就地市民化和农业农村现代化。三是乡村振兴是根据城乡发展新特征作出的科学抉择，进入新时代我国城乡发展也呈现出新特点——城镇化减速，为推动乡村振兴，促进农村多产业融合发展，以产业振兴推动农业转型、农民致富和农村现代化。①

第四，乡村发展对农村的推动作用显著。乡村发展经历了现代转型中的"乡村自救"，在半殖民地半封建社会，如果不触动经济社会制度，仅依靠政府行政推动与轻重倒置的乡村自救终归失败；城乡二元结构下的乡村发展阶段，中华人民共和国成立后，乡村旧的社会关系"被新的国家政权与乡村群众的双边关系取代"，新的治理方式为城市向农村汲取资源创造了条件，社会主义改造完成以后随着市场化改革的推进，由于城市基础设施好，投资收益率高，为追求利润最大化，资金、人才、资源等生产要素加速向城市流动，乡村失去了发展的支撑，城乡"极化效应"日渐凸显，原有的城乡二元结构发展态势更加明显；城乡统筹视域下的乡村发展阶段，为了防止城乡不断带来的张力，促使城乡由二元经济走向协同发展，实现城乡一体化，党和国家提出了新型城镇化战略，带动乡村产业结构的转型升级，促进乡村就业的有效吸纳。②

第五，乡村振兴的总体要求和意义体现在多个方面。首先，产业兴旺是物质基础。农村的一、二、三产业融合发展是实施策略，促进小农户和现代农业发展是衔接途径。其次，生态宜居是条件。生态宜居体现人类尊重自然的"天人合一"观念，人与自然和谐共生。乡村生态系统是实现乡村振兴的生态条件，应以乡村美景带动乡村生态价值增值，实现百姓富裕。再次，传承优秀乡村文化是灵魂。传承保护乡村文化资源是关键，组织乡村文化活动是精神风貌，发挥乡民主体作用是中坚力量，层层治理有效是保障（从"治理"的含义和"有效"的标准两个层面分析，"由谁治理"的问题包括如何

① 张阳丽，王国敏，刘碧.我国实施乡村振兴战略的理论阐释、矛盾剖析及突破路径[J].天津师范大学学报（社会科学版），2020（03）：52-61.

② 周明星，肖平.论新发展阶段推进乡村振兴战略实践的困境及其破解[J].农业考古，2023（01）：200-208.

治理，即治理策略和实施措施问题；"有效"的标准和治理目标问题，包括
解决乡村哪些问题，破解了哪些矛盾，解决了何种困境），生活富裕是目标
（"生活富裕"以人们对"美好生活"实现程度作为衡量标准之一，"生活富
裕"的实现途径是乡民实现"富裕"和"美好"的方式，生活富裕归根结底
是农民增收、乡村脱贫、经济富裕）。①

第六，乡村振兴战略的实施具有重要的现实意义。一是为解决我国"三
农"问题指明了方向，"三农"问题是关系国计民生的根本性问题，没有农
业农村的现代化，就没有国家的现代化，在新时代实施乡村振兴战略具有重
大意义；二是有效解决我国当前社会主要矛盾的战略举措，新时代以来，我
国社会主要矛盾发生转化，实施乡村振兴能切实解决发展不平衡不充分的问
题，也是加快破解发展不平衡不充分的重要措施，实施乡村振兴战略是实现
中国式现代化的需要，实施乡村振兴战略对化解当前社会主要矛盾有着积极
作用；三是乡村振兴战略是新的时代背景下农业农村发展到新阶段的必然要
求，乡村振兴为美丽乡村建设奠定基础，同时乡村振兴战略的实施，能加快
推进农业农村现代化、提高脱贫质量、提升乡风文明水平、完善乡村治理机
制，给农业与农村发展带来了活力。②

2.关于乡村振兴战略内涵研究

乡村振兴战略的科学内涵在学界主要从多个角度进行研究和阐述，包括
"三农"问题，一、二、三产业融合发展，城镇一体化协同发展以及乡村振
兴的总体要求等方面。

首先，从乡村振兴的主要内容和实现目标来看，其核心内容包括农业、
农村和农民三个方面。乡村振兴战略致力于大力发展农业，促进一、二、三
产业的融合发展，加强农村生态环境建设、文化事业建设、治理能力建设，
将全国广大农村建成生态宜居、乡风文明、治理有效的社会主义现代化新农

---

① 张洁.乡村振兴战略的五大要求及实施路径思考[J].贵州大学学报（社会科学版），2020（05）：
　61-72.

② 子志月，高欣言.我国乡村振兴战略研究的回顾与展望[J].云南行政学院学报，2020，22（02）：
　144-149.

村，发展现代农业，增加农业经营性收入，改善农民家庭收入结构，增加总收入。乡村振兴战略的最终目标是实现农业农村现代化，2050年建成社会主义现代化强国。只有实现了农业现代化，才能真正实现国家现代化。乡村振兴战略作为国家战略的重要组成部分，其最终目标是全面解决"三农"问题，实现农业农村农民现代化。实施乡村振兴战略的根本举措是坚持农业农村优先发展，将农业农村发展放在优先地位，将顶层设计与农民实际相结合，通过完善机制体制，增加农民收入，吸引优秀青年留乡，进一步带动农村的内生动力发展。乡村振兴战略的实现机制是城乡融合发展，逐步建立城乡统一大市场，在全社会统一市场范围内优化配置资源，形成工农互促、城乡互补、全面融合、共同繁荣的新型工农城乡关系。[①]

其次，从乡村振兴的总体要求来看，应以"产业兴旺、生态宜居、乡风文明、治理有效、生活富裕"为总体要求，以五大发展理念为引领，以农业供给侧结构性改革为主线，以农村一、二、三产业融合发展为抓手。经济发展是乡村振兴及各方面协调发展的前提，政治建设是乡村振兴的保障，文化是乡村振兴的灵魂，社会稳定是乡村振兴的关键，生态文明是乡村振兴的出发点和归宿。[②]

最后，从城乡发展变化的角度来看，中国乡村振兴具有十分丰富的科学内涵。一是马克思主义中国化的实践，随着社会矛盾发生转化，人民的多元需求提升到新的高度，同时也对党和政府的工作提出了新的要求，共产党在此时代背景下，进一步总结提炼中国乡村发展实践、有效响应社会主要矛盾转换的理论创新成果，并将理论运用于中国发展的实践之中；二是村镇化与城镇化双轮驱动模式开启，在城镇化进程中，要打破传统的发展思维，实现城市和乡村两个空间的平等发展，村镇化与城镇化双轮驱动的新型发展模式将会成为中国经济社会发展的新常态；三是乡村全面现代化对农业产业现代化的替代，农业产业发展只是乡村发展的核心要义，并不能代表整个乡村的发展，以农业产业值衡量整个乡村发展的逻辑，不利于发展科学把握乡村的

① 徐美银.乡村振兴战略的科学内涵、动力机制与实现路径研究[J].农业经济.2019（12）：3-5.

② 关浩杰.乡村振兴战略的内涵、思路与政策取向[J].农业经济.2018（10）：3-5.

发展及乡土人文的传承。乡村振兴战略的提出是对以往"城市偏向"发展理念的矫正，意味着乡村全面现代化将替代农业产业现代化。[①]

3.关于实施乡村振兴战略现实挑战的研究

（1）乡村振兴战略实施存在的困难

乡村振兴战略的实施面临多重困难。一是农业供给质量较低。我国农业发展的主要矛盾已经由总量不足转变为结构性矛盾，主要表现为阶段性的供过于求和供给不足并存，低端供给较多，中高端供给较少。二是农民持续增收困难。从农村居民人均可支配收入、外出农民工增速等方面来看，近年来人均可支配经营净收入比重略有下降，外出农民工占农民工总量的比重也在回落。三是农村公共产品供给不足。农村基础设施建设滞后，农田灌溉设备落后，小型水利设备建设数量不足且落后，西部地区建制村通沥青（水泥）路率较低。四是农村社会事业与城市差距明显。在义务教育方面，城乡之间无论是在师资方面还是教学仪器设施方面，差距都十分明显；在医疗卫生方面，整体医护人员比例不足，农村卫生资源有限。五是乡村治理能力不强。例如，乡镇政府治理能力不强，村两委运行不畅，村民自治组织难以运转，乡村很多公共事务无法解决。[②]

（2）实施乡村振兴战略面临的五大矛盾

实施乡村振兴战略面临以下五大矛盾。一是农村人口流失与乡村振兴对人才需求之间的矛盾。由于农村就业机会少、务农收入少，农村出现人口空心化、农业劳动力老龄化、农村凋敝化等问题，无法吸引人才返乡；城市就业机会多，劳动报酬高，发展空间大，城市的交通、娱乐等基础设施更加完善，教育、医疗卫生、社会保障等公共服务水平更高，农村和城市鲜明的对比显现出城乡人才差距矛盾。二是农民收入增速放缓与农民对美好生活向往之间的矛盾。主要体现在农民收入增速逐年下降，农村居民消费水平较低，

① 江维国，李立清，周贤君.中国乡村振兴的科学内涵、主要任务与战略重点[J].社会政策研究.2018
（02）：146-155.

② 曲延春，王海镔.乡村振兴战略：价值意蕴、当前困局及突破路径[J].江淮论坛.2018（05）：33-
38.

消费结构有待优化升级，消费支出虽逐年提高，但提速放缓等方面制约了农民对美好生活的向往。三是农业生产效率低与市场对农产品需求大之间的矛盾。土地生产率低、劳动生产率低、资源利用率低导致农业生产无法满足人民需求，形成了供需不匹配的结构性矛盾。[①]

（3）新时代我国现代化乡村治理体系构建面临的困境

新时代，我国现代化乡村治理体系构建面临三个主要困境。一是乡村治理呈现碎片化、低效化状态，农村基层管理的失衡影响人民群众的利益，并且在一定程度上造成国家对乡村治理的制度设计失灵、权威失灵；二是乡村文化异化问题凸显，当前国际上尤其是以西方国家为主导的以资本为中心的自私自利的价值观对我国农村居民产生较大影响，同时农村文化呈现多元性态势，有精华有糟粕，而优秀文化的缺失使农民在行为上出现偏颇，无法满足农民对美好生活的多元需求；三是乡村治理的群众参与度不高，农村人才的流失导致没有广大优秀青年人才投身于乡村治理体系之中，出现农村基层工作参与度不高、缺少创新精神、对中央精神落实不到位等问题，造成了农村空心化问题日趋凸显。[②]

4.关于实施乡村振兴战略策略与路径的研究

（1）中国乡村振兴的战略路径

中国乡村振兴的战略路径可概括为"一个推进"和"三个健全"：推进一、二、三产业融合发展，促进乡村产业振兴，深化农村集体资产产权改革，进一步发展农村职业教育，建立健全农村综合信息服务平台，加快培养新型农业经营主体等方式；健全传承与创新机制，促进乡村传统文化繁荣，对乡村传统文化进行全方位普查并建立资料数据库，以多媒体方式加大对乡村传统文化的保护与传承，在遵循乡村传统发展演变的基础上，探索乡村文化产业发展新路径，积极探索城乡文化互动、融合的长效机制，促进乡

---

① 张阳丽，王国敏，刘碧.我国实施乡村振兴战略的理论阐释、矛盾剖析及突破路径[J].天津师范大学（社会科学版）.2020（03）：52-61.

② 陈健.新时代乡村振兴战略视域下现代化乡村治理新体系研究[J].宁夏社会科学.2018（06）：12-16.

村传统文化创新性转化；健全村庄规划与环境治理机制，促进村容村貌提档升级，坚持因地制宜，以循序渐进的方式编制乡村中长期建设规划，在环境治理方面，确定治理重点，制定适合本地乡村实际情况的治理方案，促使农村形成文明绿色的生产生活方式；健全乡村治理机制，促进乡村社会治理有效，提高乡村基层党组织的积极性和主动性，建立健全知识年龄结构合理的两委班子成员，村事村务坚持民主的原则。①

（2）中国乡村振兴战略推进的四重维度

一是以农业供给侧结构性改革为主线振兴乡村，以改革的力量破解有效供给不足与无效供给过剩等制约农村经济稳健增长的矛盾，达成供需均衡，才能持续推进农业农村经济结构不断优化；二是以牢牢端稳饭碗为底线振兴乡村，牢固树立"粮食主权"认知，强化农产品的有效供给，保障粮食安全和食品安全，将国人的饭碗在自己手中端稳端好；三是以农业全要素改革为抓手振兴乡村，土地、资本、劳动力、技术、制度等要素通过改革，能形成强大的聚合力，激活乡村发展动能；四是以人才队伍建设为驱动振兴乡村，培养新型农业经营主体，提升乡村基层组织，建立健全自治、法治、德治相结合的乡村治理体系。②

（3）以县域城乡融合发展引领乡村振兴，协同推进新型城镇化与乡村振兴

一是加强城乡规划，优化空间布局。在制定城乡规划时，要充分考虑乡村的发展需求和特点，统筹安排城乡基础设施建设和社会公共服务设施，科学规划引导城乡居民合理布局生产生活空间，促进城乡空间协调发展。二是推进产业融合发展，充分发挥县城的辐射带动作用和乡村的资源禀赋优势，因地制宜，培育壮大特色主导产业链。三是促进人才双向流动。建立健全人才培养机制和政策体系，吸引各类优秀人才投身乡村振兴事业，鼓励大学生、返乡农民工等群体在乡村创新创业，加强农民技能培训和教育，培养高

① 张阳丽，王国敏，刘碧.我国实施乡村振兴战略的理论阐释、矛盾剖析及突破路径[J].天津师范大学（社会科学版）.2020（03）：52-61.

② 彭万勇，王竞一，金盛.中国"三农"发展与乡村振兴战略实施的四重维度[J].改革与战略.2018，34（05）：55-60.

素质新型职业农民队伍，为乡村振兴提供有力的人才保障。四是创新投融资机制。应加大对乡村振兴的投入力度，鼓励金融机构创新金融产品和服务模式支持乡村振兴项目建设和运营，建立健全政府主导、社会参与的多元化投入机制，形成支持乡村振兴的强大合力。①

（4）乡村振兴战略中应积极发挥人才的作用

一是农业技术推广和应用。农业技术人才可以通过推广先进的农业技术和装备，提高农业生产效率和质量，促进农业产业升级和转型。同时他们还可以指导农民进行科学种植和管理，提高农业产出效益和市场竞争力。二是农村文化传承和创新。文化创新人才可以根据市场需求和时代特点，对传统文化进行挖掘、保护和传承，推动传统文化的创新发展。他们还可以通过举办文化活动、文艺演出等形式，丰富农民的业余生活，提高他们的文化素养和精神生活质量。三是组织管理和领导能力提升。各类人才在参与乡村振兴的过程中，不仅要拥有专业技能，还要具备良好的组织管理和领导能力。②

（5）乡村振兴战略的实现基础

制定全面系统的战略规划是实现乡村振兴战略的基础。规划应该包括农村经济发展、社会建设、环境保护、文化传承等方面，要注重科学性和可行性，确保各项任务得到有效落实。一是加强政策协调和制度创新。政策协调和制度创新是实现乡村振兴战略的重要保障，政府应该加强对农村政策的统筹协调和制度创新，推动形成有利于农村发展的良好机制和环境。二是要建立健全农村金融服务体系，加大对农村金融支持力度，提高农村金融服务的普惠性和可得性。三是强化组织保障和人才支持。强化组织保障和人才支持是实现乡村振兴战略的重要支撑。要加强基层组织建设，提高基层组织的领导力和执行力，加强对农民的培训和教育，提高农民的素质和能力水平，还要积极吸引各类人才投身乡村振兴事业中来，为乡村振兴提供有力的人才保障和支持。③

---

① 高强，薛洲.以县域城乡融合发展引领乡村振兴：战略举措和路径选择[J].经济纵横，2022（12）：17-24.

② 刘玉娟，丁威.乡村振兴战略中乡村人才作用发挥探析[J].大连干部学刊.2018（08）：11-17.

③ 徐美银.乡村振兴战略的科学内涵、动力机制与实现路径研究[J].农业经济.2019（12）：3-5.

5.关于乡村振兴经验借鉴的研究

（1）借鉴发达国家乡村振兴的经验

一是借鉴美国在乡村振兴方面的成功经验，强化政府顶层设计。其一，美国政府高度重视乡村振兴工作，制定了一系列相关政策和法规。例如，通过实施"农村发展法案"，加大对农村地区基础设施建设和农业发展的支持力度。其二，美国政府还鼓励地方政府和企业参与乡村振兴工作，形成了政府主导、社会参与的良好机制。其三，美国政府注重加强农村地区的基础设施建设，包括道路、桥梁、水利、电力等，这些设施的建设不仅方便了农民的生产生活，也提高了农业生产效率和质量。其四，美国政府强调乡村规划的重要性，注重乡村规划引导，通过制定科学合理的乡村发展规划，引导农民合理布局生产和生活空间。其五，美国政府推动城乡融合和工农结合，注重推动城乡融合发展，打破城乡二元结构；积极推动工农结合的发展模式，将工业和农业有机结合在一起，实现了产业协同发展和社会共同进步。

二是借鉴德国的乡村振兴经验。其一，政府引导和资金支持。德国政府高度重视乡村振兴工作，制定了详细完善的政策法规体系，为农民提供了有力的政策保障和支持措施，如提供财政补贴和低息贷款等，帮助农民解决生产经营过程中的困难和问题，从而促进了乡村产业的健康发展。其二，农业现代化和技术创新。德国积极推进农业现代化和技术创新工作，通过推广先进的农业机械化和智能化技术，提高农业生产效率和质量，鼓励农民采用环保可持续的生产方式，促进农业生态环境的改善和保护。

三是日本的乡村振兴经验。其一，加强精细化管理和规划引领。日本政府注重精细化管理，在乡村振兴工作中强调科学规划，通过制定详细的土地利用规划和建设标准等文件，指导农民合理布局生产和生活空间，避免盲目投资和重复建设等问题出现，注重保护生态环境和历史文化遗产等工作，实现可持续发展目标。其二，重视农业协同组合和互助合作。日本农民积极参与各种形式的协同组合和互助合作组织，从而加强了彼此之间的合作和交流，分享了市场信息和技术经验等资源，实现了优势互补和共同发展，提高了整体竞争力水平，促进了乡村产业的升级和转型工作顺利开展。

四是韩国的乡村振兴经验——农业科技创新和应用推广。韩国积极推进农业科技的创新和应用推广工作，通过加大科技研发投入和推广力度等方式，提高农业生产效率和质量，注重培养新型职业农民，提高他们的科技水平和经营管理能力，为乡村振兴提供了有力的人才支持和技术保障措施。[①]

（2）中华人民共和国成立后，特别是改革开放以来，我们党对"三农"问题和农业现代化问题的经验总结

第一，从全国范围内土地改革和农村社会主义改造的历程来看，自改革开放以来，我国已确立了以家庭承包经营为基础的双层经营体制，并持续对农产品流通体制进行了改革，以调整农村产业结构。同时，取消了农业税，这一系列举措均体现了我国在农村领域不断进行体制改革、机制创新和政策优化的坚定决心。第二，在解决"三农"问题的过程中，党和政府的作用至关重要，其推进作用在农业农村现代化进程中占据着关键地位。第三，当前农业农村的发展现状尚未能充分满足新时代广大农民的多元化需求，同时与社会主义现代化建设的总体要求也存在不相适应之处。

（3）从国内外两方面历史经验来看乡村治理问题

历届共产党都十分重视乡村治理，中华人民共和国成立后，毛泽东提出在三个五年计划时期内，将社会改革和技术改革同时进行作为农村改革的方向。改革开放以来，邓小平同志提出实行家庭联产承包责任制，解放和发展了农村的生产力；江泽民同志提出加强基层民主建设；胡锦涛同志提出改善农村生产生活条件，深入推进农村建设和扶贫开发；十八大以来，习近平总书记明确指出乡村振兴的重要地位、总要求、治理路径等一系列重要思想。

西方乡村治理经验中，秉承的是"以资本为中心"的理论体系，这一理论不可能从根本上治理好所有问题，同时也不可能使每个农民都能享受到乡村治理的益处。[②]

[①] 张雅光.乡村振兴战略实施路径的借鉴与选择[J].理论月刊.2019（02）：126-131.
[②] 陈健.新时代乡村振兴战略视域下现代化乡村治理新体系研究[J].宁夏社会科学.2018（06）：12-16.

（二）乡村文化建设研究

1.乡村文化建设的地位

（1）乡村振兴中文化建设的重要性

乡村振兴中文化建设的重要性体现在以下几个方面。一是加强乡村文化资源的挖掘与保护。要对乡村文化资源进行全面调查和评估，了解乡村文化的分布和特点，加强对乡村文化资源的保护和利用，制定科学合理的保护规划和管理措施，防止文化资源的流失和破坏。二是丰富乡村文化活动的内容和形式。要根据乡村居民的需求和喜好，组织开展丰富多彩的文化活动，提升乡村居民的文化素质和审美水平。三是完善乡村文化设施和服务体系。要加大对乡村文化设施建设的投入力度，完善乡村公共文化服务体系，包括建设图书馆、文化活动中心、文化广场等文化设施，提供图书阅读、文艺演出、电影放映等文化服务，要注重设施的开放性和共享性，确保乡村居民能够享受到便捷的文化服务。[1]

（2）乡村文化具有重要引领和推动作用

乡村文化作为乡村全面振兴的黏合剂与内生动力，对五大振兴具有重要引领和推动作用。一是乡村文化对产业振兴的引领作用——通过挖掘乡村文化资源，推动乡村特色产业的发展。乡村文化具有独特的地域性和民族性，这就为乡村特色产业的发展提供了丰富的素材和灵感，继而通过提升乡村文化品质，推动乡村产业的转型升级。二是乡村文化对人才振兴的推动作用——弘扬乡村文化精神，吸引更多的人才回流乡村。乡村文化具有浓厚的家国情怀和乡土情感，这种情感可以激发人们的归属感和责任感，吸引更多的人才回流乡村，为乡村振兴贡献力量。通过加强乡村文化教育，能提高乡村人口的综合素质，培养更多具有创新精神和实践能力的人才，为乡村振兴提供强有力的人才保障。三是乡村文化对文化振兴的推动作用——保护和传承乡村文化遗产，推动乡村文化的传承和发展。丰富乡村文化活动，有助于

---

[1] 宋小霞，王婷婷.文化振兴是乡村振兴的"根"与"魂"——乡村文化的重要性分析及现状和对策研究[J].山东社会科学.2019（04）：176-181.

提高乡村文化的吸引力和影响力，提高乡村文化的吸引力和影响力，推动乡村文化的繁荣发展。四是乡村文化对生态振兴的引领作用——倡导绿色生活方式，推动乡村生态环境的改善。乡村文化强调人与自然的和谐共生，倡导绿色生活方式可以引导乡村居民养成节约资源、保护环境的良好习惯，推动乡村生态环境的改善。五是乡村文化对组织振兴的推动作用，强化乡村社区建设，提高乡村社区的组织化程度。乡村文化强调集体主义和合作精神，通过强化乡村社区建设可以激发乡村居民的集体意识和参与意识，提高乡村社区的组织化程度，完善乡村治理体系，提高乡村治理的效能和水平。[①]

2.乡村文化建设的主要内容与主要模式

（1）乡村文化建设的主要内容

一是对中国传统优秀乡土文化的继承与创新。乡村传统文化中蕴含着丰富的历史积淀、民众智慧以及复合创新能力，因此，应挖掘乡村传统文化中的精华，在现代发展中传承与创新，去掉乡村传统文化中糟粕，构建积极健康的乡村文化体系。二是将传统优秀伦理文化与社会主义核心价值观深度融合，以促进人的全面发展为着力点，积极贯彻社会主义核心价值观，深入挖掘并大力弘扬优秀传统农耕文化，引导和激励人才回归乡村，致力于乡村文化、道德、风气的净化与提升。三是为世界文化多样性提供中国样本。中国作为四大文明古国中唯一的历史不断线持续发展至今的国家，面对新时代乡村文化发展中遭遇的衰落、困境与挑战，中国通过实施乡村文化振兴，弘扬和复兴乡村优秀传统文化，实现优秀传统文化与现代文化的融合发展，必将为世界文化多样性发展留下宝贵的文化火种，创造更加辉煌的文明范式，提供人类文明史上文化多元中的中国样本。[②]

（2）乡村文化建设的主要模式

乡村振兴背景下，各个区域的文化建设都丰富了乡村振兴的内涵，根据区域不同的文化资源和特色，形成了自己的独特模式。

---

① 范建华，秦会朵.关于乡村文化振兴的若干思考[J].思想战线.2019，45（04）：86-96.
② 范建华，秦会朵.关于乡村文化振兴的若干思考[J].思想战线.2019，45（04）：86-96.

一是江苏模式，建立特色文化模式，提出了"强富美高新江苏"和"两聚一高"的目标，以休闲农业为核心，融合多种形式的农业产业与文化要素，形成产业集聚；二是四川模式，建立生态文化模式，发展"川北一绝"休闲农业及"青川绿茶"旅游品牌，依托地域及自然环境优势，以特色茶业推动文化和乡村旅游产业发展；三是山东模式，建立乡村文化模式，推进"乡村儒学"文化工程，胶东剪纸、潍坊核雕等非物质文化遗产体验项目，以胶东地区历史文化为核心，发展特色乡村文化产业建设，形成乡村文化主导模式；四是浙江模式，建立传统文化模式，文村生态民宿，形成名宿品牌，带动产业链联动发展，通过对当地传统建筑的改造，重拾文化自信，带动以生态民宿模式发展的特色乡村文化产业。①

3.乡村文化建设面临的现实问题

（1）乡村文化振兴面临的主要困境

一是乡村社会原有文化生态系统遭到破坏，乡村特色文化逐渐没落，乡村文化认同日益淡化，乡村社会原有的文化生态系统在城市文化、现代文化的冲击下也变得支离破碎；二是对乡村文化缺乏科学认知和价值判断，出现对传统文化盲目鼓吹的热衷者和对乡村文化盲目批判的激进者两种错误倾向；三是乡村文化建设主体缺失，乡村主要劳动力大量流失，"空心村""留守儿童""留守老人"等现象凸显，甚至成为严重的社会问题；四是乡村公共文化服务体系"嵌入"成效不突出，缺乏对全国乡村社会地域差异、文化差异以及具体乡村内部人口结构、年龄结构、文化结构的系统分析，而以相对统一化和标准化的模式开展，乡村文化建设效果甚微。②

（2）乡村文化发展存在的问题与不足

一是文化失落。城市化的加速推进，导致越来越多的农民涌入城市，乡村社会的传统结构和文化形态逐渐瓦解。许多乡村地区的传统文化、习俗和

---

① 周锦，赵正玉.乡村振兴战略背景下的文化建设路径研究[J].农村经济.2018（09）：9-15.

② 范建华，秦会朵.文化产业助力乡村全面振兴的内在逻辑与实践路径[J].理论月刊，2022（06）：76-82.

民间艺术等逐渐消失，一些具有历史价值和地域特色的建筑、景观等也遭到了破坏。这种文化失落的现象，使得乡村文化的传承和发展受到了严重的威胁。二是文化传承断层。乡村文化的传承需要一代又一代人的接力传承，但由于现代化进程的推进和乡村社会的变迁，许多年轻人对乡村文化的认识和了解不足，缺乏对乡村文化的兴趣和热情，部分传统手工艺、民间艺术等技艺的传承也面临着传承断层的问题，许多老一辈艺人已经去世或年事已高，而年轻一代则缺乏对这些技艺的学习和传承。三是文化创新不足。由于乡村地区的经济发展相对滞后，缺乏足够的文化创新资源和投入，乡村地区的文化创新能力和水平相对较低，缺乏具有创新性和影响力的文化产品和服务。[1]

（三）乡村振兴战略与乡村文化建设研究

1.乡村振兴战略与乡村文化建设的关联性

（1）乡村文化创新是乡村振兴内生发展的关键性动力

乡村文化振兴就是要推动乡村文化的内容创新，促进乡村文化品牌的传播扩散；乡村文化的内容创新与品牌扩散是乡村振兴战略的重要推手，是推动乡村发展、塑造文明乡风、繁荣乡村文化、推进乡村产业发展的精神动力。[2]

（2）乡村文化振兴要同时重视物质文明建设和精神文明建设

在乡村振兴实施过程中，不仅要重视物质文明建设，还要重视精神文明建设，两手都要抓，两手都要硬，更好地以乡风文明建设促进乡村振兴。一是乡村振兴战略是乡风文明建设的根本保证。首先，乡村振兴战略为乡风文明建设提供了理论支撑。在经济方面，乡村振兴战略中提出产业兴旺的要求，为农民实现创收增收提供了理论指导，更为乡风文明建设提供了有力支持；在生态方面，乡村振兴战略提出要建设生态宜居的农村，不仅提高了农

---

① 宋小霞.农村产业结构调整与乡村振兴发展问题的思考[J].农家参谋，2021（24）：9-10.

② 郭小雪.乡村振兴背景下长治农村"空心化"问题及对策研究[J].辽宁经济职业技术学院.辽宁经济管理干部学院学报，2023（02）：21-22+38.

民的生活质量，也培育了良好的生活作风、较高的素质，进一步促进了乡风文明建设；在政治方面，乡村振兴战略提出了治理有效的要求，农村治理有效，为乡风文明建设提供了重要理论支持。其次，乡村振兴战略为乡风文明建设创造了实践环境。乡村振兴战略必须作为依托，为乡风文明建设提供物质基础。二是乡风文明建设是乡村振兴战略的重要基础。首先，乡风文明建设为乡村振兴战略提供精神动力。乡风文明建设满足了村民对精神文明的需求，为乡村振兴战略在精神层面提供了动力支撑。其次，乡风文明建设为乡村振兴战略提供环境保障。乡风文明建设在加强农村思想道德建设、提高村民的精神文明方面做出的正确理论指导，为乡村振兴战略提供了环境保障。①

（3）乡村文化振兴与乡村振兴战略目标存在多维耦合

一是乡村文化产业建设与乡村振兴中产业兴旺目标的耦合。我国乡村社会拥有丰富和多样化的文化资源，乡村文化产业的发展具有多重经济和社会价值，因此，加快发展乡村文化产业，优化乡村产业结构，实现乡村一、二、三产业的有效融合，将有力推动乡村产业兴旺。二是乡村伦理文化复兴与乡村振兴中乡风文明目标的耦合。传承和复兴乡村伦理文化仍有其不可替代的重要性和必要性。三是乡村自治文化重建与乡村振兴中治理有效目标的耦合。乡村自治文化可为建立简约高效、治理有效的乡村治理新体制新机制提供精神支撑和文化资源，必然和乡村振兴的治理目标相耦合。四是乡村农耕文化复兴与乡村振兴中生态宜居目标的耦合。传承和发扬农耕文化的生态理念和技术方法，将在维系生物多样性、改善和保护生态环境与居住环境、发展生态农业、建设美丽乡村、促进农业农村可持续发展等方面产生积极的作用。

2.乡村振兴战略中乡村文化的内涵

（1）乡村文化的科学内涵

一是乡村文化振兴以维护乡村根本利益为出发点。新时代以来，随着社

---

① 王胜礼.乡村振兴视域下乡风文明建设研究[D].东北电力大学，2024.

会矛盾转化，人民群众的多元化需求与乡村文化发展之间不同步，文化发展过程中面临着异质文化冲击、传统文化流失等问题，通过倡导科学文化、促进乡村文明、再创乡村优秀传统文化新等方式，使得乡村文化服务于乡村、受益于乡民，推动乡村向前发展。二是乡村文化振兴是以农民为主体的建设。应明确文化振兴为了农民、文化振兴依靠农民、文化振兴成果由农民共享，在振兴乡村文化过程中重塑农民新主体的核心理念。三是乡村文化振兴是传承优秀文化和本土文化的建设。乡村文化建设是在优秀传统文化的指引下，以乡村本土文化为纽带，结合社会主义先进文化，促进中国特色社会主义文化蓬勃发展。[1]

（2）乡村振兴视角下乡村文化建设的内容

一是乡村文化具有深厚的传统底蕴和现代价值。中国传统文化源远流长，其中乡村文化是重要组成部分，因此，要深入挖掘和传承这些传统文化，同时也要注重与现代文明的融合和创新。另外，应通过有效的政策引导和经济支持等措施，推动乡村文化的去粗存精、革故鼎新，进而实现乡村文化的繁荣与良好乡风的形成。二是乡村文化还承载着人们对美好生活的向往和追求。在乡村振兴战略的实施过程中，应关注人民群众的精神文化需求和心理期盼，积极培育文明乡风、良好家风、淳朴民风等正能量因素，努力营造和谐宜居的乡村环境。三是乡村文化还需要不断创新和发展。随着时代的变迁和社会的发展进步，乡村文化也需要与时俱进地进行创新和发展，应鼓励和支持乡村文艺创作、文化产业发展和文化遗产保护等工作，积极推动乡村文化与城市文化的交流互鉴和融合创新。[2]

3.乡村振兴视域下乡村文化建设存在的问题及其成因

（1）乡村文化建设存在的问题

一是乡村传统文化危机。首先是文化传承断裂。一方面，随着现代化进

---

① 杜志会.新时代下扶贫思想的理论溯源和现实思考[J].经济师，2021（06）：24-25.
② 赵琦."知农、爱农、兴农"的新时代农业生态学课程思政建设探索[J].高等农业教育，2023（05）：106-112.

程的加速，乡村年轻人纷纷涌入城市，导致乡村传统文化传承出现断裂，许多传统技艺、民间艺术等面临失传的危险，乡村文化的传承面临严重危机。另一方面，随着外来文化的冲击和现代化生活方式的普及，许多乡村居民对传统文化的认同感逐渐减弱，乡村文化的传承面临严重困境。其次是文化资源流失。在城市化进程中，部分乡村地区的文化资源被忽视或破坏，一些具有历史价值的乡村建筑、古迹等被拆除或改建，导致乡村文化资源的流失。二是乡村现代文化发展滞后，经济发展水平落后。其一，乡村地区的经济发展水平普遍较低，制约了文化事业的发展。由于资金短缺，乡村地区的文化设施建设滞后，文化活动缺乏必要的场地和设施支持。经济发展水平落后也导致乡村地区的人才流失严重，缺乏专业的文化人才来推动文化事业的发展。其二，教育资源分配不均。与城市相比，乡村地区的教育资源相对匮乏，师资力量、教学设施等方面都存在明显不足，这导致乡村居民的文化素质普遍较低，缺乏对于现代文化的认知和理解。

（2）乡村文化建设问题成因

一是文化传承主体缺失。传统文化代际传承断裂，是导致乡村传统文化系列危机的原因之一。缺少文化专业人才支撑，致使乡村传统文化创新发展活力不足。二是政府主导性角色在乡村文化发展中的作用未得到有效发挥。政府对乡村公共文化服务缺少实际调研，文化政策跟进力度不够，文化工作重心调整不到位，政府文化惠民工作开展不够深入，对农村文化市场消费能力缺乏准确预判。三是农村文化市场分布零散，产业化经营尚未成型，市场供求状况不及城市文化市场具有相对稳定的预期。四是我国乡村文化组织发展滞后，缺乏自组织性文化活动，民众参与机会少。①

4.乡村振兴视域下乡村文化建设路径

一是倡导积极健康的乡村文化。首先是营造良好的乡村文化环境，为优秀乡村文化的弘扬提供现实依托；其次是传承乡村优秀传统文化，文化传承

---

① 李国江.乡村文化当前态势、存在问题及振兴对策[J].东北农业大学学报（社会科学版），2019，17（01）：1-7.

需要辨明优劣、甄别真伪，建立合理的传承保障机制，发挥文化传承人的主体作用；再次是培育先进的新时代乡村文化，深入挖掘乡村传统文化资源，保护和传承乡村非物质文化遗产，推动乡村文化与现代科技、现代生活方式的融合，打造具有时代特色的乡村文化品牌；最后是加强乡村文化基础设施建设，如图书馆、博物馆、文化活动中心等，为乡村居民提供丰富的文化产品和服务，利用互联网等现代信息技术手段，拓宽乡村文化的传播渠道和覆盖范围。二是强化新时代优秀乡村文化的宣传工作，加强乡村文化挖掘，深入挖掘乡村地区的非物质文化遗产、民间故事、传统技艺等文化资源，丰富宣传内容，提高文化吸引力。例如，充分利用互联网、移动媒体等新媒体平台，拓宽乡村文化宣传渠道，提高传播效果，加强与城市文化机构的合作，实现资源共享和互利共赢。三是发展具有乡村特色的乡村文化产业，推动产业融合与创新。加强乡村文化产业与其他产业的融合与创新，如与农业、旅游、教育等产业的融合，形成多元化的产业链和价值链，提高乡村文化产业的附加值和市场竞争力；加强科技创新和人才培养，推动数字技术、互联网技术等在乡村文化产业中的应用，提高乡村文化产业的科技含量和创新水平，建立一支高素质、专业化的乡村文化产业人才队伍；强化品牌建设和市场推广，打造一批具有影响力的乡村文化品牌，提高乡村文化产业的知名度和美誉度，拓展乡村文化产品和服务的市场空间。[①]

二、国外研究现状

鉴于不同国家国情、经济发展状况、文化制度等存在差异，国外没有乡村振兴战略类似的概念，当前国外学者关于乡村振兴战略、中国乡村文化建设的研究成果并不多，但是仍有一些文献为本研究提供了重要的启示和借鉴。

---

① 李昪杉.乡村文化振兴的实践路径研究[D].兰州财经大学，2022.

（一）国外关于本国乡村文化方面的研究

1.空想社会主义的构想

国外关于乡村文化发展的研究较早，对空想社会主义进行了完整描述和构想，如英国空想社会主义学者托马斯·莫尔创作《乌托邦》，从政治制度、经济制度、教育制度、社会生活方式等方面完整地描述了空想社会主义的图景，提出了以组织生产、普遍劳动为基础的公有制和平等的原则，呈现出平等、互助、融洽、友爱并体现严格的家庭伦理的新型社会关系。

2.国外发展进程中农村社会的变迁

20世纪后，随着西方现代化进程的加快，外国学者关于本国乡村文化的研究也在不断深入，研究成果更多地呈现于乡村文化发展与本国现代化发展进程的关系、本国乡村文化发展的历史进程和实践过程，比较有影响的如美国学者埃弗里特·M.罗吉斯、拉伯尔·J.伯德格撰写的《乡村社会变迁》，从职业、家庭等几个方面论述了在美国现代化进程中农村社会的变迁。一是从经济因素分析，经济发展是推动乡村社会变迁的根本动力。随着农业技术的进步、工业化和城市化的推进，乡村地区的产业结构、就业结构和生活方式发生了深刻变化，这些变化不仅改变了乡村居民的生产生活方式，也影响了乡村社会的整体结构和发展趋势。二是从政治因素分析，政治体制和政策调整对乡村社会变迁具有重要影响，国家政策的调整、基层治理体系的改革以及法治建设的推进等都为乡村社会变迁提供了有力保障，政治因素也在一定程度上促进了乡村社会的文化、教育和社会福利等方面的发展。三是从社会因素分析，社会变迁、人口流动和文化传承等因素也对乡村社会变迁产生深远影响。随着城市化进程的加快，大量乡村居民涌入城市，导致乡村人口结构、文化传承等方面发生显著变化，这些变化不仅影响了乡村社会的稳定性，也为乡村地区的未来发展带来了新挑战。法国作家孟德拉斯在《农民的终结》中以法国乡村社会的演变为背景，深入探讨了农民问题的历史演变和现代转型，通过大量实证研究和历史分析，揭示了农民阶层在法国社会中的逐渐消失，以及农村社会的深刻变革。孟德拉斯指出，随着工业化和城市化的快速发展，农民阶层在法国社会中的地位逐渐下降。农民的终结对法国社会产生了深远的影响，首先，改变了法国社会的阶级结构，使得农民阶层逐渐消失，城市工薪阶层成为社会的主体。其次，促进了法国经济的现代化和工业化进程，推动了农村地区的经济发展和社会进步。然而，农民的终结也带来了一些负面影响，如农村地区的人口减少、农业劳动力的过剩、传统文化的消失等对农民终结的思考。孟德拉斯在《农民的终结》中进行了深入的思考，认为农民的终结是现代社会发展的必然趋势，但也需要关注农民和农村地区的生存和发展问题。他提出了一些建议，如加强农村地区的基础设施建设、提高农业生产的科技水平、保护和传承农村传统文化等，以促进农村地区的可持续发展。①

3.国外乡村文化建设的研究

进入21世纪，国外学者依然十分重视乡村文化建设的研究。美国学者布伦达·S.A.杨认为，一个地区的经济发展的提高离不开文化建设的刺激，推动其经济发展的根本方法就是推动文化整合。学者约翰·麦卡锡认为，应该以文化聚集政策，以形成文化区，从而可以不断增强乡村社会的凝聚力。②日本学者阿古智子在《日本水田农业中"村落营农"的发展》中对日本的造村运动有深入的研究，指出村落营农的发展历程。村落营农起源于20世纪末期，当时日本面临着严重的农业萎缩与农村空心化问题。为了振兴农业与农村，日本政府提出了"村落营农"的概念，旨在通过整合农村资源、引入现代科技与管理手段、发展多元化农业产业等方式，推动农村经济的转型升级。经过多年的发展，"村落营农"已成为日本水田农业中一种重要的经营模式，日本村落营农已形成了多种经营模式，包括农民合作社、农业企业、家庭农场等，这些经营模式在保持传统水田农业特色的基础上，引入了现代农业科技与管理手段，实现了农业生产的高效化、智能化与绿色化。"村落营农"还注重发展农业观光、农产品加工等多元化产业，有效提高了农民的

---

① （法）孟德拉斯.农民的终结[M].李培林，译.北京：社会科学文献出版社，2010.

② Branda S.A.Yeoh, The Global Cultural city Spatial Imagining and Polities in the Multicultural Market Place of South-East Asia, Urban Studies, 2005（6）.

收入水平与生活水平。"村落营农"的特点主要体现在以下几个方面：一是整合农村资源，实现资源共享与优势互补；二是引入现代科技与管理手段，提高农业生产效率与质量；三是发展多元化农业产业，增加农民收入来源；四是注重传统农业文化的传承与创新，推动农业与农村的可持续发展。尽管日本在农业科技方面取得了较大进展，但整体上仍落后于发达国家，且部分传统农民对新技术接受程度不高。随着城市化进程的加速，大量年轻人离开农村、前往城市工作，导致农村人口老龄化趋势加剧，缺乏具备现代农业知识与技能的青年农民。[①]

（二）国外对我国乡村文化建设方面的研究

早期外国的学者对中国的乡村文化建设进行了一定研究，在实地调研的基础之上进行总结撰写了关于中国乡村文化建设的相关书籍和文章。

1.研究宗教对我国乡村文化的影响

德国学者马克斯·韦伯在其《中国的宗教：儒教与道教》中阐述了我国的儒家和道家文化，指出我国农民受传统思想影响深刻，信奉儒教的中国人对彼世并不关注，一般只会为了十分现实的利益，如长寿、子嗣、财富等方面而祭祀。儒教缺乏自然法与形式的法理思想，也不可能产生自然科学思维，这就难以促成西方式的理性主义。在经济上，儒教主要采取倾向消费者的政策，经商被人轻视，并且，"君子不器"，也就是说，成为通才而获得的赞赏要比因为某一方面而得来的财富更具吸引力。儒教倡导维护传统，这种保守自然是资本主义的障碍。[②]

2.研究不同区域条件对农村文化的影响

美国学者阿瑟·史密斯在华生活了近50年，其在《中国乡村生活》专著

---

① （日）阿古智子.日本水田农业中"村落营农"的发展[J]三农中国，2006（02）.
② （德）马克斯·韦伯.中国的宗教：儒教与道教[M]康乐等，译.桂林：广西师范大学出版社，2010.

中介绍了中国乡村与村民生活是什么样子的，本书内容是描写中国乡村生活，实则意在透视整个中国社会百姓层面，并从中寻找西方宗教输入的契机和理由。[①]美国学者葛学溥通过实地走访，在其《华南的乡村生活》，也称为广东凤凰村的家族主义社会学研究中，细致描绘并展现了华南乡村生活的真实面貌，探讨其背后的历史、文化和社会价值。华南地区地势复杂，山地、丘陵、平原交错分布，气候温暖湿润，适宜农业发展，丰富的自然资源为华南地区的乡村生活提供了物质基础，也塑造了当地人民的生活方式和生产习惯。华南地区的乡村以农业生产为主导，主要农作物包括水稻、甘蔗、茶叶等。农民们根据季节变化，合理安排农事活动，形成了独特的农耕文化。乡村经济的发展离不开农业的繁荣，而农民的智慧和勤劳也推动了乡村经济的持续发展。华南地区的乡村，社会结构相对稳定，家族观念深入人心。乡村文化丰富多彩，包括民间信仰、传统节庆、民间艺术等，这些文化元素不仅丰富了乡村生活，也传承了悠久的历史和文明。华南地区的乡村生活悠然自得，人们重视家庭、亲情和邻里关系。乡村教育虽然相对落后，但家长们普遍重视子女的教育问题。随着国家对乡村教育的投入增加，华南地区乡村的教育水平也在不断提高。在华南地区的乡村，人与自然和谐共生。农民们注重生态环境保护，采取科学合理的农业生产方式，减少了对环境的破坏。乡村生活中的环保意识也为当地的可持续发展奠定了基础。

随着现代化进程的加快，华南地区的乡村生活也面临着诸多挑战。一方面，城市化进程加速了乡村人口的流失，乡村社会的结构和文化面临着冲击。另一方面，农业技术的更新换代也对乡村生产方式和农民生活产生了深远影响，如何保护乡村文化、促进乡村经济发展、提高农民生活水平，成为当前亟待解决的问题。华南地区的乡村生活以其独特的魅力吸引着人们的目光，本书通过对华南地区的乡村生活的深入调查和描绘，展现了其丰富多彩的内涵和价值。德国学者艾约博的《以竹为生：一个四川手工造纸村的20世纪社会史》，以四川省某手工造纸村为研究对象，通过深入调查与访谈，详细描绘了该村在20世纪的社会变迁历程。研究发现，竹产业作为该村的主导

---

① （美）明恩溥.中国的乡村生活[M].陈午晴，唐军，译.北京：电子工业出版社，2012.

产业，不仅塑造了村庄的经济结构，还影响了村民的生活方式、社会关系和文化传统。本书揭示了竹产业与村庄社会变迁之间的内在联系，为理解中国传统农村社会的变迁提供新的视角。在20世纪初，该村主要以农业为生，竹产业尚未形成规模，随着市场需求的增长和技术的改进，竹产业逐渐兴起，成为村庄的主导产业。竹产业的发展带动了村庄经济的繁荣，吸引了大量外来人口和资本，村庄的经济结构发生了显著变化，竹产业成为村民的主要收入来源。随着竹产业的兴起，村民的生活方式也发生了巨大变化。首先是竹产业的发展提高了村民的收入水平，改善了村民的生活条件；其次是竹产业的生产过程需要村民投入大量时间和精力，导致村民的生活节奏加快，社交活动减少。最后是竹产业的发展还带动了村庄基础设施的改善，如道路修建、水电供应等，进一步改善了村民的生活环境。竹产业的发展对村庄的社会关系产生了深远影响。一是竹产业促进了村民之间的合作与交流，增强了村庄的凝聚力。二是随着竹产业的规模扩大和市场拓展，村民与外部世界的联系日益紧密，村庄的社会关系网络逐渐扩大。竹产业的发展也带来了一些社会问题，如资源争夺、利益冲突等，对村庄的社会稳定构成挑战。竹产业作为该村的主导产业，不仅塑造了村庄的经济结构和社会关系，还影响了村庄的文化传统。

3.研究中国农村变革过程中家族、村落与国家之间的关系演变

由日本一桥大学社会学部三谷孝教授与南开大学历史系魏宏运教授共同牵头组成的"华北农村调查项目"，构建了20世纪华北农村社会变迁与民众生活、心理变化的实态。与传统的文本研究不同，它旨在"让农民叙说他们的20世纪史"。参加调查的日本学者最早汇编了北京市房山区吴店村的调查访问记录，并以《二十世纪华北农村调查记录》为名，旨在通过深入的华北农村调查，探讨中国农村变革过程中家族、村落与国家之间的关系及其演变。通过对农村社会的实地考察，本书试图揭示农村变革的动力、机制和影响，为理解中国农村社会的变迁提供新的视角和思考。主要有以下几点。

（1）家族与农村变革，家族在中国农村社会中具有举足轻重的地位。在传统农村社会，家族是农民生产、生活和社交的基本单位，也是农民身份

认同的重要来源。随着农村变革的深入，家族的地位和功能发生了显著变化。首先是农村变革打破了传统家族的经济基础。随着农业集体化和农村工业化的推进，农民的生产方式发生了巨大转变，家族作为生产单位的地位逐渐削弱，农民开始更多地参与到集体和市场经济中，家族的经济功能逐渐淡化。其次是农村变革改变了家族的社会结构。随着农民流动性的增强和婚姻观念的变化，家族成员之间的联系逐渐减弱。年轻一代农民对家族的认同感和归属感逐渐降低，家族的社会结构趋于松散。尽管家族的地位和功能发生了变化，但在农村社会中仍然发挥着重要作用，家族仍然是农民情感归属和社会支持的重要来源，同时也是农民维护自身权益和组织社会活动的重要工具

（2）村落与农村变革，村落作为农村社会的基本单元，也是农村变革的重要载体。农村变革对村落的影响主要体现在经济、社会和空间结构等方面。首先是农村变革促进了村落经济的发展，村落经济逐渐由单一的农业生产向多元化发展，农民开始从事家庭工业、服务业等非农产业，村落经济活力得到提升。其次是农村变革改变了村落的社会结构。随着农民流动性的增强和外来人口的流入，传统村落的封闭性和同质性逐渐减弱，村落社会呈现出多元化和异质化的趋势。最后是农村变革也影响了村落的空间结构。随着城市化进程的加速和农村人口流动的增加，部分村落出现了空心化现象，同时，新兴村落和社区逐渐崛起，成为农民新的聚居地。

（3）国家与农村变革，政府的政策和措施直接影响了农村社会的变革进程和方向。首先是国家通过农业集体化和农村工业化等政策推动了农村经济的变革，这些政策改变了农村经济的结构和模式，促进了农村经济的发展和农民生活水平的提高。其次是国家通过土地改革、农村教育等措施改善了农民的生活条件，提高了农民的社会地位，提高了农民的生产能力和文化素质，为农村社会的变革提供了有力支持。

4.研究中国社会发展进程中人的主体社会地位的变化

20世纪80年代以后，随着改革开放的不断深入和关于乡村文化方面国际学术交流的频繁，更多学者来到中国积极展开实证调查研究。著名人类学家费孝通在20世纪30年代深入云南禄村就农地制进行了一项拓荒性研究。半个

多世纪之后，加拿大学者宝森重访该地区，并进行了为期十年的田野考察。在追溯以往60年中国政治、经济、历史巨变的情形下，《中国妇女与农村发展：云南禄村六十年的变迁》通过对云南禄村六十年的深入调查，探讨了妇女在农村发展中的角色变迁及其影响因素。研究发现，随着社会经济的变革，禄村妇女的地位逐渐提升，她们在农业生产、家庭决策、社区参与等方面的影响力不断增强。但仍存在诸多制约妇女发展的因素，如教育机会不均等、传统文化束缚。教育机会不均等体现在尽管禄村妇女的教育水平有了显著提高，但许多农村妇女由于家庭经济条件限制、传统观念束缚等原因，无法接受良好的教育。这导致她们在就业、参政等方面受到限制，进而影响她们的地位和发展。传统文化习俗的束缚在禄村等农村地区对妇女的影响仍然较为深远，这不仅限制了妇女的角色定位和发展空间，也阻碍了她们对家庭和社会的贡献，在禄村等农村地区，妇女在承担家庭角色和社会角色时常常面临冲突与平衡的问题。一方面，她们需要照顾家庭、抚养子女、承担家务等责任；另一方面，她们也希望参与社会生产、实现自我价值，这种冲突导致许多妇女在追求个人发展时面临种种困难。[①]

综上所述，国内学界对乡村振兴战略、乡风文明建设、乡村振兴与乡风文明建设研究成果较为丰硕，为后来研究奠定了一定的理论基础，但同时，乡村振兴的研究时间较短，仍有一些不足之处有待加深。目前，学界有关乡村文化建设的研究缺乏整体性系统性，学者们对于我国的传统村落和乡村文化的研究更多的是整体分析和宏观把握，新时代以来社会矛盾转化，结合当前农村问题新变化，乡村振兴战略与社会主义新农村具体的差别之处并未做系统的理论分析，尚未形成细化和深化的理论，部分学者在研究乡村振兴仅从某一方面探讨，如乡村传统文化、民俗文化、宗教文化等；有关乡村文化建设的研究基础还比较薄弱，当前学者的研究偏好于城市文化建设研究，或现代化进程中城市文化及文化体系的研究，而农村文化建设研究成果相对薄弱，如研究乡村文化建设时，多数学者提出建设现代化的乡村，要提高乡村

---

① （加）宝森.中国妇女与农村发展：云南禄村60年的变迁[M].胡玉坤，译.南京：江苏人民出版社，
2005.

的文化建设水平，他们的研究侧重于现代文化或者社会主义先进文化建设，而关于传统乡村文化和乡村本身价值的研究不够深入，没有真正结合当前农村文化发展的实际；有关乡村文化建设的理论水平还有待提高，目前国内关于乡村文化建设的研究成果较多，但是有影响力的论文较少，同时有影响力的专著更少，研究内容宽泛，没有从我国农村发展的实际情况进行研究，聚焦点更多的是从现代化角度进行阐述，忽略了原原本本的乡土文化，特别是传统农耕文化和五千年孕育的中国传统文化。

从国外的研究成果来看，国外学界以跨学科思维和实证研究方法对乡村社会发展进行了较为深入的研究，国外学界关于中国乡村社会发展的研究多采用田野调查法，对中国华北、华东、西南、台湾等地区的村庄进行了实地调研，具体研究了乡村的社会变迁、文化结构、权力文化网、日常生活、社会性别关系及城乡关系等问题，但是国外学者并没有系统研究乡村精神文明建设，或实地考察乡风文明建设的相关内容，也没有基于中国国情与农情，深入考察乡村精神文明建设与中国经济社会发展、中国乡村整体发展之间的内在关联。因此，从当前国内外研究现状来讲，对乡村文化建设的研究缺乏整体性、系统性，乡村文化建设的研究基础较薄弱，乡村文化建设的理论水平有待提高。从现有研究成果来看，乡村文化建设仍有较大研究空间，本书在借鉴国内外学界相关研究成果的基础之上，结合当前时代背景和国家政策支持，通过大量的实地调研和综合分析，深入研究乡村文化建设与乡村振兴战略之间的双向契合性，系统性地研究乡村振兴视域下广西乡村文化建设的相关理论与实践内容，从国家发展的战略高度出发，将乡村文化建设置于乡村振兴视域下进行系统性、理论化的科学研究，以弥补国内外相关研究的不足。

第三节　研究思路与方法

　　为了本书顺利进行并按时按期达到预期的科研成果，经过文献分析和实地调研后，笔者确定本书研究的思路、整体框架及研究中预计采用的研究方法，并对其进行了阐述。

一、研究思路

　　本书共包含六章内容，研究的整体思路如下。

　　第一章，绪论，主要阐释研究背景和意义，国内外关于乡村振兴、乡村文化建设、乡村振兴和乡村文化建设两者关系的研究现状，研究思路和研究方法，以及本书的研究创新之处。

　　第二章，乡村振兴视域下乡村文化建设概述，共分为三节。本章重点分析乡村振兴战略的提出背景、目标要求、基本原则，以及乡村文化建设概述与乡村文化建设的理论渊源。

　　第三章，聚焦于乡村振兴背景下的乡村文化建设，深入探讨其历史机遇与时代价值，全章内容被精心划分为两大部分。本章首要揭示的是，在乡村振兴的宏观视角下，乡村文化建设迎来了多重历史机遇：它以满足人民群众对美好生活的多样化需求为核心驱动力，得益于国家层面对乡村振兴战略实施的有力政策支持，并致力于强化中国特色社会主义文化的深厚自信。进一步地，本章深入剖析了乡村文化建设的时代价值，指出其在多个维度上均展现出显著的重要性：它不仅能够有效促进乡村产业的融合与协同发展，还能够激发乡村文化自身发展的内在活力与潜力；同时，乡村文化建设还深刻增强了民众对乡风文明的认同感与归属感，为乡村社会的和谐稳定奠定了坚实的基础；最后，它也是推动乡村治理体系与治理能力现代化的关键力量，为乡村的全面发展注入了新的活力与动力。

第四章，乡村振兴视域下广西乡村文化建设的基本属性，共分为三节。本章主要阐述乡村振兴视域下广西乡村文化建设的基本特征包括坚定社会主义方向、坚持农民主体地位、统筹区域协同发展；乡村振兴视域下广西乡村文化建设的主要内容包括传承乡村优秀传统文化、增强乡村公共文化建设、着力消除乡村精神贫困；乡村振兴视域下乡村文化建设的现实功能包括营造乡村振兴的和谐社会环境、夯实乡村振兴的精神文化素质基础、建设美丽乡村促进生态振兴、加快农村现代化进程等。

第五章，广西乡村文化建设实践中的问题及其原因剖析，共分为两节。本章主要阐述乡村文化建设实践中存在的问题及其原因。乡村文化建设实践中存在的问题包括乡村空心化与引才留才难并存、原始生态文化资源破坏严重、乡村文化优秀传统文化缺乏保护与传承、公共文化服务体系活力不足等内容；乡村文化建设存在问题的原因包括乡村人才建设机制不完善、过度追求经济效益与保护意识薄弱、乡村社会文化环境的巨大改变、乡村公共文化服务体系不健全等。

第六章，乡村振兴视域下广西乡村文化建设的路径选择，共分为四节。本章是重点部分，也是难点部分。本章主要阐述乡村文化建设的对策分析，指出：要加强乡村文化建设的价值引领，包括以社会主义核心价值观引领乡村文化建设、以优良乡风涵养乡村文化建设；要建立健全人才发展体制机制，包括完善乡村教育体系、注重乡村人才引进、发挥乡贤引领作用；要优化乡村文化资源，包括大力发展乡村文化旅游产业、着力打造乡村数字文化产业；要完善乡村公共文化服务体系，包括加强乡村公共文化设施建设、优化乡村公共文化服务质量、提升乡村公共文化服务效能等。

二、研究方法

（一）文献分析的方法

本书在写作前，已经收集和下载大量与乡村振兴、乡村文化建设相关的文献资料，力求资料完备、翔实和准确。具体的文献如下。

一是数据库。国家哲学社会科学文献中心与国家哲学社会科学学术期刊数据库、中国知网、人大复印资料、维普中文期刊服务平台、万方数据知识服务平台等常用数据库下载国内外关于乡村振兴、文化和乡村文化建设的文献资料，特别是我校投入经费获得使用权的"中国知网"（现拥有CNKI系列期刊、报纸、博硕士学位论文、图书、年鉴、专利等大型数据库21个，国内外加盟数据库102个，全文文献1896万篇，每天出版全文文献12000多篇），人大复印资料电子光盘、超星电子图书馆、维普期刊网等都在本院校园网上运行，科研资料十分充足。

二是重要网站。人民网、中国共产党新闻网、光明网、求是网、新华网、中国网、中国国家调查数据库、中国劳动力动态调查、中国城乡家庭抽样、中国国家统计局调查、中国城乡流动数据库、中国城镇住户调查数据库等重要网站上关于乡村振兴、文化和乡村文化建设的重要报道和文献资料。

三是图书馆。搜集馆藏图书和电子资源中有关乡村振兴、文化和乡村文化建设的内容，党和国家关于乡村文化建设的政策、措施和规定的相关文献，以及历届共产党的领导人有关乡村振兴、文化和乡村文化建设等方面的重要讲话。

通过对相关文献资料的梳理和分析，可以了解乡村文化的历史演变、传承发展、文化价值等方面的信息，这种方法有助于研究者从宏观和整体的角度把握乡村文化的全貌，在大量收集文献资料的基础上，对文献进行全面系统的分析和总结，确定研究方向和主要内容，为本书的写作奠定了重要的文献基础。

（二）理论研究与实证研究相结合的方法

本书在写作过程中始终坚持马克思主义立场、观点和方法，同时系统研究我国乡村文化建设尤其是广西乡村文化建设的相关理论。理论研究能够通过抽象思维和逻辑推理，揭示事物的内在规律和本质特征还具有预测和指导实践的功能，为实证研究提供理论支持和指导。实证研究通过收集和分析实际数据，能够客观地反映事物的实际情况和发展趋势，还能够为理论研究提供实证支持和验证，促进理论的发展和完善。在理论研究过程中坚持历史唯物主义，仔细梳理我国乡村文化发展的历史阶段，阐释了中华人民共和国成立初期、社会主义改造时期、社会主义建设探索时期、改革开放时期和新时代以来的历史发展历程，同时，还要坚持辩证唯物主义，通过分析乡村振兴与乡村文化建设的关系，论述我国乡村文化建设中面临的挑战与现实机遇。在实证研究过程中，采取实地调查研究的方法，本书依托个人所立项2022年广西中青年教师科研基础能力提升项目：文化传播视域下广西农家书屋助力乡村振兴的路径研究，从本课题前期准备和撰写，进行了大量的实地调查和研究，运用访谈、典型调查、实地走访、数据分析等方法，对我国乡村文化建设的现状及问题进行科学的实证分析，将理论与实践相结合，剖析乡村文化建设中存在的问题，促进乡村文化建设的可持续发展。

（三）多学科交叉研究的方法

乡村文化的建设是一个系统性的工程，涉及内容多、涉及面广，必须立足于事物的整体来进行跨学科、多视角的审视和研究。其一，实地调查。实地调查是乡村文化多学科交叉研究的重要方法之一，通过访谈、问卷调查、参与观察等方式，收集乡村文化相关数据和信息，了解乡村文化的现状、特点、问题和发展趋势。其二，跨学科案例研究。选取具有代表性的乡村文化案例，从多个学科的角度进行深入剖析，探究其形成原因、发展过程、存在问题及其应对策略，为更广泛的乡村文化研究提供借鉴和参考。其三，数字技术应用。利用大数据、人工智能等技术手段对乡村文化进行数据挖掘、可视化分析和知识图谱构建等，为研究者提供更加全面和客观的研究支持。其四，理论建构。在多学科交叉研究中，需要不断建构和完善相关理论，通过对乡村文化现象的深入剖析，构建具有解释力的理论框架，为后续研究提供理论支持。本书的研究涉及社会学、文化学、教育学、传播学、经济学等领域的知识和研究方法，具有学科综合性和整体思维，有助于进一步探索乡村文化建设的路径。

第四节　创新之处

一、研究视角的创新

从当前国内学界关于乡村文化建设研究成果来看，相关研究大多从以社会学、文化学、经济学角度开展。但"乡村文化建设"的提出是党中央基于中国特色社会主义伟大实践，应以马克思理论为其研究视角，深入研究乡村振兴视域下乡村文化建设的相关概念、历史机遇与时代价值、基本属性、存在问题与对策思考等问题。本书正是以马克思理论为写作出发点，并运用社会学、文化学、教育学、传播学、经济学等相关学科理论，在新时代党和国家发展实践中，结合当前国家政策和乡村振兴实际进行的深入研究。

二、研究内容的创新

当前学者对于乡村文化建设的研究，主要集中在某一领域，比如人才方面、基层党组织建设方面、文化传承方面、公共文化服务体系方面等。而党的十九大以来，乡村振兴战略与乡村文化建设在具体实践中紧密联系，具有极深的耦合性和相关性。在此基础上，本书对乡村振兴视域下乡村文化建设进行了宏观、系统和全面的研究，概述了乡村振兴战略的提出背景、目标要求、基本原则，阐释了乡村文化建设相关概念，深入剖析了乡村振兴战略与乡村文化建设间的相互关系；从新时代历史方位的实践中，挖掘乡村振兴视域下乡村文化建设的历史机遇与时代价值；梳理了乡村振兴视域下广西乡村文化建设的基本属性；剖析了广西乡村文化建设实践中的问题及其原因；提出了乡村振兴视域下广西乡村文化建设路径。

三、研究方法的创新

乡村振兴战略是当前我国社会发展的重要战略之一，而乡村文化建设又是乡村振兴的重要组成部分。研究方法的创新分为理论和实践两个方面，对新时代背景下实现乡村文化振兴具有重要的指导意义。

（一）理论研究方法创新

一是跨学科研究。乡村文化建设是一个涉及多学科的领域，需要综合运用社会学、文化学、历史学、人类学等多学科的知识和方法。通过跨学科研究，可以更好地理解乡村文化的内涵和特点，挖掘乡村文化的价值和意义。二是量化与质性研究相结合。在理论研究过程中，不仅要收集和分析量化数据，还要通过访谈、问卷调查、田野调查等方式收集质性数据。通过量化与质性研究相结合，可以全面地了解乡村文化的现状和问题，为研究结论的客观性和科学性提供保障。三是案例研究。通过分析不同地区、不同类型乡村文化建设的成功案例，总结出乡村文化建设的规律和经验，为其他地区的乡村文化建设提供参考和借鉴。

（二）实践研究方法创新

一是田野调查。田野调查是一种深入乡村实地调查的方法，通过与村民交流、观察乡村环境、收集实物资料等方式，了解村民的生活方式、风俗习惯、信仰和价值观等，通过实地观察和访谈获取第一手资料，深入了解乡村文化的真实面貌，为乡村文化建设提供实践依据。二是行动研究。行动研究是一种在实际工作中进行的研究方法，通过制订具体的研究计划、实施研究、评估结果等方式，不断优化乡村文化建设的过程和方法，提高乡村文化建设的实效性。三是案例分析法。通过分析具体的乡村文化实践案例，总结经验教训，为其他类似情况提供参考的方法，选择具有代表性的乡村文化案例进行分析和比较，为未来乡村文化的发展提供借鉴。四是专家访谈法。通过与相关领域的专家进行交流，获取专业意见和方法，为研究提供专业支持。五是合作研究。合作研究可以促进不同地区、不同领域的专家学者和实际工作者之间的交流和合作，共同探讨乡村文化建设的难题和挑战，为乡村振兴战略的实现提供有力支持。

乡村振兴视域下乡村文化建设研究方法创新是推动乡村文化建设的重要途径和方法。通过跨学科研究、量化与质性研究相结合、案例研究、田野调查、行动研究和合作研究等方法，全面地了解乡村文化的现状和问题，提高乡村文化建设的实效性和可持续性，为推动乡村文化建设提供科学依据和有效支持。

第二章

乡村振兴视域下乡村文化建设概述

第一节　乡村振兴战略概述

一、乡村振兴战略的提出背景

乡村振兴战略是党的十九大报告中提出的重要战略决策。改革开放以来，中国乡村综合实力不断提升，但也面临发展不足的困境，尤其是在全球范围内，城乡之间的差距已经成为全球性的问题。在这样的背景下，国家出台了一系列措施来推进乡村经济的发展和改革，从整体上促进农村现代化发展，这正是乡村振兴战略提出的原因之一。乡村振兴战略的实施需要多方面的支持和配合。首先，需要加大政策引导和支持力度，包括财政、税收、土地等方面的政策支持；其次，需要加大资金投入和人才引进，为乡村地区提供更多的资金支持和人才支持；最后，需要加强乡村地区的自我发展能力，包括提高农民收入、加强农村基础设施建设、推动农业现代化等方面的工作。因此，乡村振兴战略的提出背景是当前中国经济发展和社会进步的需要，也是缩小城乡差距、实现城乡协调发展的必然选择。①乡村振兴战略的实施需要多方面的支持和配合，加强政策引导和支持力度、资金投入和人才引进、乡村地区的自我发展能力等多方面的措施。只有通过这些措施的实施，才能真正实现乡村振兴的目标，促进乡村地区的经济发展和社会进步。

党的十八大以来，广西壮族自治区全面贯彻落实习近平总书记"三农"思想及习近平总书记视察广西重要讲话精神，加大统筹城乡发展力度，加快发展现代特色农业，积极推进农村一、二、三产业融合发展，农村改革纵深推进，现代特色农业发展成效显著，为实施乡村振兴战略奠定了良好基础。但是，区域发展不平衡、不充分的问题在乡村仍然突出，全区农业大而不强，三次产业结构不优，农村发展基础薄弱，农业综合效益和竞争力不强，农民生活水平还有待提高，农村教育医疗、社会保障等公共服务水平与城市相比还有较大差距。实施乡村振兴战略，不仅是全面打赢、打好精准脱贫攻坚战、决胜全面建成小康社会的必然要求，也是加快补齐发展短板、解决发展不平衡不充分问题的必然要求，更是加快实现农业农村现代化、推进富民兴市的根本举措。必须把思想和行动统一到中央重大决策部署上来，切实增强责任感和紧迫感，立足区情农情，凝聚共识、汇聚力量、顺势而为、秉势而上，以更大的决心、更有力的举措实施乡村振兴战略，推动农业全面升级、农村全面进步、农民全面发展。

二、乡村振兴战略的目标要求

乡村振兴战略的总目标是农业农村现代化，包括产业兴旺、生态宜居、乡风文明、治理有效和生活富裕等，使农村地区在经济、社会和环境等方面实现全面进步。

---

① 中共中央党史和文献研究室.习近平关于"三农"工作论述摘编[M].北京：中央文献出版社，2019.

具体而言，要实现以下几个方面的目标。

产业兴旺：通过发展现代农业、乡村旅游等产业，提高农村地区的经济实力和收入水平，要注重培育新兴产业，引导农民参与产业链条的各个环节，形成紧密的产业链条。

生态宜居：加强农村生态环境保护，推进农业绿色发展，建设美丽乡村；完善农村基础设施建设，提高公共服务水平，创造宜人的居住环境。

乡风文明：弘扬中华优秀传统文化，加强农村思想道德建设和公共文化建设。注重培养农民的文明素养和良好的行为习惯，树立新风正气。

治理有效：加强农村基层治理体系建设，创新治理方式和方法。提高村民自治水平，发挥村民的主体作用，推动乡村治理体系和治理能力现代化。①

生活富裕：通过增加农民收入来源和提高社会保障水平，实现农民生活水平的持续提高。注重缩小城乡收入差距，促进城乡居民共享改革发展成果。

为了实现上述战略目标，需要采取一系列具体措施。以下是几个方面的具体要求。

一是坚持农业农村优先发展。在干部配备上优先考虑、在要素配置上优先满足、在资金投入上优先保障、在公共服务上优先安排，各级政府和相关部门要把农业农村工作放在优先位置，为农村地区发展提供有力支持。

二是推进产业融合发展。鼓励农民参与一、二、三产业融合发展，拓展增收渠道，加强农产品品牌建设和市场开拓力度，提高农产品的市场竞争力和附加值，同时，大力发展乡村旅游等新兴产业，促进农村经济多元化发展。

三是加强生态文明建设。坚持绿色发展理念，推进农业面源污染防治和农村人居环境整治工作，加强农田水利建设和农业科技创新的推广应用力度，提高农业生产效益和质量安全水平，注重保护农村生态环境和文化资源

---

① 中共中央党史和文献研究室.习近平关于"三农"工作论述摘编[M].北京：中央文献出版社，2019.

禀赋优势条件等，进行系统性、整体性协同，推进乡村振兴战略实施工作部署和政策措施制定落实等工作，取得更好成效和价值意义，为广大人民群众带来更多福祉、利益保障和支持帮助。

四是创新社会治理方式。建立健全基层群众自治制度和社区治理体系机制等制度保障体系，以此来推动乡村治理体系和治理能力现代化进程不断进步并取得更加显著的成效和价值意义，为人民群众带来更好的生活体验及更高的幸福感、获得感和安全感。

五是强化组织保障作用。要加强基层党组织建设和工作创新能力培养，提升水平质量效果评价考核等工作环节，更要注重发挥农民的主体作用和首创精神，使农民积极参与乡村振兴伟大实践探索和创新发展过程。

乡村振兴战略是我国经济社会发展的一项重大战略任务，也是一项长期艰巨的系统性工程。只有全社会共同参与和努力，才能实现其宏伟目标和美好愿景展望。因此，应坚持以人民为中心的发展思想，不断完善政策体系和制度保障机制，积极推动乡村治理体系和治理能力现代化进程，给人民群众带来幸福感、获得感、安全感。

三、乡村振兴战略的基本原则

（一）坚持党管农村、全面振兴

从1999年《中国共产党农村基层组织工作条例》实施，到2019年新条例修订，党对"三农"工作的领导贯穿始终，全面从严治党向基层延伸更加有力。进入新时代，乡村振兴的画卷徐徐展开，农业强、农村美、农民富的蓝图逐步绘就，必须始终不渝地坚持党对农村的领导、党对农村工作的主导，真正为产业兴旺、生态宜居、乡风文明、治理有效、生活富裕提供坚强政治保障，引领乡村振兴。

"党管农村"源于历史，是党植根农村的实现形式。马克思对法国、德国、英国等国家的农村有过广泛深入的研究。在讲到法国时，马克思形象生动地将法国的农民比作"袋子里的马铃薯"，意指其彼此分散不聚焦、关系割裂不交往。在欧洲、亚洲的一些国家，农民的组织化程度都不高，户与户之间相对割裂、分散，这是缺乏统一的党或政府组织领导的结果。在中国，从党的百年奋斗历程看，党管农村贯穿始终，农村既有党的组织堡垒，也有党的党员先锋，还有各种形式的群众自治组织。在党组织的领导之下，形成了比较活跃的党管农村工作格局。实践证明，这种形式的管理，使得党的领导深入农村，党引领农村走在正确的方向，推动了"三农"工作不断发展，这也是新时代实施乡村振兴战略的强大驱动力。

"党管农村"回应现实，是化解问题的有效抓手。第一，加强党的领导，确保党的路线、方针、政策在农村得到贯彻落实。各级党委要切实负起责任，加强对农村工作的统筹协调和督促检查，确保党的各项强农惠农政策落到实处，同时，要注重发挥基层党组织的作用，把党的领导贯穿到农村工作的各个方面和全过程。一是建立健全农村工作领导体制和工作机制，完善农村工作领导机制，建立健全党委统一领导、党政齐抓共管的农村工作格局。要加强农村工作部门之间的协调配合，形成工作合力，更要注重运用法治思维和方法解决农村工作中的问题，推动农村治理体系和治理能力现代化。二是加强农村干部队伍建设，具体来说，要加强农村基层干部队伍建设，选拔政治素质高、能力强、作风实、公道正派的人员担任村干部，要注重培养一支懂农业、爱农村、爱农民的"三农"工作队伍，为推进乡村振兴提供有力的人才保障。第二，党管农村的难点在于如何将农民有效组织起来，组织优势和政治优势在农村缺乏载体嫁接，党员的先锋模范作用发挥不明显，推动党建引领延伸触角不够长，"党管农村"面临力量支撑不足的问题。随着现代化建设的不断发展和推进，在农民不断增收的同时，农村社会的分化也会不断加剧，将农民组织起来的难度会越来越大。越是面对这一难题，就越要坚持"党管农村"原则，通过建强农村党组织战斗堡垒、扩充农村党员队伍、强化农村党组织对其他组织的领导，构建以党组织为顶端的农村工作格局，有效整合农村人、财、物等各类资源，实现农村党组织的组织功能、组织优势和组织力量的最大化，推动农村各项事业有力、有序、高质量发展。

"党管农村"要讲方式方法，这是推动"五大振兴"的引擎动力。方式方法问题至关重要，好的方式方法是解决问题的关键，对于推动乡村振兴具有重要启发意义。实施乡村振兴战略对于农村而言，最重要的是推进组织振兴、人才振兴、产业振兴、文化振兴和生态振兴，其中组织振兴是根本保障，"党管农村"就鲜明体现在组织振兴上，坚持党的领导不是抽象的，而是具体的、实实在在的行动，也是未来我们实现乡村全面振兴、走向共同富裕的前提。推进组织振兴是加强党的领导的实现形式，要深入推进农村党组织"五个基本"建设——基本组织要设置规范、基本队伍要建设规范、基本制度要执行规范、基本活动要开展规范、基本保障要落实规范，以规范化推动组织振兴，确保党的领导全面体现贯穿到乡村振兴的各领域和全过程。首先要加强基层党组织建设，加大对群众自治组织的指导帮助支持力度和政策支持力度；其次要完善村民自治实践制度机制、村级议事协商制度机制等措施，加强农村社会治理体系建设工作力度和政策支持力度，注重发挥道德教化引导作用和法治保障作用，以此来促进良好社会风尚的形成和发展；再次要加大农村基层平安建设工作力度和政策支持力度，维护农村和谐稳定局面，完善村民自治实践制度机制、村级议事协商制度机制等措施，加强农村社会治理体系，促进基层民主活力增强和发展质量提升。

总之，"坚持党管农村、全面振兴"是实现中华民族伟大复兴中国梦的重要组成部分。要深入贯彻落实习近平总书记关于"三农"工作的重要论述精神实质和核心要义，部署安排任务落实落细落小，各项工作举措成效显著，推动农业农村现代化取得新进展、新突破，为实现中华民族伟大复兴的中国梦作出积极贡献！

（二）坚持政府统筹、农民主体地位

乡村文化建设在推动乡村振兴、提高农民文化素质、促进乡村经济发展等方面具有重要的作用。政府在乡村文化建设中发挥着重要的统筹作用，农民的积极参与和主体作用也不容忽视。只有坚持政府统筹、农民主体地位的原则，才能真正发挥乡村文化建设的积极作用。

1.政府统筹规划

政府在乡村文化建设中应发挥统筹规划的作用，制定科学合理的乡村文化建设规划，明确建设目标、任务和措施。一是制定科学合理的规划。政府应根据乡村地区的实际情况和发展需求，制定科学合理的乡村文化建设规划，确保乡村文化建设有序进行。2021年，中央一号文件明确提出乡村建设是为农民而建，农民是乡村的主人，是乡村建设的直接受益者，应该把乡村建设成农民的美丽幸福家园。乡村建设要充分考虑农民的实际需求，但部分地方曾出现为迎检而刷白墙、为完成任务而修中看不中用的厕所、为门面好看而盲目建雕塑等形式主义的做法，这些都偏离了乡村建设为农民而建的方向，农民不买账、不满意。二是加大资金投入。政府应加大对乡村文化建设的资金投入力度，确保乡村地区的文化设施建设和文化活动开展有足够的经费保障。政府加大对乡村文化建设的投入，提供必要的资金、人力和物力支持，能确保乡村文化建设的有序推进。此外，政府还应加强对乡村文化建设的监管，确保建设质量，避免资源浪费和形式主义。三是加强人才队伍建设。政府应高度重视乡村文化人才队伍建设，通过定向培养、引进人才等方式，提高乡村地区文化人才的素质和能力。政府还应建立健全文化人才激励机制，吸引更多优秀人才投身乡村文化建设事业中。四是推进文化创新。政府应鼓励和支持乡村地区的文化创新活动，推动乡村文化与现代科技、教育等领域深度融合，通过创新文化产品和服务，满足农民多样化的文化需求，提升乡村文化的吸引力和影响力。五是强化文化传承保护。政府应加强对乡村地区优秀传统文化的保护和传承工作，深入挖掘乡村文化的历史价值和时代意义，通过建设文化遗产保护基地、开展非物质文化遗产传承等活动，推动乡村优秀传统文化的传承和发展。

2.坚持农民主体地位

首先，应加强对农民的文化教育，提高农民的文化素质和审美能力，使其能够更好地参与乡村文化建设；其次，鼓励农民自主开展各种文化活动，如民间艺术表演、传统节庆活动等，发挥其创造力和想象力，此外，还应加强农民之间的交流合作，促进乡村文化的传承和发展；再次，开展服务乡村企业、产业的问计专家服务行动，为乡村提供更多的产学研合作，促进乡村振兴；最后，优化农村营商环境，营造良好的社会氛围，吸引能人回乡创业，形成"三农"发展的新动力。例如，贵港市港南区针对乡土人才吸引力不足、支撑力不足、带动力不足等难题，突出抓好人才服务机制，盘活人才资源，注重引导人才作用发挥，进一步加快港南经济社会的发展。

（1）建立"一库一表一册"信息卡，规范人才"资料库"。为加快推进乡村振兴人才基础性工作和信息化进程，全面提升乡村振兴人才工作管理效能和服务水平，该区专门研究制定人才摸底调查工作方案，按照"一镇一库、一村一册、一人一表"的要求，建立了港南区乡村振兴人才信息库，出台港南区乡村振兴人才分类参考，规范了入库标准，通过深入村屯、社区登记港南籍在外工作人才的职务、通讯地址、联系电话等相关信息，并通过比较、评鉴、认定等多种途径，按照特色技工能手（板材技工、手工艺师、民间厨艺师、农村建筑工匠等）、特色种养能手（中药材种植、稻虾养殖、蔬菜种植、水果种植、特色养殖等）、经营管理能手（电商经营者、家庭农场经营者、合作社带头人等）、乡村治理人才（调解员、法律志愿者等）4大类若干个小类，形成港南区乡村振兴人才信息库。目前，全区9个镇（街道）均已建库，并登记在册1100多名乡村振兴人才信息。

（2）建立联系沟通服务机制，架起人才"回归桥"。为加强对人才联系和服务，该区人才工作领导小组建立党政班子成员联系联络人才制度，通过协会会议、座谈会、交流会和重大节日慰问以及平时登门走访、电话联系等形式，与外出或本地具有一定知识或技能的人才保持联系。对于为当地农村经济和科技、教育、卫生、文化等各项社会事业发展提供服务、作出贡献，起到示范或带动作用，并得到群众认可的农村能人，领导小组定期听取他们的意见、建议和要求，鼓励他们回乡投资办业，拉起"乡情纽带"，鼓励外出乡贤加大对家乡的支持和反哺，实现资金回流、企业回迁、信息回转、人才回乡。

（3）拓宽乡贤反哺服务渠道，优化人才"聚宝盆"。积极引导镇（街道办）商会、商业协会、非公经济人士投身港南区的扶困助学、乡村振兴、"千企联千村，共建新农村"、乡村风貌提升等工作，弘扬光彩精神，推进光彩事业稳健发展。按照港南区发展的特点和难点，领导小组着力解决当前群众关注度高、资源紧缺的重点难点问题，引导各类人才在劳动就业、基础设施建设、助学教育等方面献计献策，捐献资金和项目。近年来，港南区筹集到乡贤捐款1000多万元，参与捐助的乡贤300多人支持家乡公益事业发展。

（4）发挥乡贤"辐射效应"，盘活人才资源。一方面，紧扣乡村振兴发展思路，发挥乡贤"辐射效应"，培养一批具有港南特色的乡土人才，带动一批群众脱贫致富。另一方面，充分依托特色种养基地作用，通过乡贤能人的辐射带动，引导本地群众学技术、乐创业、进市场，培养了一批懂技术、懂经营、懂发展、乐奉献的乡土人才，实现了特色种养业规模化、产业化、品牌化，促进了农民增收。

3.尊重农民意愿和农村实际

农业现代化的转型发展中，一些致富思路要落地，这就离不开村组干部做好工作。好思路犹如种子，想要开花结果，必须种进村民心里。一方面，要尊重农民意愿，真心实意把农民急难愁盼的事项摆在乡村建设首位。多问问农民的需求在哪里，多想想农民的期望有哪些，把农民最急需、与农民生产、生活紧密相关的设施建设好、设备维护好，统筹搞好乡村建设规划、乡镇空间布局、资源要素配置与公共服务供给，避免形式主义，杜绝面子工程、政绩工程，把精力、财力用对地方，真正让农民拥有更富生机的乡村、获得更高质量的生活。另一方面，农村建设规划要符合农村实际，因地制宜，避免乡村建设"千村一面"，每个乡村独特的建筑景观、山水风貌和文化习俗都是时间、环境和人相互融合相互影响的产物，应该受到足够的尊重。个别地区机械地把城镇的做法引入乡村，搞农村风貌统一，不仅违背了乡村建设的基本规律和乡村振兴的初衷，也破坏了不同村庄特有的美。若要改变这种状况，必须尊重农村实际、尊重农民的审美喜好，在村庄特色上做文章，顺应村庄发展规律和演变趋势，分类推进，做到各美其美、美美与共。

4.坚持乡村建设必须依靠农民而建

政府是乡村建设的主导力，企业、社会组织、公益人士等多元力量作为有益补充，可以为乡村建设提供更多资金与智力支持，但是，农民作为乡村建设的主体地位不可动摇，想方设法调动农民参与乡村建设的主观能动性至关重要。一方面，要明确乡村建设的主体是农民，注重文化传承与创新相结合，还要保护和传承乡村传统文化，挖掘其内涵和价值，使其成为乡村文化建设的宝贵财富。乡村建设也要适应时代发展需求，不断创新乡村文化形式和内容，注入新的活力，更具吸引力和影响力。搞乡村建设不能自上而下定指标、下任务，应是政府提供基本公共服务，不越位、不包办，关键要发挥农民主体作用，让农民有能力担当乡村建设的主角。另一方面，要设计制度，保障农民参与进来，实现人人动手建设家园。制度设计旨在确保项目实施流程顺利、完善农民参与机制、健全乡村公共设施管护机制多元互通互融，打通制约农民主体作用发挥的体制机制障碍。目前，国家乡村振兴局正在组织制定农民参与乡村建设指南，各地要积极健全农民参与乡村建设和管护的操作程序和具体方法，支持以工代赈、农民投资投劳、农民自建自管等方式推进乡村建设，广泛依靠农民、教育引导农民、组织带动农民参与乡村建设。例如，广西北流市创新探索农民全程参与的实用型乡村规划编制和执行。近年来，北流市针对乡村规划难题，积极探索构建政府主导、理事会牵头、新乡贤推动、农民全程参与可落地的实用"规划归村"模式。一是明确村庄规划编制各级责任，镇政府为村庄规划编制主体，挂村镇干部对所挂的村庄规划负总责，村民理事会把本地最有号召力的新乡贤吸收到村民理事会，组织发动群众全程参与。二是成立村庄规划编制团队，由镇主要领导、国土规建环保安监站干部、村干部、村民小组组长、村民理事会成员、乡村规划师、规划设计单位组成。三是充分发动群众参与摸底调查，村民理事会组织群众积极配合编制团队深入村庄收集各村民小组面积数据，调查村庄总用地规模、宅基地存量、人口、户数等情况，并预测15年内新增户数（按4.5人/户预测）以及新增户数数量。四是与农民一起确定村庄建设用地边界线，在1：500或者1：1000现状图基础上，按人均建设用地100平方米计算总建设用地面积，划定村庄建设边界线。五是农民全程参与编制讨论。村民理事会召集乡贤、村民代表开会讨论村庄规划编制方案，明确宅基地、墓地及公共设施用地选址等。规划设计单位根据村民的意愿，绘制地图，明确每户宅基地建设占地面积（平原和城市郊区不超100平方米/户，丘陵地区、山区不超150平方米/户）、总建筑面积（不超450平方米/户）、建筑层数（不超4层）、建筑风貌（岭南风格）。结果，2/3以上村民代表签字画押同意方案并签字。规划成果审批之后，报村委会审查并公示、报镇人民政府审查、报市自然资源局规划评审及依法批复方案。最后，规划成果在村庄祠堂前等村组明显位置长期公示，各家各户共同遵守、严格执行，村民理事会和群众共同监督。

（三）坚持优先发展、城乡融合

乡村文化建设是乡村振兴战略的重要组成部分，是推动城乡融合发展的重要手段。在推进乡村文化建设的过程中，要坚持优先发展、城乡融合的原则，以促进农村经济发展、提高农民生活水平、推动城乡一体化为目标。一是优先发展乡村文化建设。乡村文化建设是乡村振兴战略的基础，是推动农村经济社会发展、提高农民生活水平的重要保障，因此，要优先发展乡村文化建设，加大投入力度，加强基础设施建设，提高乡村文化设施水平，为乡村文化建设提供有力支撑，同时要注重培养乡村文化人才，加强乡村文化队伍建设，提高乡村文化工作者的素质和能力，为乡村文化建设提供人才保障。二是城乡融合推进乡村文化建设。城乡融合是乡村文化建设的重要途径，也是推动乡村振兴战略的重要手段。在推进乡村文化建设的过程中，要注重城乡融合，将城市文化资源引入乡村，推动城乡文化交流互动，促进城乡文化共同发展，同时，要注重发挥乡村文化的特色和优势，挖掘乡村文化的内涵和价值，推动乡村文化与现代文明相结合，为乡村振兴注入新的动力。三是加强政策支持与引导。为了推动乡村文化建设，各级政府要加强对乡村文化建设的政策支持与引导。具体而言，要制定相关政策措施，加大对乡村文化建设的投入力度，加强对乡村文化市场的监管和管理，规范市场秩序，为乡村文化产业发展创造良好的环境。此外，还要加强对乡村文化人才的培养和引进，为乡村文化建设提供人才支持。四是优化城乡资源配置。由于城乡社会资源配置不均衡，尤其是基本公共服务未能实现均等化、均衡化，因此，需要大力推动公共服务向农村延伸、社会事业向农村覆盖，包括健全全民覆盖、普惠共享、城乡一体的基本公共服务体系，推进城乡基本公共服务标准统一、制度并轨，以实现城乡高质量的社会融合，同时，要努力改善农村人居环境，创造宜居宜业的乡村环境。五是加强宣传教育引导农民参与文化建设。农民是乡村文化建设的主体，也是推动乡村振兴战略的重要力量，因此，要加强宣传教育，引导农民积极参与乡村文化建设，通过各种形式的文化活动，如文艺演出、文化讲座、文化展览等，提高农民的文化素质和文化素养，增强农民的文化自信和文化自觉，还要鼓励农民参与乡村文化建设的管理和决策，发挥农民的主体作用，推动乡村文化建设与农民的利益相结合。

从具体实践看，推进城乡融合发展是推动自治区党委政府发展战略走深走实的又一重大举措。习近平总书记在广西考察时提出几项战略部署。一是传承"桂字号"的致富"蜜"方。12月的广西来宾，日均温度约20℃。高达3米的甘蔗尽享温暖与湿润，接连成片，涌动起绿色的波涛，这里是我国蔗糖主产区，"高个子""黑皮肤"的甘蔗成为当地百姓的致富"蜜"方。产业发展好不好，首先要看源头。在甘蔗基地，总书记察看万亩甘蔗林和机械化作业收割场景，听取基地情况介绍。来宾市国家现代农业产业园主要位于兴宾区凤凰镇，主导产业为优质高糖、高产糖料蔗，是全国首批、广西首个国家现代农业产业园和国家现代农业科技园区、国家农村产业融合发展示范园，辐射带动2.5万蔗农增收致富。2022年，全村人均种植甘蔗收入达1.5万元，1000多人实现稳定增收。看完产业的原料源头，再看产业的加工利用。总书记随后来到来宾东糖凤凰有限公司考察，公司位于来宾市凤凰工业园区内，始建于1989年，现有员工400余人，其中专业技术人员85人。总书记进入生产车间察看制糖工艺和作业流程，在公司展厅了解糖业产品种类、市场份额和发展趋势。经过技术改造，公司的日榨量由最初的1000吨提升至目前的1.2万吨，提升10余倍，年产白砂糖11.7万吨。这里生产的一级白砂糖，连续17年获评"全国产品质量优秀奖"。二是"解放思想、创新求变"。习近平总书记强调"解放思想、创新求变，向海图强、开放发展"，这16个字是读懂此次广西考察的重要关键词。先看"解放思想、创新求变"。总书记在江西考察时曾强调"解放思想、开拓进取，扬长补短、固本兴新"。此次在广西强调"解放思想、创新求变"，既是针对广西一域的要求，也有针对全国大局的考量。从广西一域来看，作为战略位置极其重要的边疆民族地区，总书记对广西的高质量发展始终高度关注。2021年4月，总书记在上一次赴广西考察时提出"四个新"的要求，其中，摆在第一位的是"在推动边疆民族地区高质量发展上闯出新路子"。总书记在参加党的二十大广西代表团讨论时，强调"五个更大"，其中，第一个是"在推动边疆民族地区高质量发展上展现更大作为"。这次考察，总书记再次强调这个"更大作为"，并作出具体部署。他指出，推动广西高质量发展，必须做好强产业的文章，加快构建现代化产业体系。林果蔬畜糖，是广西的特色资源，这次在广西来宾考察，总书记从甘蔗地到制糖厂，全程关注这个"甜蜜的产业"和"桂字号"农业品牌。总书记还强调，要把科技创新摆在更加突出的位置，从中央决策到地方调研，"解放思想、创新求变"贯穿其中。总书记这次在广西强调"解放思想、创新求变"，也蕴含着对全局的重要考量。中央经济工作会议强调的"五个必须"中包括"必须把坚持高质量发展作为新时代的硬道理""必须把推进中国式现代化作为最大的政治"，同时还要求"聚焦经济建设这一中心工作和高质量发展这一首要任务"。会议明确指出，要谋划进一步全面深化改革重大举措，为推动高质量发展、加快中国式现代化建设持续注入强大动力。这些重要论述、重要部署，对于"解放思想、创新求变"都极具指导意义。三是"向海图强、开放发展"，习近平总书记始终站在大局思考着广西的发展，也着眼广西的优势谋划着全国的棋局。2017年赴广西考察时，总书记首先赴北海市了解古今两座港口，在合浦县汉代文化博物馆，总书记详细了解汉代合浦港口情况。他指出，向海之路是一个国家发展的重要途径，要求广西持续扩大对内对外开放，充分利用沿海沿江的优势，大力发展海洋经济、临港产业。"向海图强、开放发展"，是广西的机遇和优势，也是广西的责任和使命。中央经济工作会议强调，要扩大高水平对外开放，并提出了一系列举措，会议在部署"推动城乡融合、区域协调发展"时指出，要大力发展海洋经济，建设海洋强国，在这些方面，广西大有可为。以平陆运河为例，这条运河全长130余千米，由西江干流向南入海，建成后将成为西南地区最便捷的水运出海通道。总书记指出，要高标准、高质量建设平陆运河。广西既是开放前沿区，也是战略腹地。中央经济工作会议指出，要优化重大生产力布局，加强国家战略腹地建设。习近平总书记强调要把广西打造成粤港澳大湾区的重要战略腹地，广西既要推进对内开放，也要深化对外开放。习近平总书记立足广西、放眼全国、贯通中外。他指出广西要积极服务建设"中国—东盟命运共同体"。总书记在访越期间，中越宣布共同构建具有战略意义的中越命运共同体，其中的一个重要意义"将更有利于广西的开放发展"。习近平总书记强调，广西要把铸牢中华民族共同体意识作为自治区各项工作的主线，继续在民族团结进步上走在全国前列。在广西民族博物馆考察时，总书记说："现在全中国56个民族都脱贫了，兑现了我们的庄严承诺。但我们还不能停步，接下来要向着第二个百年奋斗目标新征程迈进，一个民族也不能少，加油、努力，再长征！"

（四）坚持绿色发展、和谐共生

乡村文化建设不仅关系到农村的精神文明建设，也关系到农村的可持续发展。在乡村文化建设中，坚持绿色发展、和谐共处的原则，是实现乡村振兴的重要途径。

1.绿色发展是乡村文化建设的基石

绿色发展是以生态环境为中心的发展理念，它强调人与自然的和谐共生，追求经济、社会和环境的协调发展。在乡村文化建设中，绿色发展就是要坚持生态优先，保护好农村的自然资源，保持农村的生态环境，实现农村的可持续发展。首先，要保护好农村的自然资源，即山、水、林、田、湖等。这些都是农村宝贵的财富，在乡村文化建设中，要合理利用这些资源，发展生态旅游、生态农业等绿色产业，实现资源的可持续利用。其次，要保持农村的生态环境。这是乡村文化的重要组成部分，也是吸引游客的重要因素。再次，要加强生态保护和环境治理。政府应加大对农村环境污染的治理力度，推广生态农业技术，提高农业生产的环境友好性。最后，要促进绿色产业发展。政府应大力鼓励和支持绿色产业的发展，如生态旅游、生态农业、绿色食品等产业，加强对绿色产业的支持和引导，提高其经济效益和社会效益。

2.和谐共处是乡村文化建设的核心理念

和谐共处是指人与人、人与自然之间的和谐相处，它是乡村文化建设的核心理念。在乡村文化建设中，要坚持以人为本，注重村民的利益，同时也要注重人与自然的和谐共生。首先，要坚持以人为本。乡村文化建设要注重村民的精神文化需求，提供丰富多彩的文化活动，满足村民的精神文化需求，提高村民的文化素质和道德水平。其次，要注重人与自然的和谐共生。在乡村文化建设中，要注重保护自然环境，让村民认识到自然环境的重要性，树立环保意识，形成绿色生活方式，也要引导村民积极参与生态环境保护，共同建设美丽乡村。再次，加强文化教育宣传。政府应加强文化教育宣传工作，增强村民的文化素质和环保意识，通过举办各种文化活动、宣传讲座等形式，向村民宣传绿色发展和和谐共处的理念，引导村民树立正确的价值观和生态观念。最后，引导村民参与村庄建设。政府应鼓励村民积极参与村庄建设，发挥村民的主体作用，通过提供培训和指导，帮助村民掌握绿色发展的知识和技能，让他们成为绿色发展的实践者和推动者。

乡村文化建设坚持绿色发展、和谐共处的原则，是实现乡村振兴和可持续发展的重要途径。应进一步深化生态保护和环境治理、促进绿色产业发展、加强文化教育宣传、推动村民参与村庄建设等方面的工作，为建设美丽乡村、实现乡村振兴贡献力量。

（五）坚持改革创新、典型引路

乡村文化建设是提高农民素质、促进农村发展的重要途径。在推进乡村文化建设的过程中，要坚持改革创新、典型引路的基本原则，以适应新时代的发展要求。

第一，改革创新。改革创新是推动乡村文化建设的根本动力。一方面，要积极探索新的发展模式，打破传统思维定式，引入现代文化理念，推动乡村文化与现代文明有机融合。另一方面，要加强对乡村文化资源的挖掘、保护和传承，推动传统文化与现代文化相融合，形成具有地域特色的乡村文化品牌，同时，要加强对乡村文化产业的扶持，推动文化产业与农业、旅游等产业深度融合，形成具有竞争力的乡村文化产业集群。

第二，典型引路。典型引路是推进乡村文化建设的重要方法。要树立典型、推广先进经验、发挥示范引领作用，加强对乡村文化建设典型的挖掘、培育和宣传，树立一批具有代表性的乡村文化建设典型案例，通过典型示范带动更多的农民参与到文化建设中来，加强对乡村文化人才的培养，提高他们的素质和能力，为乡村文化建设提供有力的人才保障。

（六）坚持因地制宜、循序渐进

随着城市化进程的加速，乡村文化建设逐渐成为人们关注的焦点。然而，乡村文化建设并非一蹴而就，需要坚持因地制宜、循序渐进的原则，才能真正发挥其作用，促进乡村社会的和谐发展。首先，乡村文化建设必须因地制宜，不同的乡村地区有不同的历史文化、风俗习惯和资源条件，因此，在文化建设过程中，要根据当地实际情况进行有针对性的设计和规划。例如，部分乡村可以利用丰富的农耕文化资源，开展农业旅游、民俗展示等活动，让游客体验乡村生活的原生态；一些乡村则可以利用历史文化资源，举办传统民俗活动、节庆庆祝等传承乡土文化。只有因地制宜地进行文化建设，才能让文化活动贴近乡村实际、贴近农民生活，从而增强乡村文化的吸引力和感染力。其次，要注重文化设施的建设，如文化馆、图书馆、活动中心等，这些设施不仅是文化活动的载体，也是农民文化生活的重要场所。另外，也要注重文化活动的开展，通过举办各种形式的文化活动，如文艺演出、书画展览、民间艺术展示等，提高农民的文化素养和审美情趣。另外，还需要注重文化人才的培养和引进，通过培训和引进专业人才，提高乡村文化建设的水平和质量。乡村文化建设需要政府、社会和农民的共同参与。政府应该加大对乡村文化建设的投入力度，提供必要的资金支持和政策保障。社会组织和民间团体也应该积极参与乡村文化建设，提供必要的帮助和支持。在乡村文化建设中，农民自身也需要增强文化自觉和文化自信，积极参与各种文化活动，发挥自己在文化建设中的主体作用。

广西聚焦"农业强、农村美、农民富"高质量实施乡村振兴战略，在巩固拓展脱贫攻坚成果与乡村振兴有效衔接的道路上迈出了坚实的步伐，八桂大地上一大批凝聚改革集成成果的乡村振兴特色案例脱颖而出，成为"凝心聚力建设新时代中国特色社会主义壮美广西"的乡村振兴生动实践。在中共广西壮族自治区委员会农村工作（乡村振兴）领导小组办公室的直接指导下，由广西乡村振兴战略研究院具体组织开展，从全区乡村振兴改革集成试点村中筛选出40个"壮美广西·乡村振兴"年度特色案例。2022年9月14—15日，以"壮美乡村·共创未来"为主题的"2022年乡村振兴论坛·广西"活动在南宁举办，论坛上对"壮美广西·乡村振兴"年度特色案例进行发布和推介。例如，广西来宾市武宣县三里镇灵湖村获评"壮美广西·乡村振兴"年度特色案例。来宾市武宣县三里镇灵湖村有4个村民小组，共198户944人，党员50名。近年来，灵湖村以党建为基，突出培育壮大农村特色产业，全面推动产业、人才、文化、生态和组织振兴，促进了农民增收、农业高效、农村美丽、乡风文明，为持续推进乡村振兴高质量发展、基本实现农业农村现代化打下坚实基础。第一，规划蓝图，打造新村新貌。灵湖村把乡村风貌提升作为打造新村新貌的切入点和发力点，加快乡村塑"形"。一方面，聘请专职规划师因地制宜地编制村庄规划，避免乱搭乱建的问题；建设小型污水处理系统，解决村内污水横流的问题；建章立制，规范垃圾分类，建立"门前三包"、保洁机制，处理垃圾满天飞的问题；采取有效措施保护古树、古建筑和优秀文化传承地，建成以张氏家训、楹联文化、五进张氏宗祠、灵台寺等为主阵地的乡风村史馆、历代乡贤馆。另一方面，村级党组织牵头，发动全村群众参与，捐物捐资，投工让地，建成戏台、篮球场、图书阅览室、综合培训教室、青少年活动中心、文体活动室、公共健身器材场所、旅游公厕等8处公共设施，种植紫薇花1.2万棵，安装太阳能路灯28盏，绿化、铺设彩砖带7300平方米，硬化巷道8千米，串点连线打造方圆百里的文化旅游胜地。第二，盘活资源，做强特色产业。灵湖村突出培育壮大农村特色产业，积极引进优质企业参与兴办扶贫车间，先富带后富，推动产业做"实"，形成强劲支撑。一方面，招商引资，做大鸭产业。2019年，灵湖村盘活村内的设施农用地，与广西农商行合作，向社会招商，兴办扶贫车间，短短半年内，就吸纳5000多万元资金，撬动2亿多元社会资金，兴办康顺肉鸭孵化基地，带动周边超过300户农户参与养鸭事业，提供超过200个就业岗位，年产值达8000多万元，成为远近闻名的"鸭王"品牌村。2021年，灵湖村村级集体经济组织新增投入资金500万元，力争做大做强鸭产业。如今，灵湖村实现从一个鸭蛋起步，做成中国西南地区最大的孵化厂，又计划投资建设西南地区最大的肉鸭养殖基地和屠宰厂，以吸引更多的社会资本进入建设饲料厂、鸭绒厂、冷库、物流基地等，真正实现全产业链的高质量发展。另一方面，提质增优，做实"糖"产业。灵湖村通过实施"领头雁"工程，聘请专业技术人才到灵湖村股份经济合作社任农业技术指导员，发展"双高"蔗田860多亩，采用高效机耕技术及通信、北斗定位等现代信息技术打造的"智慧糖业"初具雏形，不仅把村民从土地中"解放"出来，还大大提高了甘蔗的产量、质量，每亩增收100元以上。同时灵湖村坚持良种先行，成功推广了桂糖42号等一批综合性状优良、适宜机械化耕种的糖料蔗品种，灵湖村泓泰甘蔗种植专业合作社被评为武宣县农民合作社示范社。第三，移风易俗，厚植文明新风。灵湖村采取"堵""疏"结合方式，向旧风俗"宣战"，推进乡村移风易俗，让农民"过上好日子"的同时"活得有面子"。灵湖村所有党员签订《移风易俗党员带头倡议书》50份，争做文明新风的倡导者，成立红白理事会，节俭操办婚丧嫁娶事宜25项；针对奢办和铺张浪费等陋习，完善村规民约8条，推动村规民约从"选择性遵守"向"强制性约束"转变。同时，灵湖村在诗词楹联、党风廉政、村规民约、家风家训、光荣榜荣誉廊等"五廊"上分别镌刻历代名人歌咏灵湖的诗词雅作和廉政名言、家风家训、荣誉等内容，让村民耳濡目染，改变陋习。近年来，灵湖村厚葬不厚养、看金不看情、重奢不重俭等陋习得到有效遏制，展现了"带头人"挺直腰杆、"比阔风"逐渐消失、"义利观"更加明晰、社会主义核心价值观生根开花的喜人景象，村民相处更团结、更融洽、更和谐。据统计，全村婚事新办、丧事简办节约社会资金240多万元。2021年，以灵湖村为案例拍摄的武宣《县乡长说唱移风易俗》节目入选全国典型案例。

乡村文化建设要坚持因地制宜、循序渐进的原则，注重文化设施建设、文化活动开展和文化人才培养。乡村文化建设还需要政府、社会和农民的共同参与，形成全社会共同关注、共同参与、共同推进的良好局面。只有这样，才能真正发挥乡村文化建设在促进乡村社会和谐发展中的重要作用。在实践中，还需要不断探索和创新乡村文化建设的方式和方法。例如：利用互联网技术开展远程教育、在线培训等新型文化活动；利用现代科技手段开发数字化文化产品，如数字图书馆、数字博物馆等；举办各种形式的文艺比赛、民间艺术展示等活动，激发农民的文化创造力，提高农民的参与度。这些创新性的举措将有助于推动乡村文化建设不断向前发展。

第二节　乡村文化建设概述

一、文化的概念

在人类社会中，文化是一个广泛而复杂的概念，它涵盖了人类生活的各个方面，包括思想、信仰、价值观、习俗、艺术、科技、语言、历史等。[①]文化是人类社会的重要组成部分，它塑造了人们的行为、思考方式、生活方式，并决定了人类如何看待和理解世界。文化可以被定义为一种共享的知识体系，它通过一代又一代人的传承和传播，逐渐形成并发展。这种知识体系包括对世界的理解、对生活的态度、对事物的评价，以及对行为和决策的指导。文化是一个国家、一个民族的灵魂；文化兴、国运兴，文化强、民族强。没有高度的文化自信、没有文化的繁荣兴盛，就没有中华民族的伟大复兴。乡村文化是中华民族文化之本，是乡村社会得以延续的核心。在乡村振兴战略实施中，加强农村思想道德建设和公共文化建设，以社会主义核心价值观为引领，深入挖掘优秀传统农耕文化蕴含的思想观念、人文精神、道德规范，培育挖掘乡土文化人才，弘扬主旋律和社会正气，培育文明乡风、良好家风、淳朴民风，焕发乡村文明新气象，是贯彻全民健身国家战略、实施健康中国的必然要求，对于提高农民综合素质、提升乡村社会文明程度、建设社会主义文化强国、实现中华民族伟大复兴的中国梦都具有十分重要的意义。

文化的起源可以追溯到人类早期的狩猎和采集社会，在这个阶段，人类社会开始形成共同的语言、信仰和行为规范，这些规范逐渐演变为文化的一部分。随着农业和工业的发展，人类社会逐渐从狩猎和采集过渡到定居生

[①] 中共中央党史和文献研究室.习近平关于"三农"工作论述摘编[M].北京：中央文献出版社，2019.

活，这也催生了新的文化形式，如宗教、艺术和科学。文化的形成和发展受到多种因素的影响，包括地理环境、历史背景、社会结构、宗教信仰、科技发展等。[①]地理环境对文化的影响是显而易见的，不同的地理环境孕育出不同的文化特色。历史背景也是影响文化发展的重要因素，不同的历史时期和文化传统都塑造了不同的文化特征。社会结构和宗教信仰也对文化的发展产生了深远的影响，它们共同构成了社会秩序和价值观的基础。科技发展则对文化的传播和交流产生了革命性的影响，推动了文化的创新和变革；在发展的过程中，文化也在不断地演变和适应。一方面，随着社会的变迁，原有的文化形式和价值观可能不再适应新的社会环境，需要进行调整和变革。另一方面，新的文化形式和价值观也在不断涌现，丰富了文化的内涵，这些新的文化形式和价值观可能来自不同的地域、民族、宗教和群体，反映了人类社会的多样性和包容性。

文化具有差异性和多样性。不同的社会、不同的民族、不同的地域都有独特的文化传统和价值观，这些差异不仅丰富了我们的世界，也使人类社会变得多元化和富有活力。[②]文化的多样性是人类文明进步的动力，它激发了人们的创造力和探索精神，推动了科技的进步和社会的发展。文化还具有传承性和发展性，文化的传承是通过教育、习俗、艺术、语言等方式一代代传递下去的。在这个过程中，文化不断演变和发展，适应新的环境和需求，同时，文化也受到外来因素的影响，不断吸收和融合新的元素，丰富和发展自身。

在当代社会，文化的作用日益凸显。随着全球化的加速和信息技术的普及，不同文化之间的交流与融合更加频繁，文化的多样性和创新性得到了充分展现，文化也越来越成为国家软实力的重要组成部分，对于提升国家形象和竞争力具有重要意义。

---

① 刘保庆，陈雨昕.乡村振兴背景下乡风文明建设的实现路径[J].农业经济，2020（10）：50-52.
② 舒坤尧.以中华优秀传统文化促进乡村文化振兴[J].人民论坛，2022，（3）：123-125.

二、乡村文化的概念

乡村文化是一种具有悠久历史和丰富内涵的文化形式，它深深植根于农村地区，反映了农村社区的历史、传统、风俗和价值观，是在农村地区产生、发展和传承的一种文化形式，包括农村地区的语言、风俗、信仰、艺术、建筑、饮食、服饰等，具有地域性、民族性、传统性和多样性等特点，是农村地区人民长期生产生活实践的产物。

（一）乡村文化的特点

乡村文化是一种带有浓厚地方色彩的物质文明和精神文明的总和，包括乡村的地理环境、生产方式、生活方式、社会结构、人际交往、道德观念、风俗习惯、宗教信仰、审美标准、艺术形式、教育水平、村规民约等诸多方面的特性。

1.地域性

地域文化一般是指生活在该地域的成员，在既定的时间、空间，由于地理环境、历史传承、社会制度，以及民俗习惯、宗教信仰等多种因素而形成的一种文化形态。首先，乡村文化地域性特点的形成与当地的自然环境密不可分，不同的地理环境孕育了不同的文化形态，乡村文化也不例外，乡村地区拥有优美的自然风光，山清水秀，这样的环境为当地人民提供了丰富的自然资源，如农作物、畜牧业等，此外，当地的民俗风情、建筑风格等也深受自然环境的影响，形成了独特的乡村文化特色。其次，乡村地区的民俗风情独特且丰富多彩，如传统节日、婚丧嫁娶习俗等，这些民俗活动既体现了当地人民的生活习惯，又传承了悠久的历史文化。再次，乡村地区的手工艺品独具特色，如编织、刺绣、雕刻等，这些传统技艺代代相传，成为乡村文化的重要组成部分。最后，乡村地区的建筑风格多以古朴、自然为主，与周围的自然环境融为一体，例如，传统的木结构房屋、石头建筑等都体现了乡村建筑的特色。综上所述，乡村文化的地域性特点主要体现在自然环境、社会历史背景、民俗风情、传统技艺、建筑风格等方面，这些特点不仅丰富了乡村文化的内涵，也为人们了解和认识乡村文化提供了重要依据。

2.传承性

乡村文化往往具有悠久的历史，是农民在长期生产生活中积累下来的文化遗产。乡村文化的传承性特点主要体现在农业文明、家庭观念、节庆活动和民间艺术等方面，这些特点不仅体现了乡村文化的独特魅力，也反映了乡村居民的精神风貌和价值取向。首先，农业文明，源远流长。乡村文化的独特魅力源于其深厚的农业文明底蕴。千百年来，乡村居民与土地、季节、气候紧密相连，形成了独特的农耕文化，人们遵循着自然的节奏，种植、收获，以敬畏之心对待大地，这种敬畏也体现在对土地的尊重和保护上，乡村的农业工具、农舍、农田布局等都反映了这种深厚的农业文明。其次，家庭观念，亲情至上。乡村文化中的家庭观念强调亲情的重要性，家庭成员之间互相关爱，互相扶持，这种亲情纽带是乡村文化的核心。家族的延续和传承也是乡村文化的重要组成部分，每个家庭都有自己的家族历史和传统，这些传统被一代又一代地传承下来。再次，节庆活动丰富多彩。乡村的节庆活动丰富多彩，充满了浓厚的文化气息。这些活动通常由乡村村民共同组织，如庙会、祭祀、舞龙舞狮等，不仅丰富了村民的生活，也增强了社区的凝聚力。乡村的岁时节令，如春节、清明节、端午节等，都有其特殊的庆祝方式，这些庆祝方式也是乡村文化的重要组成部分。最后，民间艺术，独具匠心。乡村的民间艺术形式多样，独具匠心，如编织、剪纸、泥塑、绘画等，反映了村民的审美情趣和智慧。乡村的音乐、舞蹈、戏曲等具有独特的魅力，在乡村社区中广为流传，丰富了村民的精神生活。优秀文化元素不仅是乡村文化的精髓，也是现代文明的重要组成部分，对于推动乡村社会和谐稳定、促进乡村经济社会发展具有不可替代的作用。乡村文化还具有强大的包容性和融合性，能够吸收不同地域、不同民族、不同时代的文化精华，形成独具特色的文化体系，既具有鲜明的地域特色，又具有广泛的群众基础，是乡村社会得以延续和发展的重要精神支柱。

3.生产实用性和社会整合性

乡村文化的生产实用性。乡村文化在生产方面具有很强的实用性，农民通过世代传承的农业知识、技能以及手工艺技术，实现了农业生产的高产、高效和优质，乡村文化中的传统手工艺品，如纺织、编织、雕刻等也是农村居民生产生活中的重要组成部分，为农村经济的发展做出了重要贡献。这些传统手工艺品不仅具有很高的艺术价值，也具有很高的实用价值，为乡村居民的生活提供了便利和舒适。

乡村文化的社会整合性。乡村文化具有很强的社会整合性，它通过各种形式和手段，将农村居民紧密地联系在一起，形成了一个团结、和谐、稳定的社会环境。乡村文化中的传统礼仪、民俗活动、民间信仰等都是社会整合性的表现，这些文化形式和价值观不仅加强了农村居民之间的交流和沟通，也增强了农村居民的归属感和认同感，为农村的发展提供了有力的社会支持。

4.亲缘性

亲缘性是指乡村文化以家庭、家族和亲情为基础，注重血缘关系和地缘关系的维系。在乡村社会，家庭是基本的社会细胞，家族是乡村社会的基本组织单位，亲情是维系乡村社会关系的重要纽带。亲缘性在乡村文化的各个方面都有体现，如乡村社会的家族制度、宗法观念、祭祖活动、红白喜事等都是以亲缘关系为基础。亲缘性使得乡村文化具有很强的凝聚力和向心力，使得乡村社会能够保持相对稳定和和谐。另外，亲缘性也使得乡村文化具有一定的保守性和排他性。由于亲缘关系的维系，乡村社会往往更加注重传统和习俗的传承，对于外来文化和新鲜事物的接受程度相对较低，这种保守性和排他性在一定程度上限制了乡村文化的发展和创新，但也在一定程度上保护了乡村文化的独特性和传承性。

5.多元性

我国乡村文化具有多元性，不同地区、不同民族的乡村文化呈现出丰富多彩、各具特色的文化景观，这种多元性既体现在物质文化层面，如建筑风格、生产方式、生活用具等，又体现在精神文化层面，如价值观念、行为规范、宗教信仰、民间艺术等。在建筑风格层面，不同地区的乡村建筑风格各异，如江南水乡的水乡建筑、福建土楼的土楼建筑、西北地区的窑洞建筑等都体现了不同地域的文化特色。在生产方式和生活用具方面，乡村社会也形成了各具特色的传统技艺和工具，如农耕器具、手工艺品等，这些物质文化遗产是乡村文化的重要组成部分，也是乡村文化多元性的重要体现。在价值观念和行为规范方面，不同地区、不同民族的乡村社有着不同的价值观念和行为规范，如尊老爱幼、诚信友善、勤劳节俭等优秀传统美德在乡村社会中得到广泛传承和弘扬。在宗教信仰和民间艺术方面，乡村社会还孕育了丰富多样的宗教信仰和民间艺术，如民间信仰、地方戏曲、民间歌舞等为乡村文化注入了独特的魅力和活力。由此可见，我国乡村文化无论是物质文化层面还是精神文化层面都具有多元性特征，这也是乡村文化发展的宝贵资源。在乡村振兴战略实施中，应充分尊重和保护乡村文化的多元性特征，推动乡村文化在传承中创新、在交流中融合、在发展中繁荣。

乡村文化具有深厚的历史底蕴和独特的地域特色，在乡村振兴战略实施中，加强乡村文化建设具有重要的价值和作用。我国乡村文化的特点包括地域性、传承性、亲缘性和多元性等，这些特点既是乡村文化的独特魅力所在，也是推动乡村文化振兴的重要力量。因此，在乡村振兴战略实施中，应充分挖掘和利用乡村文化的特点，加强乡村文化设施建设、培育乡村文化人才、丰富乡村文化活动，为乡村文化振兴提供有力支撑和保障。

（二）乡村文化的价值

一是乡村文化的历史价值。乡村文化承载着丰富的历史信息，是了解和研究过去社会、经济、文化、生活等方面的重要窗口，是农村地区历史发展的见证。它记录了农村地区的发展历程，反映了不同历史时期的社会风貌和人们的生活方式。乡村文化历史悠久，经历了漫长的发展过程，不断演变，成为独特的文化形式。在这个过程中，乡村文化承载了大量的历史信息，是研究古代社会、经济、文化、宗教等方面的重要资料。乡村文化中蕴含着古代的农耕技艺、民俗习惯、民间艺术等人类文明的宝贵遗产，乡村文化中的许多传统习俗、民间信仰、民间艺术等都具有很高的历史价值，是中华民族传统文化的重要代表。

二是乡村文化的文化价值。乡村文化是农村地区人民智慧的结晶,它包含了丰富的文化内涵,如民间艺术、传统手工艺、民俗活动等,具有丰富的教育资源和独特的审美价值。首先,乡村文化具有丰富的教育资源,通过学习乡村文化,人们能了解祖先们的智慧,传承优秀的传统文化。[1]例如,农耕文明中的节气、时令观念,以及人与自然和谐相处的理念,都是我们今天仍然需要借鉴和发扬的;乡村文化中的民间故事、传统手艺等,也为我们提供了宝贵的生活经验和人生智慧。通过学习乡村文化,人们可以更好地了解中华民族的传统文化,增强民族自豪感和凝聚力。乡村文化也可以为学校教育提供丰富的素材和案例,有助于培养学生的综合素质和创新能力。其次,乡村文化具有独特的审美价值。乡村文化中的艺术形式,如民间音乐、舞蹈、绘画等,以其质朴、自然、和谐的特点,深受人们的喜爱,不仅丰富了人们的精神生活,也为艺术家们提供了创作的源泉。乡村的自然风光、建筑风格等,也为人们提供了独特的审美体验。

三是乡村文化的教育价值。乡村文化对于乡村教育和青少年成长具有重要意义。首先,乡村文化中的许多传统习俗、民间艺术等都具有很高的教育价值,它们可以通过生动有趣的形式向青少年传授历史文化知识和社会道德规范;其次,乡村文化中的许多优秀品质和价值观,如勤劳、善良、诚实等,可以为青少年的成长提供正确的价值导向和道德支撑;最后,乡村文化还可以培养青少年的文化自信和民族自豪感,通过对乡村文化的学习和了解,青少年可以更加深入地认识到自己所属文化的独特魅力和价值所在,从而增强对本土文化的认同感和自豪感。

四是乡村文化的社会价值。乡村文化是农村地区社会和谐稳定的重要纽带,它维系着农村地区的人际关系,传承着农村地区的道德观念和价值观念。首先,乡村文化是一种精神寄托。在城市化的进程中,许多村民仍然保留着他们的传统习俗和文化传统,这些习俗和文化传统为他们提供了一种归属感,使他们感到自己与周围的环境和文化背景紧密相连,乡村文化也为在

---

[1] 李秀忠,李妮娜.当代中国乡村文化建设问题研究[M].山东:山东人民出版社,2001.

城市中感到孤独和失落的人们提供了一种精神的慰藉。其次，乡村文化是经济发展的重要动力。乡村地区的经济通常比较薄弱，乡村文化的发展可以为当地的经济发展带来新的机遇。[①]例如，乡村的特色美食、手工艺品、民俗表演等都可以成为吸引游客和投资者的亮点，不仅可以为当地村民带来收入，也可以为乡村地区的经济发展注入新的活力。再次，乡村文化有助于维护社会和谐。乡村文化强调的是团结、互助和和谐，有助于增强村民之间的凝聚力，促进社区的和谐稳定。乡村文化也可以作为一种教育资源，帮助年轻人了解自己的历史和文化，增强他们的文化认同感和归属感。最后，乡村文化是传承和保护人类文化遗产的重要途径。随着城市化进程的加速，许多传统的文化和习俗正在逐渐消失，乡村文化作为一种相对较为原始的文化形式保留了许多传统的习俗和文化，是我们了解过去、传承历史的重要途径。综上所述，乡村文化具有深远的社会价值，它不仅是一种精神寄托和经济动力，还可以维护社会和谐、传承和保护人类文化遗产，因此，应该重视乡村文化的保护和发展，让它在现代社会中继续发挥其重要的作用。

五是乡村文化的经济价值。乡村文化是农村地区经济发展的重要资源，它不仅可以吸引游客，促进区域旅游业发展，还可以推动特色产业的发展，提高农民收入。乡村文化是乡村地区发展的重要支撑，它为当地经济发展、社会进步提供了源源不断的动力。乡村文化旅游、手工艺品制作、民俗文化表演等产业的发展，不仅为当地居民带来了经济收入，也为乡村地区注入了新的活力，更为城市居民提供了了解乡土文化、体验乡村生活的机会，促进了城乡之间的交流与融合。近些年来，乡村地区逐渐成了旅游热点，游客们被乡村的自然风光、淳朴的民风和丰富的民俗所吸引，带动了乡村经济的发展。

综上所述，乡村文化具有深厚的历史底蕴和丰富的文化内涵，不仅承载着丰富的历史信息和社会价值，还具有重要的教育价值和经济价值。在现代社会进程中，保护和传承乡村文化具有重要意义，有利于促进城乡融合发展，增强民族认同感和凝聚力。因此，应加强对乡村文化的保护和传承工

[①] 温铁军，张孝德.乡村振兴十人谈：乡村振兴战略深度解读[M].南昌：江西教育出版社，2018.

作，深入挖掘乡村文化的内涵和价值所在，推动乡村文化的创新和发展，更应积极发挥乡村文化在推动乡村经济社会发展中的重要作用，为实现乡村振兴和可持续发展注入新的活力和动力。

第三节　乡村文化建设的理论渊源

一、马克思主义经典作家关于乡村文化建设的论述

经典马克思主义相关思想是乡村振兴视域下乡风文明建设发展的重要思想基础，主要包括马克思、恩格斯关于文明进步的思想、乡村发展思想以及列宁的乡村文化建设思想。

马克思和恩格斯强调了农业经济的重要地位，他们认为，农业是国民经济的基础，乡村则是农业经济发展的重要载体。若要实现乡村的可持续发展，必须注重农业现代化的进程，提高农业生产效率，使农民从传统农业中解放出来，进入市场经济的洪流中。马克思和恩格斯强调了乡村治理的重要性，他们认为乡村治理应该以民主为基础，尊重农民的主体地位，发挥农民的创造力，主张通过改革乡村管理体制，提高乡村治理水平，使乡村成为民主、法治、文明、和谐的社会共同体。①首先，马克思认为乡村文化是社会文化的重要组成部分；乡村文化具有独特的特点和价值，反映了乡村社会的历史、文化和传统；乡村文化不仅是一种精神财富，也是一种物质财富，它

---

① （美）布林顿.西方近代思想史[M].王德昭，译.上海：华东师范大学出版社，2005.

对于乡村社会的经济发展和社会稳定具有重要的作用。[1]因此，加强乡村文化建设，对于传承和发扬乡村文化具有重要意义。其次，马克思强调了乡村文化建设对于社会发展的重要性，他认为乡村文化建设可以促进乡村社会的经济发展，提高农民的生活水平，促进乡村社会的和谐稳定，增强农民的归属感和认同感。此外，马克思还指出，乡村文化建设可以促进城乡之间的交流和融合，推动城乡一体化的发展。[2]为了实现乡村文化建设，马克思提出了以下建议：首先，政府应该加大对乡村文化建设的投入，提供必要的资金和政策支持；其次，加强乡村文化的传承和保护，保护好乡村文化遗产；再次，加强乡村文化的教育和宣传，增强农民的文化素质和意识；最后，鼓励农民积极参与乡村文化建设，发挥他们的主体作用。

在俄国十月革命胜利前夕，列宁就预见到革命胜利后文化建设特别是乡村文化建设的长期性和艰巨性。他在《论合作社》一文中指出："要完成整个社会主义革命，还必须实现文化革命。没有这样的文化革命，无产阶级专政、共产主义的制度就不可能巩固。正如没有民主，就不可能有社会主义政治一样，没有文化革命，也就不可能有完善的社会主义社会。"十月革命胜利后，列宁进一步阐明了文化革命对于巩固政权和建设社会主义的重要性。他提出"从前我们是把重心放在而且也应该放在政治斗争、革命、夺取政权等方面，现在重心改变了，转到和平的'文化'组织工作上去了"。十月革命胜利后，俄国开始了由城市到乡村的社会主义革命和建设。然而，由于俄国是一个经济文化相对落后的国家，广大农民不仅缺乏社会主义意识，而且深受沙皇专制制度和资本主义、小生产习气等旧文化的影响，小农意识强烈，生活散漫，缺乏组织性、纪律性，这种状况严重地阻碍着社会主义建设的顺利进行。列宁清醒地认识到，在俄国这样一个经济文化相对落后的国家建设社会主义，如果不重视乡村文化建设，不提高广大农民的文化素质，社会主义就不可能巩固。因此，他特别强调加强乡村文化建设的必要性和紧迫

---

[1]（德）马克思，恩格斯.马克思恩格斯文集（第9卷）[M].中共中央马克思恩格斯列宁斯大林著作编译局，译.北京：人民出版社，2009.

[2]（德）马克思，恩格斯.马克思恩格斯文集（第3卷）[M].中共中央马克思恩格斯列宁斯大林著作编译局，译.北京：人民出版社，2009.

性，一是用无产阶级思想去占领农村文化阵地，反对沙皇专制制度和资本主义、小生产习气等旧文化的影响，列宁提出要大力宣传社会主义思想和道德，宣传无产阶级专政和社会主义制度的优越性，批判和抵制资产阶级思想和小生产习气等旧文化的影响，他号召共产党员、共青团员和觉悟高的工人到农村中去，向农民传播社会主义思想，把他们组织起来，开展合作化运动，走集体化的道路。同时，列宁还提出要利用报刊、书籍、电影、戏剧等一切宣传媒介，在农村广泛宣传社会主义思想和道德，普及科学文化知识，提高农民的政治觉悟和文化素质。[①]二是发展农村教育，扫除文盲，提高农民的文化素质，也是列宁乡村文化建设思想的核心内容。他认为提高农民的文化素质，既是社会主义建设的客观需要，也是农民自身的要求，强调"农民不仅苦于资本的剥削，而且苦于自己的无知"。只有发展教育、扫除文盲，才能提高农民的文化素质，使他们摆脱愚昧落后的状态，成为有觉悟的社会主义劳动者。为此，列宁提出了一系列发展农村教育的措施，实行义务教育，使所有儿童都有受教育的权利；创办农民学校、农民识字班等，对成年农民进行扫盲教育；发展农村职业技术教育，培养有文化、懂技术的新型农民。吸引和鼓励教师到农村去工作，提高他们的社会地位和生活待遇。三是丰富农民的精神生活，开展健康的文化活动，这也是乡村文化建设的重要任务之一。列宁认为，健康的文化活动可以提高农民的思想觉悟和文化素质，增强他们的社会主义意识，促进社会主义精神文明建设。他号召共产党员、共青团员和先进分子到农村中去，组织农民开展各种健康有益的文化活动，如读书活动、文艺演出、体育比赛等。列宁还提出，要利用农村的自然风光和民族文化遗产等资源优势，发展农村旅游业和文化产业，丰富农民的精神生活。

综上所述，马克思关于乡村文化建设的论述具有重要的意义和价值。加强乡村文化建设，不仅有利于传承和发扬乡村文化，也有利于促进乡村社会的经济发展和社会稳定。在实践中，应积极落实马克思恩格斯关于乡村文化

---

① （苏）列宁.列宁全集（第39卷）[M].中共中央马克思恩格斯列宁斯大林著作编译局，译.北京：人民出版社，1986.

建设的建议，加大对乡村文化建设的投入，加强乡村文化的传承和保护，增强农民的文化素质和意识，推动城乡一体化的发展。

二、中国共产党人关于乡村文化建设理论

中华人民共和国成立初期，我国农村经济和社会发展相对滞后，乡村文化建设也面临诸多困难和挑战，在这一时期，中国共产党充分意识到文化、思想的重要性，尤其是文化建设与改造的必要性和紧迫性，对人民进行思想宣传与文化教育，建立社会主义社会的文化系统。第一，政策背景。中华人民共和国成立初期，党和政府高度重视乡村文化建设，制定了一系列政策措施。其中最为重要的是《关于加强农村文化建设的指示》和《关于加强农村教育工作的指示》等文件，明确了乡村文化建设的目标、任务和措施，为乡村文化建设提供了政策保障。党和政府还积极推动农村教育、科技、卫生等事业的发展，为乡村文化建设提供了人才和物质基础。[①]第二，社会环境。中华人民共和国成立初期，乡村社会环境相对封闭，农民文化素质较低，封建迷信思想较为普遍。[②]随着党和政府对乡村社会治理的加强，农民的文化素质得到了提高，封建迷信思想也逐渐得到了遏制。农村经济和社会的不断发展，农民对文化生活的需求也日益增长，这为乡村文化建设提供了广阔的发展空间。第三，实践探索。在中华人民共和国成立初期的乡村文化建设中，各地积极探索实践，形成了许多成功的经验，如一些地方通过开展文化下乡、文艺演出、电影放映等活动，丰富了农民的文化生活；一些地方则通过建设农村图书馆、文化站等设施，提高了农民的文化素质；一些地方还积极探索文化产业的发展，为乡村文化建设注入了新的动力。在中华人民共和国成立初期的乡村文化建设中，农民的文化生活得到了丰富，也为农村经济

① 毛泽东.毛泽东选集（第4卷）[M].北京：人民出版社，1991.

② 毛泽东.毛泽东选集（第7卷）[M].北京：人民出版社，1999.

和社会发展提供了有力支持。然而，也存在着不可忽视的问题，首先，由于历史原因和文化贫困，广大农村地区的农民文化素质仍然较低；其次，部分地区的文化设施和文化活动缺乏有效管理和指导，存在一定的浪费现象；最后，农村地区的文化产业尚处于起步阶段，缺乏市场竞争力。党和政府加强对乡村文化建设的重视和支持，推动文化下乡、文艺演出、电影放映等活动深入开展，加强文化设施和文化活动的有效管理和指导，积极探索文化产业的发展模式和市场竞争力，提高农民的文化素质和参与度，促进农村经济和社会发展与乡村文化建设的良性互动。

改革开放以来，我国农村经济得到了快速发展，但乡村文化建设相对滞后。对改革开放以来乡村文化建设的发展历程大致分为三个历史阶段：起步阶段（1978—20世纪90年代中期）。此阶段乡村文化建设主要以村级文化设施建设为主，如文化站、图书室等，[1]部分民间传统文化也开始得到恢复和发展，如戏曲、舞蹈等。快速发展阶段（20世纪90年中期—21世纪前10年）。政府加大了对乡村文化建设的投入，推动了乡村文化事业和文化产业的发展。[2]一方面，村级文化设施不断完善，文化活动日益丰富；另一方面，具有地方特色的文化产业也开始兴起，如乡村旅游、民俗文化等。深化改革阶段（2010年至今）。政府开始推动乡村文化体制机制改革，鼓励社会资本进入乡村文化建设领域，乡村文化人才培养也受到了重视，具有乡土特色的文化产品开始走向市场。[3]改革开放以来，我国乡村文化建设取得了显著成就，包括村级文化设施不断完善，文化活动日益丰富，民间传统文化得到了有效保护和传承，乡村旅游、民俗文化等文化产业得到了快速发展，乡村文化人才队伍不断壮大，为乡村文化建设提供了有力支持。但也存在一些问题和挑战，如乡村文化设施建设仍显不足，部分地区文化设施陈旧落后，民间传统文化保护和传承面临困境，部分传统技艺面临失传风险，乡村文化产业市场化程度不高，缺乏品牌意识和市场竞争力，乡村文化人才队伍建设亟待加

---

① 邓小平文选（第3卷）[M].北京：人民出版社，1993.

② 习近平.决胜全面建成小康社会夺取新时代中国特色社会主义伟大胜利[M].北京：人民出版社，2017.

③ 中共中央、国务院关于实施乡村振兴战略的意见[M].北京：人民出版社，2018.

强，人才流失现象较为普遍。为了推动乡村文化繁荣发展，应加大对乡村文化建设的投入，完善文化设施建设，加强民间传统文化保护和传承，推动文化产业市场化进程，加强人才培养和引进，更好地满足农民群众的精神文化需求，促进农村文化的繁荣发展。①

新时代以来，乡村文化建设得到了前所未有的重视，在政策引导、资金投入、人才队伍建设、文化活动开展等方面取得了显著进展，为乡村振兴战略的实施提供了有力支撑。第一，政策引导。政策是乡村文化建设的重要保障。国家出台了一系列政策文件，如《中共中央国务院关于实施乡村振兴战略的意见》《关于进一步加强农村文化建设的意见》等文件，明确了乡村文化建设的目标、任务和措施。各地政府也根据实际情况，制定了一系列配套政策，为乡村文化建设提供了有力支持。第二，资金投入。资金是乡村文化建设的重要支撑，各级政府加大了对乡村文化建设的资金投入，为乡村文化建设提供了有力保障。例如，政府加大了对农村公共文化设施的投入，建设了一批文化活动中心、图书馆、农家书屋等设施，为农民提供了丰富的文化活动场所。此外，政府还加大对农村文化产业发展的支持力度，鼓励和支持农民自办文化实体，拓宽了乡村文化建设的资金来源。第三，人才队伍建设。人才是乡村文化建设的关键因素，各地政府以乡村文化振兴为契点，加强农村文化人才队伍建设，培养了一批优秀的农村文化人才。政府加大对农村文化干部的培养力度，提高了他们的素质和能力，还鼓励和支持农民自办文化团体，培养了一批乡土文化人才，为乡村文化建设注入新的活力。第四，文化活动开展。文化活动是乡村文化建设的重要载体。②各地政府加大了对农村文化活动的支持力度，开展了丰富多彩的文化活动，如举办农民文化艺术节、农民运动会、农民文艺汇演等，吸引了广大农民的积极参与，还积极开展送文化下乡活动，将优秀的文艺节目送到农村基层，丰富了农民的精神文化生活。综上所述，新时代以来乡村文化建设取得了显著进展。然而乡村文化建设仍然面临一些挑战和问题，如基础设施落后、人才短缺、文化

---

① 习近平.习近平谈治国理政：第二卷[M].北京：外文出版社，2017.

② 习近平.习近平谈治国理政：第二卷[M].北京：外文出版社，2017.

产品供给不足等。因此，需要继续加强政策引导和资金投入，加强人才队伍建设，丰富文化产品供给，推动乡村文化建设不断迈上新台阶。

三、中国传统文化中的相关思想

乡村文化源于农耕文明，具有独特的价值观念和生活方式，是中国传统文化的重要组成部分。乡村生活的伦理道德是中国传统文化的重要组成部分，它强调人与人之间的关系，尤其是家庭关系。家庭关系是乡村社会中最重要的关系之一，它在中国传统文化中具有特殊的重要性，家庭是最基本的社会单位，家庭成员之间的关系和行为准则对整个社会具有重要影响，家庭关系的维系需要亲情、孝顺、尊重和互助等美德的支持，这些美德在中国传统文化中具有重要的地位和作用。乡村社会的信仰观念主要表现为对祖先、神灵和自然的崇拜，这些信仰观念在中国传统文化中具有重要的地位，有助于维系乡村社会的凝聚力和向心力。乡村生产方式是中国传统文化的重要组成部分，它体现了中国传统农业文明的特点，人们依靠勤劳和智慧，利用自然资源和传统农具进行耕种、养殖和手工制作等生产活动，这些生产活动不仅满足了人们的基本生活需求，还为中国传统文化的传承和发展提供了物质基础。

（一）以农为本思想

中国是一个农业大国，农业生产和农村社会一直是国家发展的重要基石。在优秀传统文化中，以农为本的思想占据着举足轻重的地位，这一思想不仅体现了古代人民对农业生产和农村社会的深刻认识，也为后世农业发展和国家建设提供了重要的思想支撑。中国古代社会以农业经济为主，农业生产的稳定和繁荣对于国家的发展至关重要。以农为本的思想最早可以追溯到夏商周时期，当时统治者通过祭祀土地和农作物来祈求农业丰收和政权稳固，随着时间的推移，这种思想观念逐渐深入人心，成为古代社会的一种共识。一是重视农业生产。以农为本思想认为，农业生产是国家经济发展的基础，必须高度重视，在封建社会中，统治者采取了一系列措施来促进农业生产的发展，如减轻农民负担、兴修水利、推广农业技术等。二是自然崇拜。以农为本思想也表现为对自然的崇拜和敬畏，古代中国人民相信自然界的力量是无穷的，通过祭祀土地和农作物来祈求风调雨顺、五谷丰登，这种思想促进了农业文明的繁荣和发展。三是强调农村社会的稳定。农村社会的稳定是国家安定和谐的重要保障，统治者应注重维护农村社会的秩序和稳定，通过加强乡村治理、推行保甲制度等方式来保障农民的生产和生活。四是倡导勤俭节约。勤俭节约是农业生产和农村社会发展的必要条件。在古代社会中，由于生产力水平较低，资源相对匮乏，倡导勤俭节约成为社会的一种共识，这种思想不仅有助于节约资源、提高生产效率，也有助于培养人们的自律意识和道德品质。

以农为本的思想对古代社会产生了深远的影响，促进了农业经济的发展，提高了人民的物质生活水平，为国家的发展提供了坚实的基础。以农为本的思想也塑造了中华民族勤劳、节俭、诚信等优良品质，成为中华民族的宝贵精神财富。以农为本的思想在当今社会仍然具有重要意义。[1]首先，以农为本的思想强调了农业生产和农村社会的重要性，为现代农业发展和乡村振兴提供了思想支撑。在现代社会中，虽然工业和服务业的发展速度日益加快，但农业仍然是国民经济的基础，应继续重视农业的发展，推动农业现代化和农村振兴。其次，以农为本思想中的勤俭节约观念对于现代社会的可持续发展具有重要的指导意义，随着经济的快速发展和资源的日益紧张，应更加注重资源的节约和环境的保护。最后，以农为本思想中的社会稳定观念对于现代社会的治理和和谐发展也具有重要的启示作用。在现代社会中，随着城市化进程的加速和社会结构的多元化，乡村治理和社区建设面临着新的挑战，借鉴以农为本思想中的社会稳定观念，加强乡村治理、促进社区和谐，有助于维护社会稳定、增进社会和谐。

综上所述，中国传统文化中以农为本的思想具有重要的历史地位和现实

---

[1] 中国文化讲堂注译.尚书[M].北京：团结出版社，2017.

意义，不仅反映了中国古代农业文明的发展和社会的经济基础和上层建筑，也为我们提供了宝贵的思想资源。在当今社会，我们应当继承和发扬以农为本的思想，推动农业现代化和农村振兴，弘扬中华民族优良传统，实现经济社会的可持续发展和社会和谐稳定。

（二）道德教化思想

中国传统文化中的道德教化思想可以追溯到古代的儒家、道家、墨家等学派，这些学派主张通过道德教育来培养具有高尚品德和良好行为的人。道德教化，即通过教育、引导、示范等手段，培养个体的道德观念、道德情感与道德行为，使个体在社会生活中遵循道德规范，实现自我价值与社会价值的统一。道德教化在人类社会中具有悠久的历史，其演变过程与社会文明的发展紧密相连。在古代社会，道德教化主要通过家庭、宗教、学校等途径进行。家庭是道德教化的摇篮，父母通过言传身教，将道德规范传递给子女。宗教在道德教化中扮演着重要角色，通过教义、仪式等方式，引导信众遵守道德规范、实现灵魂净化。学校则是道德教化的重要场所，通过课程设置、教育方式等，培养学生的道德品质。随着现代社会的发展，道德教化的形式与内容发生了显著变化，现代社会更加注重个体的主体性与多元性，道德教化不再局限于传统的家庭、宗教、学校等领域，而是拓展到社会各个层面，媒体、网络、社区等成为道德教化的新阵地，它们在传播道德规范、引导社会风尚、塑造个体品格等方面发挥着重要作用。在漫长的历史长河中，这些思想不断演变，逐渐形成了具有中国特色的道德教化体系。一是仁爱思想。儒家提倡仁爱、忠恕等道德原则，强调人与人之间的关爱和尊重，这种思想在中国传统文化中占据重要地位，对中华民族的道德品质产生了深远影响。二是诚信观念。道家强调诚信为本，认为只有真诚待人才能赢得他人的信任和尊重，这种观念在中国传统文化中得到了广泛的认同和实践①。三是谦逊品质。墨家提倡谦逊、节俭等美德，认为只有谦虚才能使人不断进步，只有

---

① 张国强，梅柳.先秦两汉儒家道德教化思想研究[M].长沙：中南大学出版社，2007.

节俭才能使国家富强，这种品质在中国传统文化中得到了广泛的传承和弘扬。四是尊老爱幼。中国传统文化中强调尊老爱幼，认为老年人是社会的宝贵财富，年轻人应尊重老人，爱护年轻人，这种观念在中国社会中得到了广泛的传承和弘扬。

中国传统文化中的道德教化思想对中华民族的道德品质和价值观产生了深远影响，这些思想不仅有助于培养具有高尚品德和良好行为的人，也有助于维护社会秩序和稳定，更为现代社会提供了丰富的道德资源，有助于我们更好地理解和传承中华民族的优秀文化传统。

（三）"和合"思想

中国传统文化源远流长，其中"和合"思想作为其重要组成部分，一直被视为中国文化精神的核心。"和合"思想源于中国古代哲学、宗教、艺术等多个领域，深深影响了中国人的思维方式和行为准则。"和合"思想的核心是和谐，主张在人与自然、人与人、个体与群体之间建立和谐的关系，强调包容、理解与合作，反对冲突和分裂。[①]"和合"思想强调个体性与共通性的统一，认为个体应该融入社会，社会也应该尊重个体，它强调和谐、融合、共生的理念，对于理解中国文化、促进社会和谐具有重要意义。"和合"体现了中国人对于世界和人生的深刻理解。随着社会的发展，"和合"思想成为中华民族的文化标识，更成为一种普遍的价值追求。

"和合"思想的起源可以追溯到古代中国的甲骨文和金文时期，在这些古老的文字中，"和"字常被用来表示和谐、和睦的状态，而"合"字则多指结合、融合之意。随着时代的演进，"和合"思想逐渐融入了儒家、道家、墨家等各个学派的思想体系之中，形成了独具特色的"和合"文化。儒家思想中的"和合"观念强调人与人之间的和谐与仁爱。孔子提出的"和而不同"理念，认为在尊重差异的基础上实现和谐共处是社会的理想状态；孟子则进一步强调了"天时不如地利，地利不如人和"的观点，认为人心的和谐

---

① 杨伯峻，杨逢彬注译.论语[M].长沙：岳麓书社，2018.

是社会和谐的根本。道家思想中的"和合"观念则更注重人与自然的和谐。老子主张"道法自然",强调人应顺应自然规律,实现人与自然的和谐共生;庄子则提出了"天人合一"的哲学思想,认为人与自然应该融为一体、相互依存。墨家思想中的"和合"观念则侧重于强调人与人之间的平等与互助。墨子提出了"兼爱非攻"的主张,认为人人应该平等相爱,反对战争与暴力,以实现社会的和平与繁荣。随着历史的演变,"和合"思想不断吸收各家学派的精华,逐渐形成了内涵丰富、体系完整的"和合"文化,这一文化不仅在中国古代社会中发挥了重要作用,也对当前乡村文化建设产生了深远的影响。

"和合"思想主要包括以下几个方面的内涵:和谐,和合思想强调各种事物之间的和谐共处,主张平衡、协调,反对冲突与斗争;融合,和合思想主张不同事物之间的融合,认为多样性是世界的本质,多样性融合可以产生新的价值;共生,和合思想强调万物共生,认为大自然、人类社会以及各种文化之间应该相互尊重、共同发展。"和合"思想的表现:哲学方面,"和合"思想在中国的哲学体系中占有重要地位,如儒家的"中庸之道"、道家的"道法自然"等都体现了和合思想;[①]道德方面,和合思想强调人与人之间的和谐,提倡仁爱、宽容、尊重他人,这在中国的传统道德观念中具有重要影响;文化方面,和合思想体现在中国的各种文化形式中,如诗词、绘画、音乐等都体现了和谐、融合的美学理念;社会方面,和合思想在社会治理中也有重要应用,如中国的家族观念、邻里互助等都体现了和合思想在人际关系中的重要性。

总的来说,"和合"思想是中国传统文化的重要组成部分,它强调和谐、融合、共生的理念,对于理解中国文化、促进社会和谐具有重要意义。在现代社会,"和合"思想仍然具有广阔的应用前景,我们应该进一步挖掘其现代价值,推动其在现代社会的应用与发展,期待"和合"思想在未来能够得到更广泛的传播和应用。

---

① (唐)杨倞注.荀子[M].上海:上海古籍出版社,2014.

第三章

乡村振兴视域下乡村文化建设的历史机遇与时代价值

第一节　乡村振兴视域下乡村文化建设的历史机遇

一、推动力量：满足人民对美好生活的需要

习近平总书记在党的二十大报告中指出："必须坚持在发展中保障和改善民生，鼓励共同奋斗创造美好生活，不断实现人民对美好生活的向往。"①全面建设社会主义现代化国家，最艰巨最繁重的任务仍然在农村。在我国广袤农村，广大农民在各级党委和政府带领下，正扎实推进乡村产业、人才、文化、生态、组织振兴，从加快建设高标准农田、稳定提升粮食产量，到培育发展特色产业、促进农民增收致富，从整治人居环境、改善村容村貌，到农闲时组织文体活动、丰富乡村生活……各地农民群众一如既往地弘扬勤劳

---

① 中国共产党第二十次全国代表大会文件汇编[G].北京：人民出版社，2022.

苦干、实干的传统美德，努力推动本地乡村面貌日新月异，生产、生活条件逐步改善。①许多农民还通过学习最新的农业技术和经营方法，掌握了先进的生产经营技能，有的成为拥有专业职称的新农民，有的成为带动更多农民就近就业的致富带头人……农民不仅走出了各具特色的"产业兴旺、生态宜居、乡风文明、治理有效、生活富裕"的绿色发展之路，还不断积极拓展城乡融合发展、促进共同富裕的新路径，充分彰显了农民在全面推进乡村振兴中的主体作用。

一是加强组织领导，确保乡村振兴战略的顺利实施。在乡村振兴过程中，组织领导的强弱直接关系到战略实施效果好坏，要加强基层党组织的建设，提高党员干部的素质和能力，确保他们在推动乡村振兴中发挥应有的作用，还要建立健全的领导体制和工作机制，明确各级各部门的职责和任务，合力推进乡村振兴的良好局面。二是培育乡村产业发展动能，促进农村经济持续增长。产业兴旺是乡村振兴的基础，要因地制宜，结合当地资源和禀赋，大力发展特色产业和优势产业，培育一批有市场、有技术、有竞争力的龙头企业和合作社等新型经营主体，带动乡村产业的发展，注重品牌建设和市场营销，提高产品的知名度和竞争力。三是强化人才支撑，为乡村振兴提供智力保障。人才是推动乡村振兴的关键因素之一，要重视人才培养和引进，鼓励大学生、返乡农民工等人群投身乡村振兴事业，通过建立培训体系和实践基地等方式，提高他们的综合素质和技能水平，加强与高校、科研院所等的合作与交流，引进先进技术和管理经验，助力乡村振兴。四是建设生态宜居美丽乡村，提升人民群众的幸福感、安全感。生态环境是乡村振兴的重要保障，要坚持绿色发展理念，加强农村生态环境保护和管理，通过推广生态农业、有机农业等模式和技术手段减少污染排放、改善土壤质量和水资源状况，注重村庄规划和基础设施建设、提升公共服务水平，让人民群众享受到更好的生活条件和服务保障。五是创新体制机制和政策措施，助力乡村振兴取得实效。体制机制和政策措施是乡村振兴的重要保障和支持，深化农

---

① 中共中央　国务院关于做好二〇二三年全面推进乡村振兴重点工作的意见[N].人民日报，2023-2-14（01）.

村土地制度改革，探索宅基地所有权资格权能"三权分置"的具体实现形式，加强闲置农房和农用地流转交易平台的建设，促进农村土地集约利用和提高产出效益；完善财政支农政策，加大对乡村振兴的支持力度，优化支出结构，重点支持农村基础设施建设、公共服务提升等领域；加强金融政策支持，引导金融机构开展农村金融创新服务，推出符合农业农村特点的信贷产品、保险产品和服务模式等，降低企业融资成本，增强其发展能力；加强社会参与和支持，鼓励社会各界积极参与乡村振兴，以公益事业捐赠、资金物资或提供服务等形式支持农村教育事业、卫生保健和文化活动等公益事业的发展壮大。

（一）全面建成小康社会

"民亦劳止，汔可小康。""小康"一直是千百年来中国人民最朴素的愿望和憧憬，是中华民族自古以来追求的理想社会状态。中国共产党人的初心和使命是为中国人民谋幸福、为中华民族谋复兴，我们党从一成立就团结带领人民为创造美好生活进行不懈奋斗。改革开放之初，邓小平同志用"小康"来诠释中国式现代化，提出"在中国建立一个小康社会"的奋斗目标，在全党全国各族人民共同努力下，这个目标在20世纪末如期实现，人民生活总体上达到小康水平。在这个基础上，党的十六大提出21世纪头20年全面建设惠及十几亿人口的更高水平的小康社会的奋斗目标，扭住这个奋斗目标，一茬接着一茬干，一棒接着一棒跑。党的十八大提出"全面建成小康社会"，把"建设"调整为"建成"，顺应了人民的新要求，彰显了党团结带领人民夺取全面建成小康社会胜利的坚定决心。

全面建成小康社会，承载着中华民族孜孜以求的美好梦想。随着中国的快速发展和国际地位的提高，我们迎来了一个具有里程碑意义的时刻——全面建成小康社会的建成，这是中华民族的伟大光荣，是中国人民的伟大光荣，也是中国共产党的伟大光荣。这一目标的实现，彰显了国家发展的巨大成就，更体现了中国人民对幸福生活和美好生活的向往。全面建成小康社会建设是一个庞大而复杂的任务，在消除绝对贫困方面，中国取得了举世瞩目的成就。通过精准扶贫、产业扶贫、教育扶贫等措施，我们成功地将贫困人口降低到历史最低水平，我们还建立了世界上规模最大的社会保障体系，为人民群众提供了全方位、多层次的社会保障服务。这些成就的取得，离不开党的正确领导和人民群众的共同努力。蓝天白云已经成为日常景观，绿道建设不断完善，居住环境得到了明显改善，人民的生活质量得到了提高，健康水平提升，幸福感也随之增强。这些成绩的取得，不仅展示了中国在经济发展与社会进步方面的和谐统一，也向世界传递了积极的信息和正能量。

全面建成小康社会的过程也是一部人民生活的改善史。在这个过程中，我们始终坚持"以人民为中心"的发展思想，致力于让人民生活得更加幸福、更有尊严，通过不断改善民生福祉、促进社会公平正义等方式，让人民群众切实感受到了党和政府的温暖关怀和深厚情谊。翻开世界各国的史册，不难发现许多国家和时代都曾经有过辉煌的成就和骄人的盛世，但能够像今天的中国一样致力于实现全面福祉的国家却为数不多，近些年来的成就不仅体现在经济发展的高速增长上，还体现在人民生活水平的显著提高和社会文明的全面进步上，这是一项前所未有的壮举，是人类社会发展史上的伟大里程碑。在党的领导下，我国成功地实现了从站起来、富起来到强起来的伟大飞跃，也为世界的和平与发展作出了重要贡献。然而，这并不意味着我们可以满足现状、停滞不前。相反，我们应该倍加珍惜来之不易的成果，继续在实现中华民族伟大复兴中国梦的道路上不断迈进。展望未来，我们坚信全面建成小康社会的目标将为中华民族的未来注入更加强劲的动力。在党的坚强领导下和全体人民的共同奋斗下，我们将继续推进全面深化改革和创新发展，为实现中华民族伟大复兴的中国梦而不懈努力！

（二）共同富裕取得新成效

共同富裕是社会主义的本质要求，也是全体人民的共同追求。近年来，我国经济社会取得了长足发展，人民生活水平不断提高，共同富裕的步伐也在加快。"共同富裕路上，一个也不能掉队。推动教育公平发展和质量提升，可以为实现共同富裕夯实基础、提供动力。"共同富裕是指通过全社会的共同努力，实现人民群众在物质文明、精神文明、政治文明和社会文明等方面的全面发展，使全体人民共享改革发展成果。其内涵包括：一是物质生活的共同富裕，即人民群众在收入、财富等方面普遍提高；二是精神生活的共同富裕，即人民群众在文化、教育、科技等方面全面发展；三是政治生活的共同富裕，即人民群众在民主、法治、公正等方面有权益保障；四是社会生活的共同富裕，即人民群众在社会保障、医疗卫生、环境保护等方面的福祉得到改善。

共同富裕取得的新成效，一是经济发展成果惠及更多群众。随着我国经济的快速增长，人民群众的收入水平不断提高。城乡居民收入差距逐渐缩小，农村居民收入增速快于城镇居民，农村居民人均可支配收入与城镇居民人均可支配收入之比逐年下降。我国还实施了一系列惠民政策，如扶贫攻坚、社会保障体系建设等，使得更多群众分享到了经济发展成果。实现共同富裕的基础是经济发展，因此，要推动经济高质量发展，加快转变经济发展方式，优化升级产业结构，提高经济发展的质量和效益。二是教育事业取得显著进步。教育是实现共同富裕的重要途径。近年来我国教育事业取得了显著进步，义务教育普及率不断提高，高等教育大众化水平稳步提升。此外，我国还加大了对贫困地区和弱势群体的教育扶持力度，使得更多孩子能够享受到优质教育资源。三是社会保障体系不断完善。社会保障是保障人民基本生活、促进社会公平的重要手段。社会保障体系是实现共同富裕的重要支撑，因此，要加强社会保障体系建设，完善基本养老保险、基本医疗保险等制度，提高社会保障水平，加强对特殊困难群体的救助和支持力度，确保他们的基本生活需要得到满足。近年来，我国社会保障体系不断完善，覆盖范围不断扩大，基本养老保险、基本医疗保险等制度逐步健全，社会救助、社会福利等制度也在不断完善。这些制度的实施，为人民群众提供了更加全面、可靠的社会保障。四是脱贫攻坚战取得全面胜利。贫困是制约共同富裕的最大障碍。我国实施了精准扶贫、精准脱贫战略，通过产业扶贫、教育扶贫、健康扶贫等多种手段，帮助贫困地区和贫困人口实现脱贫。2020年，我国实现了农村贫困人口全部脱贫的目标，脱贫攻坚战取得了全面胜利，这一成就为实现共同富裕奠定了坚实基础。

共同富裕是社会主义的本质要求，也是全体人民的共同追求。虽然共同富裕取得了显著的新成效，但仍面临诸多挑战。为实现共同富裕的目标，我们要推动经济高质量发展、深化收入分配制度改革、促进城乡区域协调发展、加强社会保障体系建设和推进绿色发展等多方面的努力。只有这样，才能让全体人民共享改革发展成果，实现真正的共同富裕。

（三）天更蓝、山更绿、水更清

在新时代，建设现代化的美丽宜居新乡村，必须把农村环境治理放在更加突出的位置，以农村人居环境整治提升和农业面源污染治理为主抓手，推动农村环境治理向全域化、多元化、长效化和数字化转型，全面提高农村环境质量和水平。农村环境优化有助于乡村品牌建设和价值提升，从而增强乡村振兴的内生动力。

第一，树立全域治理理念。一是开展农村牧区集中式生活污水处理设施排查整治。建立完善农村牧区生活污水处理设施运行情况台账，全面核实农村牧区生活污水处理设施全口径情况，查漏补缺、核全核准，实现农村生活污水处理设施运行排查常态化。二是开展农村黑臭水体排查整治。以乡镇政府驻地、中心村及各行政村居民主要集聚区周边为重点，持续开展农村黑臭水体排查，做到"排查发现一处、立刻整改一处"，加强农村牧区黑臭水体整治后的日常监管，坚决避免整治水体返黑返臭。三是开展村庄及周边河塘沟渠废弃杂物和农业生产废弃物清理。全面清理农村生活垃圾，以人流密集区域、交通要道两侧、村内巷道、房前屋后死角为重点，深入清理整治，确保整治区域无柴草杂物、生活垃圾、建筑垃圾等，确保河道、沟渠、池塘畅通整洁，村内无污水乱排现象；全面清理农业生产废弃物，以畜禽养殖棚圈、蔬菜种植基地、田间路旁等为重点，实现清理整治工作常态化，确保农村牧区河塘沟渠、水源地等重点区域干净整洁。四是强化农村环境整治工作监督考核。不定期开展农村环境整治督导检查，并将农村牧区生活污水处理设施运行情况和黑臭水体排查整治情况纳入污染防治攻坚战绩效考核。

第二，探索多元化治理模式。因地制宜、注重实效是推动农村环境治理的重要原则。各地应充分考虑自身的治理条件和经济发展水平，从实际出发，因地制宜、分类指导、因村施策，实行分区、分类差异化的推进策略，积极探索多元化的治理模式，还要结合村庄规划编制工作，进一步明确农村环境治理等环境基础设施的建设模式和升级路径。保证治理设施既要有质量，更要有实效，更好地服务百姓，坚持"建为用"宗旨，在农村环境治理过程中，充分利用日常巡查、随机抽查、大数据平台在线监控、无人机监控、非现场监测等多种执法手段，聚焦重点领域、重点区域、重点行业，持续打击危险废物和重点排污单位自动监测数据弄虚作假行为，摸清情况，整合资源，因地制宜修正实施方案，积极协调解决用地等困难和问题，杜绝盲目追求"高大上"等不切实际的面子工程。

二、政策支持：乡村振兴战略的实施

从中华民族伟大复兴战略全局看，民族要复兴，乡村必振兴。习近平总书记关于实施乡村振兴战略的重要论述坚持人民立场、系统观念，运用创新思维，深刻回答了"为什么实施乡村振兴战略""新时代乡村振兴要振兴什么""如何全面推进乡村振兴"等问题，对于举全党、全社会之力推动乡村振兴，书写中华民族伟大复兴的"三农"新篇章具有重要指导意义。

（一）坚持以人民为中心，深刻回答"为什么实施乡村振兴战略"

重农固本，是安民之基。农业强不强、农村美不美、农民富不富，决定着亿万农民的获得感和幸福感。习近平总书记关于实施乡村振兴战略的重要论述坚持以人民为中心的发展思想，从中国共产党的使命担当、解决新时代社会主要矛盾、顺应亿万农民对美好生活的向往等层面，深刻回答了"为什么实施乡村振兴战略"的问题，体现了人民性，彰显了中国共产党的使命担当。从新民主主义革命时期领导农民"打土豪、分田地"，到社会主义革命和建设时期领导农民开展互助合作、发展集体经济，再到改革开放和社会主义现代化建设新时期实施家庭联产承包责任制推进农村改革，我们党始终重视农业、农村和农民问题，为广大农民谋取实实在在的实惠，党的十八大以来，坚持农业、农村优先发展，让改革发展成果更多、更公平地惠及全体人民。

实施乡村振兴战略是从解决我国社会主要矛盾出发的，习近平总书记明确指出，"着力解决好发展不平衡、不充分问题""更好满足人民日益增长的美好生活需要"。[1]我国发展最大的不平衡是城乡发展不平衡，最大的不充分是农村发展不充分。当前，我国经济实力和综合国力显著增强，具备了支撑城乡发展一体化物质技术条件，到了工业反哺农业、城市支持农村的发展阶段。习近平总书记关于实施乡村振兴战略的重要论述为缩小城乡区域发展差距，破除城乡二元结构，促进城乡融合发展，形成工农互促、城乡互补、全面融合、共同繁荣的新型工农城乡关系，提供了遵循。

乡村振兴战略是中国政府为了促进农村经济发展和提升农民生活水平而提出的一项重大战略。一是乡村振兴战略是以人民为中心的体现，把增进民生福祉作为发展的根本目的。这一战略注重解决农村发展不平衡不充分问题，提高农民的生活质量和幸福感，通过推进农村产业融合发展、加强农村基础设施建设和公共服务等方式，促进农村经济转型升级和可持续发展，让农民共享改革发展成果。二是实施乡村振兴战略有利于推动经济高质量发展。随着城市化进程的加快和劳动力成本的不断上升，农村地区已经成为中国经济发展的重要增长地。通过推进农村产业升级和特色农业发展，能培育新的经济增长点，促进农村经济持续健康发展。三是实施乡村振兴战略有利于促进社会和谐稳定。当前，农村地区的经济发展滞后、社会矛盾突出，对社会和谐稳定造成负面影响。通过推进农村基础设施建设、教育、医疗等公共服务体系建设，可以增强农民的获得感和幸福感，促进社会和谐稳定。四是实施乡村振兴战略有利于保护生态环境。随着城市化进程的加快和人类活动的不断增加，生态环境面临着越来越大的压力。农村地区是生态文明建设的重要区域之一。通过推进农业绿色发展、加强农村生态环境保护等措施，可以实现经济发展和环境保护的双赢局面；通过促进农村产业结构调整和发展特色产业等方式，能减少对自然资源的依赖和消耗。

实施乡村振兴战略，是我们党"三农"工作一系列方针政策的继承和发

---

[1] 温铁军，张孝德.乡村振兴十人谈：乡村振兴战略深度解读[M].南昌：江西教育出版社，2018.

展,是亿万农民的殷切期盼,顺应亿万农民对美好生活的向往。习近平总书记强调,"任何时候都不能忽视农业、忘记农民、淡漠农村"。党的十八大以来,围绕农民群众最关心、最直接、最现实的利益问题,加快补齐农村发展和民生短板,让亿万农民有更高的获得感、幸福感、安全感。

(二) 坚持统筹谋划, 深刻回答"新时代乡村振兴要振兴什么"

实施乡村振兴战略是一篇大文章,要统筹谋划,科学推进。习近平总书记关于实施乡村振兴战略的重要论述强调乡村全面振兴、推动物质文明和精神文明协调发展、推进农业农村现代化,深刻回答了"新时代乡村振兴要振兴什么"的问题,体现了系统性。乡村振兴不是单方面的振兴,而是全方位、全领域、全系统的振兴,致力于达到产业兴旺、生态宜居、乡风文明、治理有效、生活富裕的总要求。习近平总书记强调,乡村振兴是包括产业振兴、人才振兴、文化振兴、生态振兴、组织振兴的全面振兴,乡村产业振兴是基础,乡村人才振兴是关键,乡村文化振兴是动力,乡村生态振兴是支撑,乡村组织振兴是保障,这五方面相互联系、相互作用。

第一,乡村产业振兴是乡村振兴战略的核心之一。习近平总书记指出:"产业振兴是乡村振兴的重中之重。"没有产业兴旺,乡村就缺乏持续发展的动力。实施乡村振兴战略必须把产业发展放在首要位置。随着城市化进程的加快和农业现代化的推进,乡村产业的发展面临着新的挑战和机遇,需要通过推动乡村产业的转型升级和创新发展,提高农业生产效率和质量水平,培育壮大乡村特色产业和品牌产品,促进农村一、二、三产业融合发展,让农民更多地分享产业链增值收益,还要加强农产品品牌建设和市场营销体系建设,提升农产品的知名度和竞争力。此外,立足当地资源禀赋和产业基础,因地制宜发展特色农业、乡村旅游等特色产业,能促进农民增收致富,吸引更多的资本、技术和人才投入乡村产业发展,为乡村振兴注入强大的动力。

第二,乡村人才振兴也是乡村振兴战略的关键因素。人才是第一资源。没有高素质的人才支撑,乡村振兴就难以取得实质性的进展。目前,农村地区仍然存在人才短缺的问题，有鉴于此，应通过政策引导和支持，吸引各类人才投身乡村振兴事业。其一，要加强对农民的培训和教育，提高他们的综合素质和技能水平；其二，要鼓励大学生、返乡农民工等人群积极参与乡村振兴实践，为他们提供广阔的发展空间和良好的工作环境；其三，培养一支乡村人才队伍，这支队伍应该具备先进的农业科技知识和管理经验，能够带领广大农民群众共同致富奔小康，还要注重提升农民的综合素质和技能水平，提高他们的自我发展和自我管理能力。

第三，乡村文化振兴是乡村振兴战略的重要内容。文化是乡村振兴的保障灵魂，只有文化底蕴深厚的乡村才能焕发出勃勃生机。因此，一方面，要深入挖掘和传承中华优秀传统文化，加强农村思想道德建设和公共文化建设，提高乡村文明程度，通过举办文化活动、建设文化广场等方式，丰富农民的业余文化生活，增强他们的精神获得感和幸福感。另一方面，应通过保护和传承乡村文化遗产和历史文脉，弘扬中华优秀传统文化和革命文化精神，培育文明乡风、良好家风、淳朴民风，加强乡村公共文化服务体系建设，丰富农民的精神文化生活需求。

第四，乡村生态振兴是乡村振兴的基础和前提，因此，应坚持绿色发展理念，加强农村生态环境保护和管理，推进农业面源污染防治和农村人居环境整治工作，注重发展生态旅游等绿色产业，实现经济发展和环境保护的双赢局面。通过加大生态环境保护和管理力度，推进农业绿色发展方式和生活方式的形成，举办推进美丽乡村建设和小康村创建等活动，改善农村人居环境面貌和提升农民生活质量水平。

第五，乡村组织振兴是乡村振兴战略的重要保障。基层组织是党的全部工作和战斗力的基础，因此，应加强基层党组织建设，提高党组织的凝聚力和战斗力，注重培养乡村治理骨干力量，发挥村民自治的作用，还应加强社会组织管理，推动社会力量参与乡村振兴工作。只有建立健全的组织体系和工作机制，才能确保乡村振兴各项任务的顺利完成。通过加强基层党组织建设和党员队伍建设等措施，有助于提高基层组织的凝聚力和战斗力，发挥村民自治的作用和价值，引导农民积极参与乡村治理和管理，共同推动乡村振兴事业的发展。

"新时代乡村振兴要振兴什么"这个问题涉及多个方面和领域，要从全局出发进行统筹谋划和思考，明确各自的责任和任务分工，在注重实效性和针对性相结合的原则下进行具体设计和实施，坚持以人民为中心的发展思想为指导方向，部署各项工作完善监督检查反馈机制，为推动乡村振兴战略取得更加显著的成效作出贡献，令广大人民群众共享改革发展红利带来的幸福生活质量提升，为国家繁荣昌盛、民族复兴伟大梦想的实现贡献力量。

（三）坚持用好改革这一法宝，深刻回答"如何全面推进乡村振兴"

农村改革是"三农"发展的重要动力，是乡村振兴的重要法宝。解决农业农村发展面临的各种矛盾和问题，根本要靠深化改革。习近平总书记关于实施乡村振兴战略的重要论述，强调坚持党的全面领导、深化农村改革、推动城乡融合发展，深刻回答了"如何全面推进乡村振兴"的问题，体现了创新性。[①]一是坚持以人民为中心的发展思想。乡村振兴战略的提出首先是因为农业强不强、农村美不美、农民富不富，直接关系到亿万农民的获得感和幸福感，必须坚持以人民为中心的发展思想，把增进民生福祉作为出发点和落脚点。在实施乡村振兴战略的过程中，要时刻关注农民的需求和利益，尊重农民的主体地位，让农民成为乡村振兴的参与者、建设者和受益者，还要注重保护乡村生态环境，促进乡村可持续发展，让农民在良好的环境中享受美好生活。二是遵循乡村自身发展规律。实施乡村振兴战略是一项长期历史任务，也是一个复杂系统工程。在这个过程中，不能简单地套用城市建设模式，更不能搞大拆大建、逼农户上楼等急功近利的做法。相反，要坚持遵循乡村自身发展规律，保护好乡村传统特色，推动乡村走可持续发展道路。如注重挖掘乡村的历史文化和自然资源优势，打造具有特色的美丽乡村，加强基础设施建设，提高公共服务水平，为农民提供更好的生产生活环境。三是坚定不移地推进城乡融合发展。走中国特色乡村振兴之路，需要强化以工补

---

① 廖彩荣，陈美球.乡村振兴战略的理论逻辑、科学内涵与实现路径[J].农林经济管理学报，2017，
16（6）：795-802.

农、以城带乡的理念和实践，深入推进农业供给侧结构性改革，把推进农业供给侧结构性改革作为农业、农村工作的主线，培育农业、农村发展新动能，提高农业综合效益和竞争力，建立健全城乡融合发展体制机制。习近平总书记指出，向改革要动力，加快建立健全城乡融合发展体制机制和政策体系。通过工农互促、城乡互补、协调发展、共同繁荣的新型工农城乡关系的构建，可以更好地解决城乡发展不平衡、农村发展不充分的问题。在这个过程中，坚持农业、农村优先发展的原则，突出政策导向和制度创新的重要性。例如，通过完善农村土地制度，探索宅基地所有权、资格权和使用权的"三权分置"具体实现形式等方式，来促进城乡要素平等交换和协调，推进新型城镇化和乡村振兴目标的实现。四是加强党的全面领导。办好农村的事关键在党。全面推进乡村振兴必须加强党的全面领导，党管农村工作是我们的传统，这个传统不能丢。各级党委要切实负起责任来把方向、谋大局、定政策、促改革，加强基层党组织建设，提高党员干部的政治素质和工作能力，使他们能够更好地发挥先锋模范作用，带领广大农民群众，共同推进乡村振兴事业向前发展。

三、文化底蕴：增强中国特色社会主义文化自信

（一）厚植文化根基，用中华文明沃土滋养文化自信

凡树有根，方能生发；凡水有源，方能奔涌。中华文明有着独特的历史脉络、浓厚的文化底蕴，其突出特性承载着生生不息的基因密码，为我们坚定文化自信提供了深层而持久的驱动力。文化自信是一个国家、一个民族发展中更基本、更深沉、更持久的力量。坚定文化自信，是事关国运兴衰、事关文化安全、事关民族精神独立性的大问题。站在新的历史起点上，必须坚定文化自信，以强烈的历史主动精神推进文化自强，铸就社会主义文化新辉煌，为全面建设社会主义现代化国家，提供坚强的思想保证和强大的精神力量。

中华文明源远流长，中国拥有五千多年的文明史。在这漫长的历史进程中，中华民族创造了丰富多彩、独具特色的文化体系，这一文化体系以儒家文化为核心，融合了道家、法家、墨家等多种思想流派，形成了独具特色的中国传统文化。中华文明还包容并蓄，吸收了外来文化的有益成果，形成了独具特色的中华文化。中华文明的深厚根基体现在其独特的价值观念、道德伦理、哲学思想、文学艺术、科技发明等方面，这些成就不仅为中华民族的发展提供了强大的精神动力，也为世界文化的进步作出了重要贡献。一是中华文明具有突出的连续性。这要求我们必须从源远流长的历史来认识中国，必须在深刻认识自身历史传统、着力建设中华民族现代文明的进程中，不断坚定历史自信、文化自信。二是中华文明具有突出的创新性。中华文明从来都不是故步自封的，而是以开放的心态，在创新吸收其他文明优点的基础上绵延发展，这就要求我们在继承与发展的辩证统一中，推动中华优秀传统文化创造性转化、创新性发展，赓续历史文脉、谱写当代华章。三是中华文明具有突出的统一性。中华文明发展史也是我国各民族广泛交往、交流、交融的历史，体现了"尚统一、求大同"的理念，并逐渐成为中华民族血脉里的家国情怀[①]，这就要求我们在新征程上必须高举中华民族大团结旗帜，以中华民族大团结促进中国式现代化。四是中华文明具有突出的包容性。中华文明对世界文明始终保持兼收并蓄的开放胸怀，不论是汉魏时期佛教的传入及其中国化，抑或明清及近代以来的"西学东渐"，中华文明都学习借鉴、博采众长。五是中华文明具有突出的包容性。这就决定了马克思主义能为中华文明所吸收，中华优秀传统文化中的思想观念、人文精神、道德规范可以同马克思主义基本原理相结合。

中华文明沃土滋养了文化自信，中华文明的深厚根基为我们提供了坚实的文化基础，这种基础不仅包括丰富的文化遗产，还包括独特的文化理念和价值观念，其文化理念和价值观念在现代社会依然具有重要的指导意义，为我们提供了判断是非、善恶、美丑的标准。在全球化背景下，面对多元文化的冲击和挑战，我们必须坚定文化自信，坚守自己的文化立场和价值观念，

---

① 习近平谈治国理政第三卷[M].北京：外文出版社，2020.

而中华文明的深厚根基正是我们坚定文化自信的强大后盾，中华文明独特的文化品格是我们文化自信的重要来源，这种文化品格既体现在语言文字、文学艺术、哲学思想等方面，也体现在行为方式、价值观念、道德伦理等方面，例如，儒家文化强调仁爱、礼义、忠诚等价值观念，这些价值观念在现代社会依然具有重要的现实意义。中华文明还注重和谐、包容、开放等精神特质，这些特质为我们提供了与世界其他文化进行交流与融合的可能性，激发了文化创新的活力，中华文明的深厚根基不仅为我们提供了丰富的文化遗产和独特的文化品格，还为我们提供了源源不断的文化创新动力。在继承传统文化的基础上，要勇于进行文化创新，这种创新既包括对传统文化进行现代解读和重构，也包括吸收借鉴其他文化的有益成果来丰富和发展自身文化。通过文化创新，可以不断提升中华文化的国际影响力和竞争力，进一步坚定文化自信。

（二）立足乡村振兴伟大实践，在党的百年征程中不断增强文化自信

旗帜决定方向，道路决定命运。文化自信为乡村振兴提供精神支撑，文化自信是一个国家、一个民族发展中更基本、更深沉、更持久的力量。在乡村振兴过程中，要坚定文化自信，弘扬正能量，凝聚人心力量，推动乡村治理体系和治理能力现代化。中国共产党历经百年奋斗征程，在进行伟大斗争、建设伟大工程、推进伟大事业、实现伟大梦想的进程中不断增强文化自信。新民主主义革命时期，为了建立无产阶级领导的反帝、反封建的文化，中国共产党提出新民主主义经济、政治、文化一体的完整建国大纲，其中阐明了关于文化教育的根本主张和目标，带领人民开展了丰富多彩的文化建设，在实践中促进了对中华文化的自觉认识。社会主义革命和建设时期，为了提高人民文化水平、培养国家建设人才，我们党部署了改造旧教育、建设新教育的方针、步骤和任务，领导各级政府进行大规模文化基础设施建设，形成了抗美援朝精神、大庆精神、大寨精神、雷锋精神、焦裕禄精神等，开展文化扫盲运动，对马克思主义理论尤其是辩证唯物主义和历史唯物主义进行广泛深入的学习教育，逐步凝聚起文化自信的共识。改革开放和社会主义

现代化建设新时期，为了培育有理想、有道德、有文化、有纪律的社会主义
公民，我们党把文化建设放在党和国家全局工作的重要位置，深入探索中国
特色社会主义文化发展道路，牢牢把握先进文化的前进方向，促进文化事业
和文化产业的繁荣发展，不断激发全民族文化创造活力，提高国家文化软实
力，提出建设社会主义文化强国的目标，奠定了增强文化自信的物质基础和
制度基础。进入新时代，以习近平同志为核心的党中央高度重视社会主义文
化建设，牢牢掌握意识形态工作领导权、管理权、话语权，大力培育和践行
社会主义核心价值观，提高全民族思想道德水平，推动文化事业全面繁荣和
文化产业快速发展，提出围绕举旗帜、聚民心、育新人、兴文化、展形象建
设社会主义文化强国，推进文化自信焕发出更为强大的精神力量。

（三）把握历史主动，在坚持"两个结合"中夯实文化自信

习近平总书记指出，"我们的社会主义为什么不一样？为什么能够生机
勃勃充满活力？关键就在于中国特色，中国特色的关键就在于两个结合"。
"两个结合"有助于我们更好地认识和把握中华优秀传统文化的精髓和价值，
从而增强文化自信，同时，"两个结合"还可以推动中华优秀传统文化的创
造性转化和创新性发展，为文化自信注入新的活力和动力。历史和现实启示
我们，马克思主义基本原理同中华优秀传统文化相结合，可以激发文化建设
的动力、坚定文化发展的方向、促进文化实践的繁荣。

马克思主义和中华优秀传统文化存在高度契合性，从"民为邦本、为政
以德"到"以人民为中心"，从"自强不息、厚德载物"到"社会主义核心
价值观"，从"讲信修睦、亲仁善邻"到"人类命运共同体理念"，中华民族
在长期生产生活中积累的宇宙观、天下观、社会观，经由"两个结合"，在
与马克思主义真理之光的碰撞下，形成有机统一的文化生命体，显示出日益
鲜明的中国风格与中国气派。一是理论层面的契合性、价值追求的共通性。
马克思主义追求的是全人类的解放和共同富裕，强调人的全面发展和社会的
公平正义。中华优秀传统文化同样注重人的道德修养和社会和谐，提倡"仁
爱""正义""诚信"等价值观。这些价值观在本质上与马克思主义的价值追
求具有共通性，都强调以人为本、以和为贵。马克思主义主张建立一个无阶

级、无剥削、共同富裕的社会主义社会，最终实现共产主义的伟大理想。中华优秀传统文化中的"大同世界""天下为公"等思想，也表达了对理想社会的追求。两者在社会理想上具有高度的契合性，都为建设一个更加公正、和谐的社会提供了思想基础。二是实践层面的契合性。在经济建设中的实践，马克思主义强调生产力和生产关系的辩证关系，认为经济发展是社会进步的基础。中华优秀传统文化中的"勤劳致富""勤俭节约"等思想也强调通过辛勤劳动创造美好生活。两者在经济建设实践中具有契合性，都为推动经济社会发展提供了强大的精神动力。对于政治建设中的实践，马克思主义主张无产阶级专政和民主集中制原则，强调人民的主体地位和民主参与，中华优秀传统文化中的"民为贵""君为轻"等思想也体现了民本主义精神和对民主的追求。两者在政治建设实践中具有契合性，都为推动社会主义民主政治建设提供了重要的思想支撑。对于文化建设中的实践，马克思主义认为文化是社会发展的重要组成部分，强调文化的阶级性和革命性，中华优秀传统文化作为中华民族的精神标识和文化基因，具有深厚的历史底蕴和丰富的文化内涵，两者在文化建设实践中具有契合性，都为推动社会主义文化繁荣兴盛提供了重要的文化资源。

马克思主义基本原理同中华优秀传统文化相结合，厚实了中国特色社会主义道路的文化根基。中国特色社会主义道路是在马克思主义指导下走出来的，也将在"两个结合"的指导下坚定地走下去。马克思主义基本原理与中华优秀传统文化的结合，既是对马克思主义中国化的必然要求，也是推动中华文化现代化的重要途径。其一，理论层面的结合。马克思主义基本原理为中华优秀传统文化的传承与创新提供了科学的世界观和方法论。通过运用唯物史观分析中华文化的历史演变和发展规律，可以更好地理解中华文化的本质特征和内在逻辑，同时，中华优秀传统文化中的集体主义精神、和谐理念等也为马克思主义理论的丰富和发展提供了有益补充。其二，实践层面的结合。在社会主义现代化建设的实践中，将马克思主义基本原理与中华优秀传统文化相结合，有助于推动社会主义精神文明建设。例如，在社会主义核心价值观的培育和践行中，可以借鉴中华优秀传统文化中的道德观念、价值追求等，增强社会主义核心价值观的凝聚力和影响力。其三，文化自信与文化软实力的提升。马克思主义基本原理与中华优秀传统文化的结合，有助于提升中国特色社会主义道路的文化自信和文化软实力。这种结合不仅展示了中国特色社会主义道路的独特魅力，也增强了中国人民对民族文化的自豪感和归属感。同时，通过挖掘和传承中华优秀传统文化中的优秀元素，可以推动中华文化走向世界，提升中国在国际舞台上的文化影响力和话语权。

马克思主义基本原理同中华优秀传统文化相结合是又一次的思想解放。习近平总书记在文化传承发展座谈会上指出："'第二个结合'是又一次的思想解放，让我们能够在更广阔的文化空间中，充分运用中华优秀传统文化的宝贵资源，探索面向未来的理论和制度创新。"在坚持第一个结合的基础上提出第二个结合，是对马克思主义指导作用机理认识上的一次新飞跃。坚定文化自信，坚持走自己的路，必须立足中华民族伟大历史实践和当代实践，深入理解中国道路的历史必然、文化内涵与独特优势。其一，马克思主义基本原理与中华优秀传统文化的结合推动了理论创新与实践发展，这种结合使得中国特色社会主义理论体系更加完善、更加符合中国实际，也为中国特色社会主义实践提供了强大的思想武器和行动指南。在理论创新方面，这种结合促进了马克思主义中国化的深入发展；在实践发展方面，这种结合推动了中国特色社会主义道路的不断拓展和深化。其二，马克思主义基本原理与中华优秀传统文化的结合促进了文化自信与国际交流，这种结合使得中国人更加自信地面对自己的文化传统和历史遗产，也使得中国更加自信地走向世界舞台。在国际交流方面，这种结合为中国与世界各国的文化交流提供了新的契机和平台，通过文化交流与合作，中国能够更好地展示自己的文化魅力和发展成就，增强国际影响力和话语权。

农村优秀文化传承中，广西文化乡愁的"南普"基因独具特色。大约自20世纪90年代中期开始，"南普"这种具有南宁地方特色的普通话，不断与广西的喜剧艺术相融合，最终壮大成为一种风貌独特的地方喜剧艺术样式——南普喜剧。而今，南普喜剧除了在八桂大地风行外，还曾登上过广东、福建、海南等省的春晚舞台，也曾凭借着多次亮相央视《我爱满堂彩》《我要上春晚》《笑星大联盟》等综艺栏目而赢得全国观众的喜爱，引得相关媒体竞相报道。南普喜剧在艺术实践层面的勃兴繁荣态势给学界提出了这样一个亟待回答的研究命题——如何认识南普喜剧的艺术特色与文化价值。就此而言,《南普喜剧研究》一书系统研究南普喜剧,该书不但在"亟待"方面迅速做出了回应,而且将"南普"作为一种文化基因置于广西文化乡愁的理论语境中加以阐说,在"命题"层面做出了独到的回应。具体来说,这一回应的"独到"是借由"三向"阐说策略来实现的。其一,向"理"立论。在常人看来,南普喜剧只是南宁人喜闻乐见的一种文艺样式而已,怎么会是广西的文化乡愁呢?在这个疑问中,包含着两个核心疑难:如何从"南普"横跨至"广西",从"喜剧"横跨至"乡愁"。针对这两个核心疑难,该书借助以框架立论、以辨析立论这两种方法,做到了向"理"立论。在"以框架立论"方面,该书构建了纵横兼顾的理论体系与章节框架。在纵向维度,该书细分为孕育形成、自成面目、繁荣勃兴三个阶段;在横向维度,该书厘分为创作的铁三角、人物群像的意涵、老友味道的艺术风貌、地方文化的开掘与建构等方面。这些纵横兼顾的论述万元归宗,最后都落到了"广西文化乡愁"这一结穴上。这样的章节框架是按由表及里、逐步深入的方式来组织的,其理论体系科学严谨。在"以辨析立论"方面,该书利用关键词辨析法,针对当前业界与学界在"南普""南派""南方"等名称表述上的含混模糊,展开了深入的学术辩说,确立了"南普"才是这一喜剧样式最准确也最值得倡举的名称表述,明晰地确定了"南普喜剧"这一研究对象在外延上具有"广西"特质,在内涵上具有"文化乡愁"特质。这样的处理在理论眼光、理论自信、理论体系、学理论证等四个方面都凸显了一个"理"字,包孕着独到的理论眼光与极强的理论自信,"向'理'立论"的特征非常鲜明。其二,向"前"而看。乡愁作为一种对故乡的眷恋,通常以人对故乡的远离为前提,因而,乡愁具有追忆和回望的性质,更偏于指向异乡人关于故乡过去事物的想象与缅怀。与之相应,当人们谈到文化乡愁时,所指称的对象通常都是那些历史悠久、传统深厚、积淀丰盈的艺术与文化,如古旧建筑、传统老戏、民间习俗等,向"后"看的特点非常突出,因而,极少有人将当代的文艺样式视为文化乡愁来加以阐说。该书却站在当前的立场,以前沿的视野,倡举出"向'前'而看"的姿态,将南普喜剧作为广西文化乡愁来观照。基于这一认知,该书大胆地将只有近30年发展历程的南普喜剧作为广西文化乡愁加以考察,探讨南普喜剧如何在现代化与都市化的背景下,构建当代广西人的文化记忆与精神家园。如果我们将视线拉得更长远一些,将这种"向'前'看"的姿态置于文化产业发展的动态前沿，那么这一考察的启示性就更为彰显了。在当今时代，以城市化、现代化为主要潮流，以大众传媒为当代生活的主要引导，人口和资讯在急剧地流动，生长于不同文化背景中的人们，常常因为或大或小的文化差异、冲突、融合等方面而感到困惑与迷惘，既找不到精神故乡，也无法简单地融入全球化的潮流，成为文化层面上的"漂流者"和"无根者"，陷入无可消解的"文化乡愁"之中。面对这一困境，当代的文艺创作实践理应做出回应，理应用艺术创作来缓释与消解这种文化乡愁；我们当前的文艺研究也理应进行探讨，探究消解这种文化乡愁的机理与方法论。就这一点而言，该书在研究对象与研究方法这两个层面上都有着独到的价值与意义。在研究对象层面，南普喜剧已经在创作实践层面对广西文化乡愁的表达与纾解做出有益的回应，具有丰富的考察价值；在研究方法层面，该书为我们提供了一个以"向'前'看"的姿态考察当代文艺所蕴含的文化乡愁的优秀研究范本。其三，向"细"而说。如果说"向'理'而论"偏于整体架构，"向'前'而看"偏于切入角度，那么"向'细'而说"则偏于细节功夫了，它在最基础的层面决定着前两者的成败，决定着南普喜剧作为一种广西文化乡愁是否拥有着实实在在的"南普"基因。为此，该书通过以下三个方面来具体落实"向'细'而说"。首先，细致准确的数据调研。为了更准确地描述南普喜剧的发展面目，更科学地把握南普喜剧的发展态势，该书利用统计分析法，对网络新媒体上南普喜剧短视频的火爆程度进行了数据调研与分析。另外，该书利用独立设置的《南普喜剧大事年表》勾勒了南普喜剧发展历程中的具体面目，点出了其中重要的历史细节。其次，细密周详的论说逻辑。该书从文化层面讨论南普喜剧时的论说逻辑是，由"南普语言文化自信的确立"论及"南普文化符号的形成"，进而论及"广西文化乡愁的凝聚"，最终落脚于"'南宁人'文化身份与地方共同体的构建"，这样的安排有序且有度，严谨周密。最后，细腻生动的行文表达。通常情况下，学术撰述或因学理探究的深入而陷于抽象晦涩，或囿于论证的繁难而流于刻板呆滞，但该书并没有食洋不化的术语堆砌，行文颇为生动活泼，文风颇为平易简明。

（四）保持战略定力，在坚定文化自信中不断创造人类文明新形态

国家之魂，文以化之，文以铸之。文化自信是一个民族、一个国家对自身文化价值的充分肯定和积极践行，是对自身文化生命力的坚定信念。文化自信源于对传统文化的深入理解和传承，也体现在对现代文化的积极创造和发展。一个具有文化自信的民族或国家，能够在全球化浪潮中坚守自身文化特色，抵御外来文化的冲击，同时积极吸收其他文化的优点，实现文化的自我更新和发展。坚持走自己的路，以中国式现代化推动中华文明重焕荣光。中国式现代化扎根中华大地、切合中国实际，是赓续古老文明的现代化，是从中华大地长出来的现代化，其内含的五个方面中国特色，要求我们秉持人民至上的发展理念，着眼于人口规模巨大的国情，把实现人民对美好生活的向往作为现代化建设的出发点和落脚点，坚持维护和促进社会公平正义，在夯实物质基础的同时不断满足人民日益增长的精神文化需求，坚定不移地走生产发展、生活富裕、生态良好的文明发展道路，在坚定维护世界和平与发展中谋求自身发展，并以自身发展更好维护世界和平与发展。

用中国道理总结好中国经验，把中国经验提升为中国理论，实现精神上的独立自主。只有走具有自身特色的文化发展道路，坚持独立自主，才能创造属于我们这个时代的文化，建设中华民族现代文明。①习近平新时代中国特色社会主义思想实现了马克思主义中国化时代化新的飞跃，书写了坚持和发展中国特色社会主义的崭新篇章，让中国特色社会主义不断彰显巨大优越性和强大生命力，走出了中国特色社会主义的道路自信、理论自信、制度自信、文化自信。把文化自信融入全民族精神气质，形成昂扬向上的精神风貌和理性平和的国民心态。新征程上，我们应以昂扬向上的姿态，坚持党对宣传思想文化工作的领导，建设具有强大凝聚力和引领力的社会主义意识形态，培育和践行社会主义核心价值观，赓续中华文脉，推动中华优秀传统文

---

① 廖彩荣，陈美球.乡村振兴战略的理论逻辑、科学内涵与实现路径[J].农林经济管理学报，2017，16（6）：795-802.

化创造性转化、创新性发展，在守正创新中构筑中华文化新气象、激扬中华文明新活力。

首先，通过文化传承夯实文明根基。文化传承是保持战略定力、坚定文化自信的基础。在全球化背景下，各种文化交流互鉴成为常态，但每个民族、每个国家都需要坚守自己的文化根基，传承自己的文化基因，这就要求我们在保持战略定力的同时，深入挖掘和传承传统文化中的优秀元素，让传统文化在现代社会中焕发新的生机和活力，加强对非物质文化遗产的保护和传承，让这些宝贵的文化遗产得以延续和发扬。其次，通过文化创新推动文明进步。文化创新是保持战略定力、坚定文化自信的关键。在传承传统文化的基础上，需要不断推进文化创新，创造出具有时代特征、民族特色的新文化，这就要求我们积极吸收世界各国的优秀文化成果，结合本国实际进行再创造，形成具有自身特色的文化体系，还需加强对文化创新的支持和引导，鼓励文化工作者勇于创新、敢于尝试，为文化创新提供良好的环境和条件。最后，通过文化传播提升文明影响力。在全球化的今天，文化传播已经成为国家软实力的重要组成部分，应通过多种渠道和方式，向世界展示我国的优秀文化成果，提升我国的文化影响力和话语权，这要求我们加强对外文化交流与合作，推动中华文化走向世界舞台中央，还需要加强对内文化普及和教育，提高全民族的文化素质和文化自觉，为文化传播提供坚实的社会基础。

第二节　乡村振兴视域下乡村文化建设的时代价值

一、有利于推动乡村产业融合发展

乡村产业融合发展是乡村振兴战略的重要组成部分，它涉及农业、工业、服务业等多个领域，需要多方面的支持和推动。一方面，乡村文化资源为产业融合发展提供支撑。乡村文化资源丰富多样，包括传统民俗、手工艺、地方美食等，这些都是乡村产业融合发展的重要资源。通过开发利用这些资源，可以促进一、二、三产业的融合发展，提高乡村经济的效益和竞争力。另一方面，乡村文化建设可以增强农民的文化自信，激发他们的创新精神，从而为产业融合发展提供源源不断的精神动力和智力支持。乡村文化建设还可以提高农民的文化素质和技能水平，使他们更好地适应和参与产业融合发展中来，促进产业融合发展。

（一）搭建平台，集聚资源要素

搭建平台，集聚资源要素，形成"党建+示范带动+产业融合"的新型农村产业发展模式。和里村位于柳州市三江侗族自治县良口乡东部321国道旁，交通便利，全村共辖3个自然村，共519户2196人，总面积1691平方米，其中耕地面积294.9平方米，林地面积1338万平方米。近年来，和里村充分发挥党建引领、多元共治优势，建立"党建＋N"模式，经济社会发展成效显著，被国务院授予国家文物保护单位称号，先后荣获首届中国美丽乡村百佳范例、中国少数民族特色村寨、广西县级现代特色农业示范区、自治区级首批传统村落和自治区五星级乡村旅游区、无邪教村、生态村、农业示范区等荣誉称号。其一，和里村依托资源优势，以"党支部＋龙头企业＋合作社+农户"模式，推动"两茶一木，种稻养鱼"特色产业扩大发展，依托现有40万平方米示范茶园、100万平方米油茶基地示范园，在自治区级示范社仙池茶叶专业合作社以及公司的示范带动下，打造茶业和油茶品牌"领头雁"。其二，推动"高山稻鱼""高山稻鱼"产业集中连片发展，建成"高山稻鱼"综合种养示范基地200万平方米，以及拓展区333万平方米、辐射区667万平方米，形成"一田多收，粮渔双赢"的良好效益。试点村改革经验介绍文章《高山稻鱼生态种养标准化文化传承品牌铸造共推进》入选第一批国家农业标准化示范区典型案例，试点村还承办国家级稻渔综合种养产业扶贫现场会。其三，和里村以产业融合催化文化资源变现，侗族妇女通过传统手工制作加工和售卖剪纸、侗绣、侗衣等实现稳定就业。和里村还吸纳187户农户到产业基地就业，其中通过新乡贤带动168户农户到茶叶、油茶加工厂就业，吸纳

67户农户到文旅投公司就业，带动群众年增收2万余元。

抓产业强发展，挺直乡村振兴"腰杆子"。东西村隶属于广西壮族自治区玉林市陆川县马坡镇，村辖总面积6平方千米，全村分五个片区，33个村民小组，总户数1053户，总人口5273人。东西村坚持"党支部+产业发展"模式，党员带头发展种养产业，党支部牵头推进土地复垦、建设厂房，让村民腰包鼓了起来，腰杆挺了起来。截至2020年底，村级集体经济收入已突破36万元，村民人均纯收入达到16928元。一是"支部+党员+农户"模式，把党员培养成农村致富带头人，建立党员致富带头人帮扶农户机制，每名党员至少帮带2户农户，在党员带动下，2021年全村甘蔗种植面积87万平方米，蔗农收入600多万元，2022年种植面积将达120万平方米，预计蔗农收入将达850多万元，全村还发展优质水稻150万平方米、鸡存栏46100羽、鱼塘13万平方米。二是"支部+基地+村民"模式，加大招商引资和能人回引创业力度，支部带动流转87万平方米土地建设甘蔗种植基地，引资250万元建设水牛养殖基地、280万元建设标准厂房，采取"公司+合作社+农户""公司+养殖户"等模式发展肉牛养殖，帮助100多名村民实现家门口就业，月增收3000元以上。三是"支部+企业+社员"模式，以县委"三统三新三化"村级集体经济发展为抓手，村党组织协调村股份经济合作社引进光伏发电项目，入股沙湖标准厂房和九洲江产业园，实现村级集体经济每年增收10万元以上，社员从中获得红利，组织龙头企业推行"订单甘蔗"新模式，引导蔗农与糖业企业签订合同。

融合资源优势，促进产业融合。以桂林市七星区华侨旅游经济区竹江村为例。第一，竹江村深化土地改革，集中村民闲置宅基地、闲置房屋、闲置土地，实行统一规划、统一管理、统一使用。以国土空间规划为引领，对全村进行统一规划、设计，围绕"全区域、全要素、全优化"，有序开展闲置集体建设用地、闲置宅基地、闲置房屋、村庄空闲地等农村全域土地综合整治。大力挖掘可用土地潜力，激活利用农村宅基地和闲置农房，通过整合闲置古旧民居、村庄房前屋后闲置土地，以及道路、停车场、小公园、小绿地、旅游厕所等公共基础设施建设，大力发展农家乐、精品民宿和村级集体经济，实现了农村土地资源高效利用。第二，竹江村积极探索乡村旅游民宿一体化运营管理模式，支持村民、村级集体经济入股，引进专业团队、公司，将村内老旧房屋改造成民宿，在改造上设置标准配备要求，鼓励标准化经营、特色化发展，采取"自评＋村评＋客评"评分制，设置奖惩机制，提升服务标准，打造具有竹江特色、符合当前主流群体消费需求的文旅产业商品，增加村民收入和村级集体经济收入，实现竹江乡村旅游产业健康持续发展。第三，竹江村紧邻漓江，在严守生态保护红线的基础上，以本地山体、水域、滩涂、土地资源为优势，构建"一道三村"发展新格局，以10千米高标准绿道为线，以线串点，将周边的畔塘村、沙洲村及沿线上的网红景点串联，以点带片，推动全村全域文化、体育、农业、旅游深度融合发展。第四，竹江村利用现代传媒手段，整合传统媒体和自媒体，集中对外宣传，充分利用微信公众号、快手、抖音等新媒体平台，定期开展多场次、全方位、全景式的非遗文化、民族文化、侨乡文化、漓江文化展演和书画摄影采风等推广宣传活动，邀请自媒体团队现场直播，推介精品旅游线路及乡村民宿产品，全面提升知名度。

综上所述，应该加强乡村文化建设，发掘和利用好乡村的文化资源，促进一、二、三产业的融合发展，推动乡村振兴战略的实施。

（二）培育经营实体，壮大引领力量

乡村文化建设旨在提升乡村居民的文化素质，增强乡村社区的凝聚力，推动乡村经济社会的全面发展。在这个过程中，培育经营实体，壮大引领力量是关键的一环。经营实体不仅能为乡村提供必要的经济支持，还能在文化传承、人才培养、科技推广等方面发挥重要作用。经营实体的发展可以为乡村提供更多的就业机会，带动乡村产业升级，提高乡村的经济水平。经营实体可以通过与传统文化、习俗、艺术等的结合，促进乡村文化的传承和保护。经营实体的发展可以为乡村吸引更多的人才，包括技术人才、管理人才、文化人才等，从而推动乡村人才的流动和交流。

培育经营实体，壮大引领力量，就要聚焦乡村振兴，因地制宜，以政府引领、企业带动为抓手，依托资源优势，发展特色产业。立足新发展，践行新发展理念，融入新发展格局，专心致志抓发展，聚力县域资源禀赋，找准定位、发挥特长，紧紧抓住切入点和突破口，持续优化营商环境，厚植实体

经济新动能,推动县域经济实现高质量发展。^①

贵港市发展改革委聚焦推动"三农"工作高质量发展,积极组织指导各地发挥优势生态环境和优势特色产业资源,开展农村产业融合发展示范园创建工作。

桂平市农村产业融合发展示范园依托资源优势及产业现状,规划构建粮食种植、米粉加工、"水稻+"产业链空间结构,形成以桂平市农产品加工工业园为示范园核心、粮食产业核心示范区、罗秀米粉加工示范区、"水稻+"产业融合发展示范区融合的"一核三区"的功能布局,推动优势产业集群化发展,进一步推动乡村产业价值链提升、产业链延长。

港南区农村产业融合发展示范园紧紧围绕生猪养殖、中草药种植两大主导产业,建立"种养加销"内部融合、上下游紧密合作的产业格局,构建港南区农村产业融合发展示范园、生猪产业核心点和中草药产业核心点、冲口屯乡村旅游联动点、亚计山生猪产业联动点、木梓镇中草药产业联动点的"一园双核三联动"功能布局,进一步强化中草药、生猪等主导产业的优势地位,做大做强循环农业,提升产业链价值。

良江村地处钦州市浦北县白石水镇北部,位于国家地质公园"五皇山"西部,坐落于自治区四星级浦北佳荔现代特色水果核心示范区内,辖13个村民小组,共754户3240人。近年来,良江村实施"现代农业+旅游"双核驱动的产业发展战略,发展现代高效农业、农旅融合产业,打造乡村产业振兴示范村,持续推动特色产业发展,促进农业增效、农民增收。一是打造优势品牌。良江村重视并持续推进农产品品牌建设,全力打造番石榴、蜂蜜、沃柑、荔枝四大特色产品,帮良番石榴专业合作社注册的"帮良"牌番石榴,年产无公害番石榴300多万千克,产值超750多万元,产品畅销区内外,已成为良江村民脱贫致富的名优特色产品。二是推动一、二、三产业深度融合。良江村坚持走三产融合发展道路,依托"双良芭乐园"平台,建成百年鸳鸯树、百年荔枝园和百年大草坪等多处风景园和33万平方米开放摘果体验园,还发展茶饮、餐饮、小吃、烧烤场等多种业态,每年接待考察团和游客数量

① 岳国芳.脱贫攻坚与乡村振兴的衔接机制构建[J].经济问题,2020(8):107-113.

不断攀升，投资180万元建设"农文旅学"融合发展一期项目，打造钦州市首个集农业示范、采摘游玩、学习培训、住宿餐饮、休闲娱乐和基层党员教育培训于一体的"农文旅学"融合发展示范教育基地，发展后劲进一步增强。目前，全村有村级集体经济项目8个，2021年村级集体经济收入24.14万元，成为乡村振兴样板村。

（三）纵向横向结合、产业深度融合

纵向横向结合、产业深度融合是指将文化产业与农业、旅游业等产业进行深度融合，形成一种新型的产业形态，这种融合方式可以充分利用文化资源，挖掘乡村文化内涵，提升乡村文化价值，同时也可以促进农业、旅游业等产业的转型升级，提高其质量和效益。

纵向横向结合，产业深度融合的意义如下：可以将文化资源转化为经济资源，推动乡村经济的发展；可以提高乡村经济的质量和效益，为乡村振兴注入新的动力；可以挖掘乡村文化的内涵和价值，提升乡村文化的软实力，增强乡村文化的吸引力和影响力；可以促进乡村治理体系的创新和治理能力的提升，为乡村振兴提供有力支撑。

为了更好地推进乡村文化建设中的纵向横向结合、产业深度融合，应进一步加强规划设计，制定系统的规划设计方案，明确产业融合的目标、路径和措施，确保产业融合的可持续性和可操作性。一是创新融合方式，探索多元化的融合方式，如文化旅游、文化创意、文化电商等，提高产业融合的多样性和创新性。二是培养文化产业人才，加强文化产业人才培养，引进高素质的文化产业人才，为乡村文化建设中的纵向横向结合产业深度融合提供有力支撑。三是完善政策支持，制定相应的政策措施，为纵向横向结合、产业深度融合提供政策支持和保障。四是加强文化产业与农业、旅游业等产业的合作交流，实现资源共享、优势互补，共同推进乡村文化建设中的纵向横向结合、产业深度融合。

宁海村是北海市银海区福成镇下辖行政村，区位优势显著，产业发展独特，文化氛围浓厚，人居环境靓丽。2021年以来，宁海村紧紧围绕"产业兴旺、生态宜居、乡风文明、治理有效、生活富裕"乡村振兴总要求，高标准推进乡村振兴示范村建设，取得明显成效，先后荣获"全国万元村屯"称号、全国"一村一品"果蔬示范村和"美丽广西"乡村建设"绿色村屯"称号。2021年，宁海村共接待区内外各级人大代表视察指导参观20多批3200多人次，被列为澜沧江—湄公河地方政府合作论坛参观点和自治区水库移民易地安置培训会现场参观点。其一，坚持"三线"协同，发挥优势促发展。宁海村具有水、陆、空"三线"交汇融合的交通区位优势，福成镇母亲河福成江流经宁海村，村庄水汽灵动；宁海村陆上公路网络四通八达，北海市的"大动脉"向海大道横穿而过，距离北海市区约10千米，距离高速公路入口约4千米；宁海村距离北海市福成机场仅4千米，接受空港经济区的强力辐射。临水、临陆、临空的叠加优势为快速发展提供了坚实有力的基础，宁海村在坚持"三线"协同中推动产业发展壮大，设施农业快速发展，大棚果蔬已形成品牌。其二，坚持"三产"齐步，促进农民增收致富。宁海村瞄准方向、精准发力，突出资源优势，发展壮大大棚果蔬、种业和乡村旅游业等三大特色优势产业，提升乡村经济活力，带动群众增收致富。一是大力发展大棚果蔬产业。宁海村是北海市现代果蔬大棚种植的发源地，2003年通过招商引资，引进山东客商，搭建起北海市的第一座大棚。经过多年发展，该村大棚种植超过400万平方米，辐射带动银海区种植大棚超过2万亩，2017年成功创建自治区三星级现代特色农业（核心）示范区。凭借大棚果蔬产业，村民们纷纷盖起了"大棚楼"、开起了"大棚车"。二是创新赋能壮大种业。宁海村充分发挥资源优势，采取种业研发繁育中心"1+N"模式，与广西壮族自治区农业科学院等科研单位合作共建特色果蔬研发繁育基地，近年来示范推广了北甜3号、北甜5号等西甜瓜新品种。2022年投入400万元打造2万平方米现代果蔬种苗培育中心及产业示范种植区，配套建设3栋锯齿形温室大棚和移动式苗床、喷淋系统等硬件设施，创建集都市农业科普、教育、研学、互动体验等功能于一体的现代特色农业示范区。三是加快发展乡村旅游产业。宁海村充分利用村庄处于城郊接合部、现代特色农业发达、福成机场飞机起降经过该村的特点，大力发展"游农村、摘果蔬、看飞机"等乡村休闲旅游文化体验活动，吸引北海市区的居民前来游玩，通过举办文化节庆活动，聚集人气、扩大知名度，2021年成功举办的庆祝"中国农民丰收节"活动成效显著。

乡村振兴，产业为要。农村一、二、三产业融合发展，是实施乡村振兴战略、加快推进农业农村现代化的重要举措。近年来，广西坚持走"贯通产加销、融合农文旅、对接科工贸"现代乡村产业发展之路，坚持农旅文同步，一、二、三产融合，大力发展"农业+旅游""农业+科普""农业+文创""农业+节庆"等新产业、新业态、新模式，深入挖掘农耕文化，讲好广西农业故事，打造乡愁经济，涌现出一批有代表性的休闲观光农业点，举办了农民丰收节、乡村旅游节、中国开渔节等有较高知名度的农业文化节庆活动，打造"红色风景线"党建品牌，深度挖掘红色文化底蕴，建设村史馆，打造美丽红色村庄，建设村级文化广场和党建主题广场，把丰富的红色资源和红色教育转化为生动形象的学习场景，实现沉浸式体验效果。各地在乡村产业融合发展上开拓创新，争奇斗艳，进一步构建起高质量、多主体、现代化的乡村产业体系。

二、有利于激发乡村文化发展内生动力

（一）挖掘和利用传统文化旅游资源

在乡村文化建设中，挖掘和利用传统文化资源不仅有助于保护和传承乡村文化，而且可以为乡村经济发展提供新的动力。一是传统文化资源的挖掘。在历史文化遗产方面，乡村中保留了许多历史文化遗产，如古建筑、古村落、古遗址等，不仅是乡村历史的重要见证，也是乡村文化的独特体现。对这些文化遗产进行保护和修缮，能增强乡村的文化底蕴。在民俗文化方面，乡村中保留了许多独特的民俗文化，如传统节日、民间艺术、传统手工艺等，是乡村人民智慧的结晶，也是乡村文化的重要组成部分。通过对民俗文化的挖掘和传承，能增强乡村文化的多样性和独特性。在传统思想观念方面，乡村中保留了许多传统的思想观念，如孝道、诚信、勤劳等思想观念，是中华民族优秀传统文化的重要组成部分，也是乡村文化的重要内涵。挖掘和传承这些思想观念，有助于提高乡村居民的文化素质和道德水平。二是传

统文化资源的利用。在文化产业开发方面，将传统文化资源转化为文化产业，可以促进乡村经济的发展，例如，可以开发民俗文化旅游、传统手工艺品等产业，为乡村带来经济收入的同时，也保护和传承了传统文化。在教育普及方面，将传统文化资源融入教育体系，能提高乡村居民对传统文化的认识和了解。通过开展传统文化教育活动，能增强农村村民的文化自信，提高他们的文化素养。在社区建设方面，将传统文化资源融入社区建设，能增强乡村社区的凝聚力和认同感。通过举办传统文化活动、建设传统文化设施等，能促进乡村居民之间的交流和互动，增强社区的凝聚力。

具体而言，应以乡村文化振兴为抓手，盘活乡村传统文化资源，创新乡村文旅载体，通过文化振兴赋能乡村三产融合，进一步夯实农民农村共同富裕的物质基础和精神基础。[1]各地正积极探索通过乡村旅游高质量发展助力乡村振兴。作为推动乡村经济与社会发展以及产业转型升级的重要引擎，乡村旅游的繁荣兴盛离不开乡村文化的滋养。北流市依托其丰富的乡村旅游资源和独特的农耕文化，实施乡村旅游三年行动计划，推动旅游与相关产业融合，实现乡村旅游向规模化集聚化发展，抓好环大容山森林度假乡村旅游带和南流江流域（北流段）、北流河流域农耕文化体验乡村旅游带建设，到2020年建成星级乡村旅游区（农家乐）4个、旅游型特色小镇1个、旅游特色名村2个，推出精品乡村旅游线路2条。广西北海对乡村开发项目设计方案采取联合审议机制，相关部门进行联合审议把关，保护和传承乡村文化。例如，流下村引进的民宿项目均坚持修旧如旧的原则，保护了流下村古老传统民居建筑文化；赤西村研学基地项目注重对农耕文化进行开发与保护，项目建设包括农耕学堂、赤西工坊、农事旧物展览馆等内容，2022年共吸引约2.2万名中小学生体验传统农耕文化。

北流市民安镇丰村地处国家AAAA级旅游景区铜石岭脚下，有11个村民小组、共1034户4116人。多年前，由于缺乏产业带动，该村村民大多务农，年轻人往往靠外出打工养家糊口。近年来，随着广西铜石岭国际旅游度假区

① 刘盛.乡风文明与乡村振兴：重要意义、现实难点与关键举措[J].农林经济管理学报，2018，17（5）：629-634.

（以下简称"铜石岭景区"）的开发，丰村充分利用自身资源禀赋，推动产业融合发展，从一个小村庄蜕变成乡村振兴网红旅游打卡点，获评2021年广西乡村旅游重点村。丰村充分利用铜石岭景观资源优势，积极引入广西铜石岭旅游发展集团共同开发铜石岭景区，升级打造AAAA级国际旅游度假区。村集体和村民通过向铜石岭景区流转土地700多万平方米，每年可收入50多万元。同时，将旅游产业发展与乡村建设结合起来，创新编制了村级规划《丰村村庄规划》，规划布局一、二、三产业和乡村振兴融合发展，突出以一家农业龙头企业带动、十多家家庭式作坊整合及现有的休闲旅游融合为重点，建设宜居、宜业、宜游的具有岭南风格的特色村庄。目前，丰村通过盘活丰村小学广民分校旧校舍约1500平方米、空地2600平方米，利用广西"三变"改革示范村建设项目资金20万元对旧校舍进行装修，成功引入1个年产值超2500万元、财税收入300万元企业，预计企业投产后可为村级集体经济增收10万元/年。

（二）发展民族团结共建文化

发展民族团结共建文化具体体现在将民族文化发展工作与传统村落保护、乡村风貌提升、开发乡村旅游等工作相统筹，积极打造新时代文明实践站、同心文化广场、民族团结友谊林等，举办"民族团结一家亲，凝心聚力促平安"等系列文艺汇演，鼓励各族儿女共同参与乡村建设等方面。坛良村位于南宁市良庆区那马镇东北部，人口以壮族居民为主，耕地面积200多平方米，全村共有4个自然村、12个村民小组，2021年底总人口为1335户3586人。近年来，该村以坛板坡为中心，大力发展乡村产业，提升乡村基础设施，探索乡村治理方式，先后荣获第五届全国文明村镇、全国示范性老年友好型社区（村）、自治区现代农业发展示范村、广西民族特色村寨、自治区民族团结进步模范集体、南宁市十佳整村推进"美丽民居村庄"等称号。第一，挖掘特色，聚力打造承载民族记忆的壮乡老家。一是通水修路拔穷根。2013年以来，该村大力实施农村人饮工程建设，实现户户通自来水，修建通镇、通村、通屯道路，连接村内外交通要道，打通了村庄发展的大动脉。二是修建民居乐安家。该村实施乡村风貌改造和"三清三拆"工程，在保留壮族民居建筑特色基础上，修缮更新村庄建筑物，完成外立面改造301处，建成了以坛板坡为代表的壮民居新村。实施景观亮化工程，修建坛板湖、幸福湖等村内景观，沿湖铺设景观栈道，安装景观灯带，增添休闲凉亭、售卖亭、景观风车等设施。实施公共服务提升工程，新建坛良小学、文化广场、戏台、民俗馆、村史室、农贸市场、幸福生态停车场、篮球场、体育健身设施等公共服务设施，满足村民公共服务需求。在村内政务服务大厅增设劳务资源中心、住房报建、警务平台等窗口，为村民提供就业信息的同时使村民实现足不出村办好事。三是善建强管护安宁。全村细化55个网格，实行禽畜圈养和"门前三包"管理，明确户主为保洁第一责任人，镇、村委干部参与监督和实时管理。以购买服务方式将环境卫生保洁外包，农村人居环境整治长效开展。第二，传承文化，聚力培育独具特色的人文精神。有以下三点：一是凝聚人心，培育礼让精神。近年来，坛良村聚集乡贤树新风，通水修路引企业，建设同心文化广场、"民族之家"，在游客接待中心设置壮锦、铜鼓等壮族文化代表元素，开展少数民族团结教育，增强民族自豪感，农户主动让出地块支持村内发展，形成了"让"的精神。目前，坛良村土地能满足企业发展需求，这得益于群众的积极配合。二是弘扬传统，丰富村民文化活动。坛良村组建嘹啰山歌队、腰鼓队、粤剧队、学生合唱团、篮球队等民间文艺团体，在传统节日或农闲时节，举办嘹啰山歌对唱赛、文艺汇演、篮球赛等各类文体活动，丰富村民文化生活；弘扬社会主义核心价值观，组织开展十星级文明户、五好文明家庭、最美家庭等评比活动，培育良好社会风气。三是全民参与，有效发挥村民自治功能。坛良村成立廉洁工作站，有效实施"一组两会"等基层协商自治制度，拓宽村民议事平台，提高村民知情权、参与权和决策权，协商解决村内疑难问题，实现了仅用7天时间协商落实4000多亩土地流转的高效决策，提高了工作效率，实现了基层有效自治。

（三）以项目建设为抓手，农业数字化水平走深向实

数字化是经济社会发展大势所趋，数字农业是现代农业发展的最新阶段，正在融入农业发展各领域各环节。数字乡村建设以科技创新为第一动力，为推进农业农村现代化提供技术支撑，数字乡村建设充分发挥信息技术和数据要素在农民生产生活中的积极作用，极大地提高了农业生产效率，增

强了乡村数字治理能力。[①]农业生产方面，我国农业生产信息化率超过25%，智慧农业依靠数字育种、智能农机设备、大数据分析等现代信息技术进行全流程精准化操控，稳步向数字化、标准化、规模化转型，为实现农业现代化奠定了坚实的基础。数字治理方面，2021年我国六类涉农政务服务事项综合在线办事率达到68.2%，"互联网+"技术将政务公开、村务共商、服务共享的便利传递到千家万户。

近年来，贺州市八步区将数字乡村建设作为激活乡村振兴新动能的重要抓手，推动物联网、大数据、云平台等新技术与农业深度融合，数字技术在农业领域得到广泛应用，为乡村建设注入更多"数字力量"，推动乡村振兴有"智"更有"质"，提升农业农村现代化水平。首先，推进"数字+共享"，实现农业农村大数据资源共享。积极配合上级业务主管部门采集基础数据，实现农业大数据资源共享，配合农业农村部、自治区农业农村厅采集土壤、大气，水资源等土壤墒情数据，完成上级部门下达的农业大数据基础数据采集工作，如农情、苗情、畜情、成本、价格预警、土地确权、农产品质量安全追溯体系、休闲农业电子导航图等，建立农业农村基础数据资源体系，实现全国、全区、全市农业农村数据一张网，达到资源共享的目标。其次，推进"数字+管理"，实现农业生产智能化管理，开展设施农业、工厂[②]化育苗、水肥一体化技术、智能化养殖等农业技术上的应用。八步区目前发展设施农业面积为600万平方米、工厂化育苗6.1万亩、测土配方施肥42000万平方米、水肥一体化3800多万平方米；贺州市京基智农时代有限公司、贺州市农贝贝农牧科技有限公司、广西广泓生态农业科技发展有限公司等一批现代养殖企业投入建设"智慧养殖"设施，实现生产技术的智能化；贺州市正地发展有限公司、贺州市恒昌农副产品有限公司等种植企业通过运用"智慧菜园""物联网"等智能化生产，通过智能化管理，对生产过程实行集约化、网络化的远程智能管理及预警，极大地降低生产风

① 徐学庆.乡村振兴战略背景下乡风文明建设的意义及其路径[J].中州学刊，2018（9）：71-76.
② 宋小霞，王婷婷.文化振兴是乡村振兴的"根"与"魂"——乡村文化振兴的重要性分析及现状和对策研究[J].山东社会科学，2019（4）：176-181.

险，节省了人力成本。最后，推进"数字+助农"，实现农产品网络销售助农增收。2023年上半年来，八步区积极组织企业参加万名主播助力"桂品出乡"暨RCEP嘉年华活动、"壮族三月三相约游贺州"文化旅游主题活动暨农特优产品产销会活动、首届中国（昭平）民俗美食文化节暨广西"三月三"昭平县"桂江榴花开"民族团结进步主题活动、"春暖花开暖市暖企"2023广西百县万村农产品采购节——春季产销对接促消费活动、"桂品入湾"头部主播广西专场选品会、"桂品出乡"推介签约活动暨投资贺州推介会，宣传推荐八步区名特优产品，推动农产品顺畅流通，拓宽农产品产供销渠道，助力乡村振兴，推动桂品出乡。截至2023年底，八步区农产品网络销售额为1965.7万元。

三、有利于深化对乡风文明认同感

（一）传承和发展乡村优秀传统文化

广西不遗余力地注重保护、挖掘和传承红色资源基因，加大对革命英雄故居和革命烈士墓（园、碑）等的保护力度，积极创建爱国主义教育基地；制定实施广西古村落保护办法，加强传统村落的保护，建立健全乡村文化遗产保护相关制度，深入挖掘乡村文化遗产，保护好非遗文化，健全各类名镇名村保护体系，积极参与评选全国特殊文化名镇名村，积极申报历史文化名村、传统村落；深入挖掘采茶戏等民间艺术、戏剧曲艺、手工技艺、民俗活动等非物质文化遗产，打造更多富有浓郁地方特色，集人文历史研究、民俗风情展示、旅游观光为一体的乡村文化精品；[①]推荐或申报一批文物保护单位、非物质文化遗产代表性项目及传承人、非物质文化遗产保护示范基地，

---

① 宋才发.传统文化是乡村振兴的根脉和基石[J].青海民族研究，2020，31（4）：36-43.

切实做好优秀文化的保护传承及利用；①扩大文旅活动品牌效应，根据乡村旅游优势，开展形式内容丰富的文旅活动。例如，在北海市赤西村举办"乡村振兴·相约赤西"油菜花文化节，在流下村举办"流下盛宴·山海相约"文化艺术节、中国农民丰收节。通过举办文化节，吸引了各种艺术展、文艺比赛、帆船游艇赛事等活动在乡村举办，带动了农产品的销售，每年接待游客量平均达15万人次，引领乡村旅游成为游客出行游玩新风尚。北流市在乡村风貌提升中坚持"设计归根"，突出桂东南民居特色，在确保自治区的"四有"（有坡屋顶、有基本元素、有基本格调、有基本色彩）、"四重"（重文化、重外形、重质量、重长久等）标准范围内，按照地方传统风格，在远、中、近三个层次上对农房统一实施风貌提升，尽量改掉"火柴盒"等呆板形态，突出桂东南民居特色。一是突出坡屋顶建设。能全坡则全坡，半坡的坡面至少超过楼顶三分之一，坡屋檐向外延伸。二是注重岭南特色元素。从本地桂东南古村落农村老瓦房中找灵感、寻要素，提炼出坡屋顶、大镬儿墙、小镬儿墙、人字墙、窗花、墙面图案、飞檐等本地民居特色元素，广泛推广应用，地区特色鲜明，美观大方，传承了农房建筑的文化血脉和本色，让农房有传统的形、有历史的根、有文化的魂。

（二）深入挖掘广西特色文化资源，培育新型市场主体，优化文化产业发展布局

广西大力加快推进非物质文化遗产的传承与开发，大力发展地方传统产业，推动广西红色革命文化、铜鼓文化红色文化、乡贤文化与旅游、生态农业等的融合发展，积极引导社会力量参加乡村文化旅游资源的开发和经营，促进文化旅游产业加快发展；结合部分农村空心村改造，探索发展乡村旅游民宿，扶持文化旅游骨干企业，重点开发特色鲜明、效益显著的乡村文化旅游产品，培育乡村文化旅游精品线路，打造研学旅游品牌集群。例如，北海

---

① 张晶.美丽乡村建设背景下传统村落保护与发展策略探析[J].城市发展研究，2020，27（08）：37-

43.

市以国际观鸟、廉州湾鲸豚自然科考、国家美院丝路文创北部湾基地、赤西研学基地等为依托构建研学资源库，打造具有影响力的研学品牌，海城区共投入资金1900多万元开发赤西研学项目，目前三期工程已完工，届时将为游客提供住宿等研学延伸服务。2022年赤西研学基地共接待研学团队和游客约70批次3.38万人，为赤西村集体经济每年增收16.35万元，获评"广西十佳研学旅行示范基地"。

广西依托红色资源，强组织建设，树党建品牌。例如，南一村依托境内红军湘江战役纪念馆、红军湘江田园综合体、脚山铺红军长征精神体验园、长征国家文化公园、湘江忠魂剧院和青少年守墓营地等红色资源，通过建设党群服务中心和"南e微治宣传廊""党史学习角""党建书屋""乡愁记忆馆"等，打造融党建活动阵地、党史学习阵地、红色教育阵地、精神文化阵地为一体的基层党建阵地。一是将"土味党课"纳入"三会一课"，作为党员基本固定学习内容。每天一期在村级广播上播放"党史上的今天"专题内容，打造"小喇叭"下的党史、党课讲堂。二是不断筑牢红色堡垒，强化党建品牌建设。强化党员引领，推行"领头雁"工程，实施"党支部+理事会+协会+基地+农户"抱团发展，筑牢产业发展连心桥，通过"育新人""引高人""聚能人"模式，吸引青年人才回乡创业，打造乡村振兴的中坚力量。

四、有利于推进乡村治理现代化

（一）开展"美丽广西"乡村建设提升行动

在乡村振兴战略背景下，开展"美丽广西"乡村建设行动，对于推进广西农业农村现代化、促进城乡融合发展具有重要意义。广西作为我国西南地区的重要自治区，拥有丰富的农业资源和美丽的乡村风貌。然而，随着城市化进程的加速，乡村发展面临着诸多问题，如环境污染、基础设施落后、农民收入增长缓慢等。因此，实施乡村振兴战略，开展"美丽广西"乡村建设行动，既是贯彻落实党中央决策部署的必然要求，也是推进广西农业农村现代化的重要途径。"美丽广西"乡村建设行动的目标可以概括为"美丽、富裕、和谐"。具体而言,一是要实现乡村环境的美丽宜居,包括村容村貌、生态环境等方面的改善;二是要促进农民增收致富,提高农民生活水平;三是要实现乡村社会的和谐稳定,促进乡村治理体系和治理能力现代化。因此,应着重加强基础设施建设,加大对农村基础设施的投入,包括道路、水利、电力、通信等基础设施的建设,提高农村生产生活条件,为农民创造更好的生产生活环境;推进生态环保建设,加强农村生态环境保护,推广绿色生产方式,减少污染排放,提高农村环境质量,加大生态环境保护,注重保持自然原生态,保持历史遗址、人文景观原风貌,突出自然生态;加强和完善农村社区治理,积极推进生态宜居社区建设。例如,北海市编制《冠岭流下村旅游开发建设规划》《流下村村庄建设规划》《赤西村村庄建设规划》,持续实施人居环境整治工程、开展污水治理和"三清三拆"行动。2019年以来,全区共发动大规模"三清三拆"行动25次,发动干部群众投工投劳近1.1万人次,拆除废弃建筑、清理村庄垃圾2040多处。共投入3500多万元对村庄路、水、电、网络、公共绿地等基础设施进行改造提升,完成赤西村、塘儿村"两高"沿线风貌提升示范带建设,村庄绿化率超过80%。通过开展"美丽广西"乡村建设提升行动,广西乡村发生了显著的变化。基础设施得到了明显改善,农民的生产生活条件得到了提高;农村环境得到了明显改善,乡村面貌焕然一新;乡村产业发展得到了促进,农民收入水平得到了提高;乡村治理水平得到了提高,乡村社会更加和谐稳定,这些变化不仅提高了农民的生活质量,也为乡村振兴战略的实施奠定了坚实的基础。

"美丽广西"乡村建设提升行动是推进乡村治理现代化的重要举措,也是实现乡村振兴战略的重要途径。推进乡村治理现代化和"美丽广西"乡村建设提升行动是一项长期而艰巨的任务,需要政府、社会和农民共同努力,只有通过持续的努力和创新,才能实现乡村振兴战略的目标,推动广西农村经济社会的全面发展。

(二)开展农村生态环境突出问题整治行动

广西把解决农村突出生态环境问题作为民生优先领域,坚持生态惠民、生态利民、生态为民，坚决打好污染防治攻坚战。绿色是乡村振兴的底色，生态宜居是乡村振兴战略的重要任务。党的二十大报告提出，统筹乡村基础设施和公共服务布局，建设宜居宜业和美乡村。加快补齐农村人居环境突出短板，加速推进农业绿色发展，加大生态保护与修复力度，重点从建设用地安全利用、农村生态环境整治、农村生活污水及黑臭水体治理等方面进行调研，有助于乡村生态振兴取得阶段性成果，农业农村生态环境持续改善。此外，还要树立和践行绿水青山就是金山银山的理念，把推动全面绿色转型和高质量发展作为首要任务，把深入打好污染防治攻坚战作为重中之重，突出精准治污、科学治污、依法治污，扎实推进美丽乡村建设。

广西建立领导小组，做好整治规划。一是全面落实人居环境整治工作。村镇积极召开整治会议，成立领导小组，充分发挥"两委"干部的带头引领作用和全体党员的先锋模范作用，调动广大群众积极参与，挨家挨户对本村重难点问题进行摸排，建立村镇人居环境整治工作问题台账，对存在的问题做到心中有数，制定措施，逐一整改。二是建立长效机制着眼长远发展。人居环境整治是一项长期的活动，也是一项民心活动。村镇多策并举，使村容村貌焕然一新。各村所有农户庭院干净整洁，民众生活其乐融融。为了乡村长远向好发展，并且建立持久有效的卫生整治制度，村内垃圾清理、花草树木修剪由专人负责，定期检查公共卫生服务基础设施。以村内村外、院内院外、屋内屋外为重点区域，坚持每月开展一次环境卫生集中整治活动，着重对"三内三外"进行环境清理，使村民养成良好的卫生习惯，让村庄道路更加清洁畅通，同时不断完善监督体系，设立奖励措施，赏罚分明，增强了村民的环保意识，共同营造了生态宜居的美丽乡村。三是加强动员宣传，营造积极氛围。充分发挥民智民力，建立村规民约，定期用广播进行宣传，张贴宣传标语，利用微信、抖音短视频推送美丽乡村案例，调动群众的积极性，推进环境整治工作有序进行。村组干部亲自带队，下沉到户开展清理工作，充分发挥不怕脏、不怕累的精神，拿着扫把、大剪刀、割草刀等工具，对房前屋后、道路两旁、沟渠的垃圾、杂草进行清理，用自己的实际行动号召村民共同参与到活动中来，并提醒村民注意环境卫生，保持自家门前的干净整洁。在大家的共同努力下，道路面貌焕然一新。

（三）建立健全生态环境保护机制

生态宜居，是乡村振兴的内在要求。改善农村生态环境，是打造美丽乡村的重要举措，事关人民群众幸福感、获得感。建设宜居宜业和美乡村，为农民群众创造干净整洁的生产生活环境，是让农民就地过上现代生活的迫切需要。具体而言，应加强乡村旅游配套设施建设，依托乡村生态、文化和旅游资源优势，加大乡村旅游配套基础设施建设；加强乡村生态环境治理，不断创新农村生态环境治理路径，提高治理能力，不断增强村民环保法制观念意识，提升乡村的整体生态环境质量。人居环境直接关系农民群众生活品质，新征程上，以钉钉子精神推动农村生态文明建设不断取得新进展，广袤的乡村大地定将铺展一幅山清水秀、天蓝地绿、村美人和的美丽画卷。

第一，要建立完善核验制度。一是各镇要建立理事会资金核验制度，根据各镇各村实际情况，建立完善一套行之有效的核验方法，确保资金收得准、收得好、用得出。一方面，村民主体，激发动力。根据"谁受益谁付费"原则，尊重村民意愿，以村民自愿缴交为主。另一方面，政府引导，社会参与。政府在推动和落实乡村清洁工作中，重点通过政策引导、资金支持和规划监督等方式进行引导，建立多元支撑的投入机制鼓励社会参与，逐步形成政府引导和社会参与相结合的长效机制。二是建立财务公开制度，财政补贴及群众筹资的资金总额、筹资筹劳的数量等要纳入村务财务公开内容，保洁费的收取和使用应及时向村民公布，至少每季度公布一次。三是加强监督检查，乡村振兴理事会收取的保洁费和财政下拨的奖补资金必须专款专用，只能用于支付保洁员工资、购买相关的垃圾清运车辆和保洁工具及维修保养保洁设施、垃圾转运，不得用于其他项目开支，严防虚报、套取、截留和挪用。市乡村振兴办、市审计局、市财政局等将成立联合督查组不定期对各镇村收取保洁费及乡村振兴活动专项经费使用情况进行督查。建立和完善乡村振兴理事会相关工作、财务管理制度，成员组成制度、议事管理制度、经费审批制度、经费报销制度、经费开支范围等管理制度均要清晰具体且具有实际操作性，对相关责任落实到人，建立健全公示、监督机制，理事会的财务收支情况每季度必须公示一次，保障管理工作阳光、透明、有序开展。

第二，聚焦攻坚任务。在推进农村人居环境整治方面，坚持因地制宜，推进各地充分考虑本地区基础条件，推进农村厕所革命、生活污水治理、生活垃圾治理，加快整治农村黑臭水体，有效改善农村人居环境。一是分类排查、严防恶臭污染，以涉气企业生产监管、黑臭水体监测定级为抓手，持续防治"恶臭"扰民现象，开展农村黑臭水体分级评价指标水质例行监测，持续跟踪水质数据。二是减振隔声、降低噪声污染，以工业、生活、道路噪声防治为重点，确保群众居住环境安宁，对于工厂管道排气、鱼塘氧泵、造粒破碎噪声等环境噪声，督促噪声源主体采取隔声降噪、停用设备、调整作业时间、拆除生产设施等方式减污降噪。在加强农业污染防治方面，坚持方向不变、力度不减，保持战略定力，坚定不移走生态优先、绿色发展之路。

第三，提高数字治理水平。信息化是现在发展的一个大的趋势。为缩小城乡数字的鸿沟，农村的信息化应将数字化、网络化、智能化有机结合起来，实行"三化融合"，协同推进，当前就是要抓住信息化发展的历史机遇，加快推进数字乡村建设并积极开展资费乡村、资费村庄的试点，用数字化赋能农村网格化管理，将农村环境治理纳入乡村治理平台和体系，加快推进农村环境治理的数字化转型，全面提高农村环境数字治理水平。一是以"有形"为载体，深入开展宣传活动，充分采用传统媒体和新媒体、线上和线下相结合等方式，通过官网、微信公众号全面宣传，提高农村群体对于环境保护的认知度和参与度。二是以"有容"为重点，全面开展宣讲解读，分类梳理不同主体的职责、义务，形成不同形式的生动宣传材料，通过送法入企、送法入村等送政策上门的活动，实现"一行一书"的创新解读形式。四是以"有效"为目标，确保法律落地落实，紧盯规章条理确定的一系列制度机制，制定时间表、路线图、任务书，扎扎实实、踏踏实实、求真务实地履行法律责任。例如，通过村党支部示范带动、群众联动，实行网格化管理，成立了"平和村人居环境有我共建会"，充分利用群众会、院坝会宣传人居环境整治和"门前三包"政策，探索创建"一户一码"的环境卫生管理模式，打造村庄治理现代化，引导当地群众积极参与共建美好新家园。同时，还要结合党建"红黄卡"积分制管理，入户开展人居环境整治评比与奖励，进一步增强群众建设和谐美丽乡村的意识。

乡村振兴视域下广西乡村文化建设的基本属性

第一节 乡村振兴视域下广西乡村文化建设的基本特征

一、坚定社会主义方向

坚定社会主义方向是乡村文化建设的首要原则，也是乡村文化建设发展的风向标，更是中国乡村文化建设走向世界进行国际交流的根本立场。

（一）坚持以习近平新时代中国特色社会主义思想为指导

中国特色社会主义进入新时代，乡村文化建设在推进乡村振兴战略中扮演着越来越重要的角色。坚持以习近平新时代中国特色社会主义思想为指导，加强乡村文化建设，对于促进农村经济发展、提高农民生活质量、推动城乡融合发展具有重要意义。一是习近平新时代中国特色社会主义思想对乡村文化建设的指导意义。坚持以人民为中心的发展思想——新时代中国特色社会主义思想强调以人民为中心的发展思想，在乡村文化建设中始终把农民放在心中最高位置，满足他们的精神文化需求，提高他们的文化素养和生活质量；坚持绿色发展理念——新时代中国特色社会主义思想倡导绿色发展理念，这就要求在乡村文化建设中注重保护生态环境，推动绿色发展，建设美丽乡村；坚持文化自信和文化创新——新时代中国特色社会主义思想强调文化自信和文化创新，在乡村文化建设中深入挖掘和传承中华优秀传统文化，同时积极吸收借鉴外来优秀文化成果，推动乡村文化创新发展。二是加强乡村文化建设的实践探索，加强农村思想道德建设。加强农村思想道德建设是乡村文化建设的重要内容之一，应深入开展社会主义核心价值观宣传教育，引导农民树立正确的世界观、人生观和价值观，还应加强农村道德讲堂建设，开展形式多样的道德实践活动，培育良好社会风尚；推进乡村文化基础设施建设——推进乡村文化基础设施建设是加强乡村文化建设的重要保障措施之一，应加大投入力度，完善乡村文化基础设施网络体系建设，包括图书馆、文化活动中心、体育健身设施等，加强数字文化建设，推动传统文化与现代科技融合发展；挖掘和传承中华优秀传统文化——挖掘和传承中华优秀传统文化是加强乡村文化建设的重要途径之一，应深入挖掘中华优秀传统文化中的优秀元素和精髓内容，如民间故事、传统戏曲、手工艺等，并加以保护和传承，积极推动中华优秀传统文化的创造性转化和创新性发展，使其更加符合时代要求和人民群众的需求；推动乡村文化创新发展——推动乡村文化创新发展是加强乡村文化建设的重要动力之一，应鼓励和支持文艺创作和生产机构深入基层和农村进行采风和创作活动，推出一批反映新时代农村生活和社会风貌的优秀文艺作品，积极推动文化产业与农业融合发展，打造具有地方特色的文化品牌和产品体系。

坚持以习近平新时代中国特色社会主义思想为指导，加强乡村文化建设是一项长期而艰巨的任务，需要我们不断探索和实践。通过加强农村思想道德建设、推进乡村文化基础设施建设、挖掘和传承中华优秀传统文化，以及推动乡村文化创新发展等措施，可以逐步构建起符合新时代要求的乡村文化体系，并为实现乡村振兴战略目标作出积极贡献。展望未来，我们将继续坚持以人民为中心的发展思想和绿色发展理念，不断推动乡村文化的繁荣与发展，为实现中华民族伟大复兴的中国梦贡献力量。

（二）坚持共产党对乡村文化建设的领导

中国共产党作为中国的执政党，在乡村文化建设中发挥着至关重要的作用。坚持共产党对乡村文化建设的领导，不仅是实现乡村振兴战略的需要，也是巩固党的执政基础的需要。[①]其一，共产党作为我国的执政党，具有高度的政治敏锐性和理论素养，能够根据我国国情和乡村实际情况，制定出符合实际的乡村文化建设方针政策。其二，共产党作为国家权力机关，具有强大的财政实力和资源调配能力，能够为乡村文化建设提供资金和资源支持，促进乡村文化设施建设和文化活动开展。其三，共产党能够引导社会力量参与乡村文化建设，鼓励和支持民间文化团体、文艺人才等社会力量为乡村文化建设贡献力量。

坚持共产党领导具有重要的意义和价值。其一，坚持共产党领导能够确保乡村文化建设的正确方向，避免出现偏离社会主义方向的问题。其二，坚持共产党领导能够为乡村文化事业的发展提供有力的保障和支持，促进乡村文化事业的繁荣发展。其三，坚持共产党领导能够引导农民树立正确的文化观念，提高他们的文化素质和审美水平，促进农民的精神文明建设。

坚持共产党对乡村文化建设的领导是必要的，也是可行的。坚持共产党对乡村文化建设的领导，是实现乡村振兴战略的重要手段。只有加强党的领导，加大投入，培养和引进人才，加强文化产品的供给，才能推动乡村文化的繁荣发展，实现乡村振兴战略的目标。因此，我们应该坚定不移地坚持共产党对乡村文化建设的领导，为乡村振兴战略的实现贡献力量。

（三）坚持以社会主义核心价值观为引领

社会主义核心价值观是当代中国价值体系的基本内容，具有深厚的文化底蕴和广泛的社会基础，将社会主义核心价值观引入乡村文化建设，不仅有助于提升乡村文化水平，也有助于乡村振兴战略的实施。

---

① 习近平.摆脱贫困[M].福州：福建人民出版社，1992.

社会主义核心价值观是我国社会主义意识形态的本质体现，是凝聚全社会共识、引领社会风尚的精神旗帜。在乡村文化建设中，社会主义核心价值观发挥着重要的引领作用，具体而言，一是引领乡村文化发展方向，社会主义核心价值观明确了我国文化发展的根本方向，为乡村文化建设提供了价值遵循。在乡村文化建设中，要坚持以马克思主义为指导，弘扬中华优秀传统文化，吸收世界文明有益成果，推动乡村文化沿着正确的方向发展。二是提升农民精神风貌，社会主义核心价值观倡导富强、民主、文明、和谐，倡导自由、平等、公正、法治，倡导爱国、敬业、诚信、友善，这些价值理念对于提升农民精神风貌具有重要意义。通过培育和践行社会主义核心价值观，可以激发农民的爱国热情，增强农民的法治意识，提高农民的道德素质，促进乡村社会的和谐稳定。三是推动乡村经济社会全面发展，社会主义核心价值观不仅是精神文化的核心，也是经济社会发展的重要支撑。在乡村文化建设中，通过培育和践行社会主义核心价值观，可以激发农民的创造力和创新精神，推动乡村经济社会全面发展，社会主义核心价值观的践行也有助于提升乡村治理水平，推动乡村治理体系和治理能力现代化。

社会主义核心价值观是乡村文化建设的指导思想，也是我国社会发展的指导思想，它包含了国家、社会、个人三个层面的价值观念，对于乡村文化建设具有重要的指导意义，有助于塑造乡村文化新风貌。社会主义核心价值观倡导的爱国、敬业、诚信、友善等价值观念，能够引导乡村群众树立正确的价值观念，塑造乡村文化的新风貌。[1]第一，应以社会主义核心价值观为引领，加强广西乡村文化建设，加强乡村文化教育，加大对农民的思想道德教育力度。通过举办各种形式的文化教育活动，如道德讲堂、文化讲座等，引导农民树立正确的价值观念和道德观念，提高乡村群众对社会主义核心价值观的认识；通过宣传教育，使乡村群众了解和认同社会主义核心价值观，树立正确的价值观念。第二，应发挥典型示范作用，树立乡村文化建设榜样。通过树立乡村文化建设先进典型，发挥其示范作用，引导广大乡村群众积极参与乡村文化建设。第三，应丰富乡村文化活动，增强乡村群众的文化

---

① 中共中央宣传部.习近平新时代中国特色社会主义思想三十讲[M].北京：学习出版社，2018.

自信。通过开展各种形式的乡村文化活动，如文艺演出、文化展览、文化讲座等，增强乡村群众的文化自信，促进乡村文化的繁荣发展。第四，应加强制度建设，保障乡村文化建设的顺利实施，建立健全相关制度，如文化活动管理制度、文化设施管理制度等。第五，要加强乡村学校的思想道德教育，将社会主义核心价值观融入课程教学中，培养具有高尚道德情操的新一代农民。在具体的实践中，可以从以下几个方面运用社会主义核心价值观引领乡村文化建设：首先，传承传统文化，可以通过举办各种传统文化活动，如民间艺术表演、传统手工艺展示等，让村民们深入了解并传承自己的文化传统，增强他们的文化自信；其次，弘扬勤劳精神，在乡村建设中，倡导勤劳致富的理念，鼓励村民们通过自己的努力创造美好生活；再次，倡导诚信原则，在乡村社会中，诚信是维系人际关系的基石，通过制定村规民约，鼓励村民们诚实守信，共同维护乡村社会的和谐稳定；最后，推动团结互助，在乡村文化建设中，倡导团结互助的精神，鼓励村民们互相帮助，共同发展，这不仅可以增强村民之间的凝聚力，也有助于提高乡村的整体发展水平。

总结来说，一方面，社会主义核心价值观在引领乡村文化建设中具有重要作用，要加强宣传教育，推进制度建设，培养文化人才，弘扬传统文化，并加强社会参与。只有这样，才能真正发挥社会主义核心价值观在乡村文化建设中的引领作用，推动乡村文化的繁荣发展。另一方面，以社会主义核心价值观为引领加强广西乡村文化建设，具有重要的现实意义和理论价值。

二、坚持农民主体地位

党的二十大报告对中国式现代化的五个重要特征进行了概括，"物质文明和精神文明相协调的现代化"位列其中。"丰富人民精神世界"成为中国式现代化的本质要求之一，也是新时代追求美好生活的应有之义。新时代新征程，面对人民日益增长的精神文化需求，必须站稳人民立场，把人民利益、人民意志和人民心声作为文化建设的根本遵循，推进社会主义文化事业迈上新台阶。深入学习贯彻习近平文化思想，必须牢牢站稳人民立场，尊重人民主体地位，保障人民文化权益，促进满足人民文化需求和增强人民精神力量相统一，增强人民群众文化获得感、幸福感。广西作为我国的一个农业大省，乡村文化建设具有独特的意义和价值。然而，在当前的乡村文化建设中，农民主体地位的缺失是一个不可忽视的问题。农民主体地位是指在乡村文化建设中，农民是主体，应该成为文化建设的决策者、参与者、建设者和受益者。具体来说，农民应该享有文化建设的决策权、参与权、资源分配权和成果分享权。只有这样，才能充分调动农民的积极性和创造性，实现乡村文化的繁荣发展。

第一，强化农民的文化自觉和自信，提高农民的文化素质和参与度。通过各种形式的培训和宣传，增强农民对自身文化的认同感和自豪感，提高他们的文化素养和参与乡村文化建设的积极性。

第二，鼓励农民参与文化决策和文化资源分配，发挥农民在乡村文化建设中的主体作用。政府和文化部门应该广泛听取农民的意见和建议，尊重农民的文化需求和利益诉求，确保农民在文化资源分配中的话语权和参与权。北流市在村貌提升行动中，坚持"建设归村"的原则，突出群众力量主体化。首先，高位推进，把"两高两道"沿线乡村风貌提升工作作为全市的中心工作来抓，成立工作领导小组，市委、市政府主要领导亲自挂帅，亲自抓，多次召开会议研究推进，并深入现场迅速协调解决工作中出现的问题；其次，"乡建归村"，全市风貌提升项目由村经济合作社做业主，村劳务公司负责施工，理事会联合包村干部、驻村工作队、回乡工作队、乡村规划师、后盾单位、两代表一委员、三官一律、联村企业等8支队伍力量，发动群众积极参与风貌提升以及其他"三四五六"建设（"三微"：微菜园、微果园、微花园；"四化"：亮化、绿化、美化、文化；"五网"：电网、路网、宽带网、电视网、排水网；"六改"：改房、改水、改厕、改厨、改圈、改沟渠）。在建设过程中，施工方充分尊重群众意愿，广泛听取群众意见，不断修正设计方案，力求最快最佳效果；各村组理事会根据各建设点现场公示的施工工艺、项目单价等，全程监督施工方挂牌施工。另外，北流市在村貌提升行动中，坚持"利益归民"，突出筹措资金多元化，通过"资金筹措"和"降低成本"两大方面，更加突出项目建设实惠化，使全市乡村风貌得到快速提升。首先"土整归村"，拓宽财源。北流市"两高两道"沿线风貌提升平均每栋房改造需要4万多元，共需资金6.5亿元；全城开展乡村振兴，北部沿旧324国道沿线示范带基本建成，中南部沿旧北宝路沿线80千米示范带正在建设中，每镇2个精品村、2个设施完善型村、1条特色街区、1条交通干道风貌提升示范带，全市共开工建设示范村屯106个，农村民居改造3256栋，预计今年要完成农村民居改造10000栋，共需资金3亿元，以上两项共需约9.5亿元，政府通过多种渠道筹集共25.6亿元。其次，严控成本，提高质量。在资金有限的情况下，要想实现效果最大化，北流市采取了四点措施：第一，发挥群众主体作用，全市"两高两道"风貌提升项目由村经济合作社做业主，村劳务公司负责施工，理事会联合包村干部、驻村工作队等8支队伍力量发动群众参与风貌提升工作并全程监督，从总价中节约的资金返还建设点理事会，用于乡村振兴公益事业；第二，限定项目建设价格，由市住建局限定乡村风貌提升项目的建设总价、建设清单、综合单价，各风貌提升项目在以上价格范围内进行施工，可节约成本5%以上；第三，集中采购主材，由政府平台公司成立询价小组对风貌提升建设项目的主材（石漆、砖、瓦、构件等）进行集中采购，各镇根据乡村振兴项目建设进度需求申请主材数量，就近按需取材，可节约成本5%以上；第四，坚持研制构件优化工艺，大规模安装构件，如窗框构件、线条构件、山墙构件、图案构件等，每栋节约了成本10%以上。再次，强化督导，确保合理，出台了《北流市乡村振兴村级资金项目监督工作办法（试行）》，构建市纪委监委领导下群众为主体的乡村振兴项目建设监督机制。市指导监督组到各项目建设点，和理事会一起进行指导监督，发现价格异常等问题的立即责令整改，确保建设资金使用科学、合理。最后，回馈群众，收获满满。村民全程积极主动参与房子风貌改造，对房子的效果特别是加了坡顶和岭南元素满意度高，整个村庄焕然一新，房子美观，村民收获了满满的幸福感。人民是历史的创造者和见证者，是文化强国建设主要的依靠力量。

第三，加强乡村文化人才队伍建设，培养一支有素质、有技能、有创新精神的乡村文化人才队伍。因此，应把加强人才队伍建设作为助力乡村振兴的重要举措，通过各种形式的培训和交流，提高乡村文化人才的综合素质和文化创新能力，为乡村文化建设提供人才保障。近年来，梧州市苍梧县深入实施"茶乡英才"计划，在人才引、育、留、用上精准发力、持续用力，为乡村振兴注入新动力。为推动人才扎根茶乡，苍梧县持续深化"茶乡英才"计划，通过公务员、事业单位人员招录等方式录用各类人才；注重拓展校企合作平台，与学校合作开设六堡茶等相关专业，与广西职业技术学院合作成立村播学院，拓宽销售路子；充分发挥党校、名师工作室等学用基地的效能，针对引进人才、党政干部等开展培训，每年约培训7000人次；依托非遗传承人工作室、特级教师工作坊等，开展"农村实用人才""名校长"培养等计划。截至目前，苍梧县共有专业技术人才5000多人，培育种养产业"田秀才"、风貌改造"土专家"和非遗技艺"好工匠"等农村实用人才1000多人。在促进人才"开花结果"方面，苍梧县建立沟通联系机制，开展县领导联系服务专家行动，帮助解决各类问题，并健全资金保障机制，确保专项资金用于人才的培养，同时通过种植奖励补贴、项目倾斜等措施充分发挥农村实用人才带头作用。目前，在六堡茶产业、生猪养殖、特色种植等领域，由农村实用人才带头成立的农业龙头企业156家、孵化乡村振兴中小企业115家、开办家庭农场67家、成立农民专业合作社256家，带动3000余农户增收。

第四，以农民为主体，创新乡村文化产业发展模式，推动乡村文化产业与旅游、农业等产业的融合发展。在乡村文化建设中，坚持农民主体地位，创新乡村文化发展模式，是推动乡村文化繁荣发展的关键。其一，强化农民的文化自觉，通过教育培训等方式，提高农民的文化素养和审美水平，培养他们的文化自觉意识。其二，引入现代科技，利用现代科技手段，如数字媒体、互联网等，丰富乡村文化的内容和形式，创新乡村文化的传播方式。其三，加强与城市、企业、社会组织等各方面的合作，引入外部资源，推动乡村文化的创新发展。其四，大力发展乡村文化产业，以市场为导向，推动乡村文化资源的开发利用，提高乡村文化的经济价值。其五，通过市场化运作，吸引社会资本投入乡村文化产业，提高乡村文化产业的活力和竞争力。

坚持农民主体地位进行广西乡村文化建设，是实现乡村振兴战略的重要途径。只有让农民成为文化建设的主体，才能充分调动农民的积极性和创造性，实现乡村文化的繁荣发展。

三、统筹区域协同发展

广西作为一个多民族聚居的地区，拥有丰富的乡村文化资源。然而，在区域协同发展的背景下，广西乡村文化建设仍面临诸多挑战。因此，如何通过统筹区域协同发展，推动广西乡村文化建设成为亟待解决的问题。区域协同发展是指不同区域之间通过合作、交流和共享，实现资源优化配置，共同促进区域发展。乡村文化建设不仅可以提高乡村居民的文化素质和生活质量，还可以为乡村振兴提供文化支撑。统筹区域协同发展与乡村文化建设的关系，就是要通过政策引导、资金支持、人才培养等多种方式，推动不同区域之间的文化交流、合作与共享，实现乡村文化的传承与创新。

第一，构建区域发展新格局。广西乡村旅游质量要提升，就要将体制机制创新与自下而上发挥亿万农民的主体作用和基层首创精神相结合，着力基础性制度体系与发挥不同区域能动性的多元化、差异化政策体系相结合，要更加注重村民的旅游参与，确保村民能够获得更多的收益和更好的就业机会，回应在全面推进乡村振兴中"振兴什么""怎么振兴""谁来振兴"等实践命题。广西有优越的地理位置和独特的风景，发展乡村旅游可重点围绕浓郁的高山汉族民俗、壮族风情、深厚的红色文化底蕴、优质的特色农业和秀美的自然山水风光等特色，优先将文化和旅游资源丰富的村庄纳入村庄规划编制计划，布局特色鲜明、多样化发展的乡村旅游产品体系，推动形成一批休闲农业与乡村旅游集聚村、集聚区，着力打造一批主题突出、吸引力强、业态多元、知名度和美誉度高的乡村旅游产品，打造一批采风实训基地，推进文化旅游产业发展，扩大宣传面，推进社会资本和政府投资相结合，引进一批品牌企业，进一步提高人气、带动消费，推动发展文旅新业态，形成集群的地区特色景区、自治区生态旅游示范区和最佳旅游乡村模式，乡村旅游发展基础进一步夯实。各地依托乡土资源和产业基础，将乡村旅游积极延伸成农业产业链，培育农村新产业新业态，以产业高质量发展助力乡村振兴。比如，围绕土特产，各地结合地方实际做强容县沙田柚、博白桂圆肉、永福罗汉果、钦州海鸭蛋、三皇西红柿荔枝、武鸣砂糖橘和沃柑、北流百香果、来宾甘蔗等特色农产品，深入挖掘优质农特产品与乡村旅游的结合点，加快打造北部湾经济区升级版，进一步完善临港产业布局，强化集疏运体系建设，规划建设一批大能力泊位、深水航道及港口码头。又如，争取国家支持建设进口贸易促进创新示范区，推动北海出口加工区升格为综合保税区，做好梧州综合保税区申报工作。再如，积极整合资源力量，搭建系列产销平台，持续推动农特产品"走出去"，拓宽本土农特产品销路，鼓起农民"钱袋子"，村集体经济收入实现较快增长，同时围绕培育新产业新业态，发展现代都市农业、精品农业、休闲农业，加快农文旅融合发展。

第二，整合优质资源，积极推动乡村旅游提质升级。在发展乡村旅游过程中，积极整合相关旅游资源，在农产品区域公共品牌建设、乡村文化振兴以及农业产业化龙头企业等方面构建康养旅游新体系，通过核心景区、节会活动、重点村屯带动乡村旅游发展。不断加快乡村旅游人才队伍建设，建强基层带头人队伍，重点引进民生事业人才，积极推进城乡人才双向交流，多措并举不断壮大乡村振兴人才队伍，培育一批爱乡村、懂治理、善经营且具有示范带动作用的乡村人才队伍，推动加快形成与产业需求相适应、与乡村发展相协调的经营人才队伍，有力推动乡村旅游发展提质升级。开展提升环境行动，针对农村积存垃圾、农村黑臭水体、农业生产废弃物等，进行"厕污共治"的环境美化方案，对乡村农户厨房、厕所、进行改造，将厕污共治与庭院经济一起打造，推进农村生活垃圾源头减量分类，建立农村垃圾收集转运长效机制，健全完善路域和农村人居环境综合治理工作机制，涌现出一批美丽乡村庭院、美丽乡村微景观、美丽乡村小公园（小广场）、美丽田园、美丽乡村休闲旅游点，生态宜居带动了产业兴旺，展现了桂风壮韵乡村新风貌。依托国际山地户外运动挑战赛、三月三系列活动、旅游特色美食节、农村创意文化艺术节等节会活动，在"乡村旅游+文化"发展模式上持续探索和创新，在保留原有建筑风貌的基础上对传统民居进行了加固和改造，形成民宿、餐厅、课堂、休闲广场等功能区，周边的田亩也被划分成种植、采摘、养殖、垂钓区域，能住、能玩、能体验的乡村文旅业态孕育而生，为乡村振兴注入源头活水。

第三，不断优化布局，打造乡村旅游新形象、新品牌。整合全区优质资源，不断优化全域旅游产业发展布局，打造乡村旅游新形象、新品牌，不同地区因地制宜。在艺术小镇、陶瓷小镇、故事小镇等文化创意方面加大投入，致力于陶瓷小镇建成理论学习和实践调研相结合的"研学基地"，把故事小镇建成"养生小镇"，把文化艺术小镇打造成精品旅游"地质科普中心"，打造"旅游+康养+科普"品牌。以发展乡村旅游助推乡村振兴为抓手，充分发挥旅游行业优势，深度挖掘当地自然禀赋，活化民族历史文化，着力打造一批特色民族村寨，助力乡村旅游提档升级。结合地区优美的山水田园风光、良好的生态环境、浓郁的民俗风情、深厚的长寿文化，在充分保护当地自然生态环境的基础上，规划建设民俗体验区、休闲表演区、竹筏漂流区、采摘体验区、特色餐饮区等内容，全力打造民族特色村寨。积极打造以休闲农业与乡村旅游、养生度假旅游为主要功能的"旅游+田园综合体"，结合当前人们对于旅游的新追求，以乡村环境优美为基础，优化乡村旅游基础设施，打造旅游和研学、享受和怡人、环境和产业相结合的新兴旅游产业，推进乡村旅游的高质量发展。

第四，加强政策引导。政府应制定一系列的政策措施，鼓励和支持乡村文化建设，同时加强对乡村文化资源的保护和传承。在资金支持上，通过财政拨款、社会捐赠、企业投资等多种方式，为乡村文化建设提供资金支持；在人才培养上，加强乡村文化人才队伍建设，培养一批具有创新能力和实践经验的乡村文化人才，为乡村文化建设提供人才保障；在文化交流与合作上，加强不同区域之间的文化交流与合作，促进乡村文化的传承与创新，例如，可以组织各种形式的乡村文化交流活动，如文艺演出、民俗展示、手工艺品比赛等，提高乡村文化的知名度和影响力；在资源整合上，将乡村文化资源进行整合和优化配置，实现资源的共享和互利共赢，例如，可以将一些具有特色的乡村文化资源开发成旅游景点，吸引游客前来参观，带动相关产业的发展。

通过统筹区域协同发展，可以推动广西乡村文化建设取得更好的成效。在政策引导、资金支持、人才培养、文化交流与合作、资源整合等方面采取有效措施，可以促进乡村文化的传承与创新，提高乡村居民的文化素质和生活质量，为乡村振兴战略提供有力支撑。

第二节　乡村振兴视域下广西乡村文化建设的
主要内容

一、传承乡村优秀传统文化

文化振兴是乡村振兴的灵魂，乡村振兴潜力无限、大有可为。在新时代，注重以文化涵养乡村振兴新动能，将文化兴村、文化赋能作为着力点，通过以文聚力、以文化人、以文惠民，促进乡村振兴中"文化振兴"，探索出一条农村、农业、农民和旅游产业可持续发展的乡村旅游道路。注重保护、挖掘和传承红色资源基因，加大对革命烈士故居和革命烈士墓（园、碑）等的保护力度，积极创建爱国主义教育基地。制定实施古村落保护办法，加强传统村落的保护。[①]建立健全乡村文化遗产保护相关制度，深入挖掘乡村文化遗产，保护好非遗文化，打造更多富有浓郁地方特色，集人文历史研究、民俗风情展示、旅游观光为一体的乡村文化精品。[②]推荐或申报一批文物保护单位、非物质文化遗产代表性项目及传承人、非物质文化遗产保护示范基地，切实做好优秀文化的保护传承及利用。

（一）正确认识乡村优秀传统文化在乡村振兴中的作用

乡村是中华优秀传统文化的根基，也是中华文明传承发展、永续文脉的沃土。近年来，各地依托自身优势资源，因地制宜，打造了百花齐放的乡村旅游产业，创新出各具特色的发展模式，涌现出一大批令人向往的乡村旅游

[①] 中共中央文献研究室.习近平关于社会主义文化建设论述摘编[M].北京：中央文献出版社，2017.

[②] 吕宾.乡村振兴视域下乡村文化重塑的必要性、困境与路径[J].求实，2019（2）:97-108+112.

目的地，探索出一条文化和旅游深度融合、人与自然和谐共生、物质和精神共同富裕的中国式乡村发展道路。文化和旅游部最新数据显示，截至目前已推出1597个全国乡村旅游重点村镇，超过6万个行政村开展了乡村旅游经营活动。乡村旅游成为彰显各地文化特色的亮丽名片。外出旅游成为大众的首要选择，旅游已经成为人们重要的生活方式，由旅游所带动的旅游产业经济已经成为各地追逐的目标。广西作为多民族聚集地，有着丰富的地理和人文优秀文化资源，据考古学家发现，20万年前就有原始人类在此不断繁衍，在漫长的历史长卷中积淀了丰富的人文资源，其中人文优秀资源占大比例，也是我国民族种类最多的省份之一。各民族文化之间在千余年进程中不断融合发展，形成多姿多彩的文化面貌。广西传统工艺美术品种和技艺品种多达26个，如贝雕画、竹雕、柳砚、毛南族木雕傩面、壮族刺绣、瑶锦、苗锦、苗族蜡染、白裤瑶粘膏画、赤江陶、邕州红陶、草编、竹编、芒编、藤编、毛南族花竹帽、宾阳炮龙、麦秆花篮、明式桂作家具、壮刀、羽毛画、工艺团扇、剪纸、瑶族黄泥鼓、麽乜、渡河公等多种工艺，都以浓郁的民族特色和地方风格而闻名。此外，许多民族工艺美术作品富有中国精神，如广西壮族自治区人民政府赠送澳门的回归贺礼《八桂欢歌迎归雁》、广西工艺美术大师黄志龙将党史、脱贫攻坚、乡村振兴等正能量题材相结合制作而成的木雕作品《长征》《喜唱丰收》《锦绣河山》、世博会广西馆的《八桂飘香》、广西织绣发展研究会为庆祝建党100周年而制作的《美丽壮锦献给党》等，作品及其背后的故事给我们留下了"民族精神""时代精神""工匠精神""脱贫攻坚精神""伟大梦想与伟大精神"等一大批宝贵的精神财富和优良的文化传统，这些不仅仅是广西民族文化的宝贵财富，更是中华优秀文化艺术的重要组成部分。

文化振兴是乡村振兴之魂，优越的生态资源和民族特色是广西乡村旅游发展的动力。一是广西拥有全国少有的峰林，是热带岩溶地貌的典型代表，大多山体雄伟、气势超群、造型独特，景色优美，动植物资源丰富，比如北流的勾漏洞、武鸣的伊岭岩、柳州的都乐岩、玉林龙泉岩等丰富自然资源，同时拥有国家自然遗产的桂林漓江，以流域孕育的独特绝世而又秀甲天下的自然景观桂林山水，号称"水绕青山山绕水、山浮绿水水浮山"；大容山国家森林公园，于公元917年被后汉高祖刘䶮封为"南方西岳"，以其包罗万象、无所不容而得名，拥有童话般的高山湖泊、高山草原、高山瀑布以及充满北欧风情的大片圣诞林，是岭南著名的露营天堂、度假胜地；集险、奇、峻、雄、秀、美于一体的百色乐业大石围天坑群，形成天然的洞底有洞，洞中有河的景观，地下暗河河流湍急，且冷热相交汇，洞中石笋挺拔丛生，石柱峭然擎天，石帘晶莹透亮，石瀑到处都有，造型组合不凡，是世界上罕见的旅游奇观，被誉为"天坑博物馆""世界岩溶胜地"；玉林五彩田园集休闲度假、观光旅游、康乐美食、科普教育为一体的乡村生态旅游景区，结合岭南建筑及园林特色，营造天然野趣、宁静闲逸、纯朴田园的绰约风情。二是广西作为以壮族为主体的多种少数民族聚居的少数民族自治区，居住着壮族、毛南族、瑶族、苗族、侗族等少数民族，具有极为丰富的文化和民族特色旅游资源。例如广西金秀县世代传承的石牌制，巧用"法治+德治+自治"，以法治化思维处理民族事务，五个支系的瑶族人民沿用金秀大瑶山历史上著名的石牌制度形式，制定了《大瑶山团结公约》，镌刻成民族团结碑，竖立在金秀村旁，将有关社会秩序的法则刻在石碑或木板上，共同遵守，在约定俗成的碑文下，各族同胞比邻而居、互话家常，成为民族团结一家亲的典范，同时也是我国少数民族聚居地区民族团结、文化多元统一的生动写照，结合当地不同民族议事规则、风土人情等，构成丰富多彩的民族风情；广西左江花山岩画留存有大批壮族先民骆越人绘制的赭红色岩画，图案奇特、字形各异、画面雄伟壮观，传承了壮族先民古骆越人的绘画艺术成就，同时还体现出古代壮族社会生活内容的丰富和勤劳、勇敢、奋斗的民族精神。积极探索本区域具有民族特色和地域特色的优质乡村旅游资源，在实践中将地域特色与乡村旅游有机结合在一起，形成充满浓郁的民族风情和地域特色的广西乡村旅游模式，成为当前广西乡村旅游发展的特色和亮点。广西丰富的民族文化资源所蕴含的中华民族特有的精神价值、思维方式、想象力和文化意识是我国连接民族情感、维系国家统一的重要基础资源。不仅如此，也是我国助推"一带一路"文旅发展的重要资源，让世界看得见中华民族的优秀传统文化，不断增强我国国际竞争力，响应我国文化强国战略，树立我国文化自信，增强人民的自豪感、历史使命感。

　　文化治理是乡村治理的内在支撑，治理有效是乡村振兴的目标要求。作为乡村治理的主要力量，文化对乡村社会秩序发展影响深远。在个体层面，展开社会化教育，实现个体从自然人向社会人演进；在社会层面，建构社会认同和价值规范，使社会互动有序，最后达到社会的良性运行。梧州市蒙山县蒙山镇甘棠村建立乡村和谐管理机制。甘棠村是三星级党支部，村党委、3个党支部、100余名党员上下联动，将自治、德治、法治、智治"四治"融合，"一约四会＋一站两网＋集群制+四治融合"治理模式成效显著。简办红白喜事，开展道德评议，村民理事议事解决重要事项，村规民约、移风易俗成为群众自觉行动。在蜜蜂党校，常开廉洁课，树典型、讲故事。发动乡贤队伍参与乡村治理，组织党员志愿服务队关爱邻里、互帮互助，提升村民的组织化程度，降低政府治理成本，实现矛盾不出村，矛盾纠纷排查化解率达100%。开展丰富多彩的普法活动，农民学法、用法、守法意识提高。开展智慧党建平台建设，为群众提供足不出户就能办成事的便民服务，实现指上监督、实时监督、全员监督。探索建立党支部引领、村民自治、新乡贤参与的"集群制"村屯和谐管理机制，村务监督事项群众知晓率、发现和处理问题效率、村务监督群众参与率分别提高30%、80%和35%，各类纠纷事件全部予以妥善解决，实现了"小事不出村，矛盾不上交"的治理目标。此外，甘棠村文体设施包括篮球场、足球场、乒乓球台、健身器材、儿童游乐场、戏台、图书室、棋牌室、露天影院、KTV等，为村民提供丰富的活动选择，通过组建篮球队、足球队并定期组织各类赛事，"请进来"文化惠民表演，开办亲子阅读活动，播放公益电影等，引导农民健康生活，提升农民精神素养，丰富农民日常生活。

（二）传承发展农村优秀文化困境重重

农村优秀文化是中华民族传统文化的重要组成部分，具有深厚的历史底蕴和独特的地域特色。随着现代化进程的加快，农村优秀文化的传承发展面临着前所未有的挑战和困境。一是随着现代化进程的推进，农村地区的传统文化与现代文化产生了明显的冲突。首先，传统文化面临着传承断裂的危险，农村地区的生活方式、价值观念等发生了巨大变化，许多传统技艺、民俗活动逐渐消失，这种变化导致了传统文化与现代文化的冲突，使得农村优秀文化的传承和发展受到挑战；其次，现代文化的冲击使得农村地区的传统文化逐渐淡化，年轻一代对传统文化的认同感和归属感降低。二是人才流失与传承难题。农村地区的人才流失现象严重，许多有文化底蕴和技艺传承的人才流向城市或其他地区，导致传统文化缺乏传承者和创新者。农村地区经济发展相对滞后，就业机会有限，收入水平较低，这使得许多有文化的年轻人选择离开农村，前往城市寻求更好的发展机会。由于农村文化的宣传力度不够，许多人对农村文化的价值认识不足，这导致农村文化人才缺乏对自身文化的认同感和自豪感，容易产生离乡的想法。农村地区缺乏专业的文化传承人才和机构，导致传统文化缺乏有效的传承者和创新者，由于缺乏专业的文化培训机构，农村地区的文化传承面临着人才短缺的问题。三是资金匮乏与传承困境。农村地区经济发展相对滞后，文化传承缺乏必要的资金支持。许多传统技艺、民俗活动的传承和发展需要投入大量的人力、物力和财力，但由于资金匮乏，这些活动往往难以维持。一些具有历史价值的文化遗产也由于缺乏资金保护而面临损坏和消失的危险。四是政策扶持不足与传承难题。尽管政府已经出台了一系列扶持农村文化发展的政策，但在实际执行过程中仍存在诸多问题，例如政策宣传不到位、执行力度不够、资金支持不足等，导致农村优秀文化的传承和发展难以得到有效支持。

（三）以保护传统文化资源为重点弘扬农村优秀文化

1.重视传统文化资源的保护利用

乡村文化承载着丰富的历史信息和深厚的文化底蕴。然而，在现代化进程中，乡村文化面临着诸多挑战，如传统习俗的淡化、乡土记忆的流失等，因此，加强乡村公共文化建设，弘扬农村文化，对于传承和发扬中华民族优秀传统文化、推动乡村文化振兴具有重要意义。一是完善乡村公共文化设施。政府应加大对乡村公共文化设施的投入力度，建设一批符合村民需求的文化活动场所，如图书馆、文化活动中心、文化广场等，同时要合理规划布局，确保设施覆盖到每个行政村，为村民提供便捷的文化服务。二是丰富农村文化活动。结合乡村实际，开展形式多样的文化活动，如民间艺术表演、农民画展、乡村音乐会等，丰富村民的精神文化生活，鼓励村民积极参与文化活动的组织和策划，提高他们的文化参与度和归属感。三是培育农村文化人才。加强农村文化人才的培养和引进工作，建立健全文化人才库。通过举办培训班、开展文化交流活动等方式，提高农村文化人才的专业素养和创新能力，积极引进外部文化人才，为乡村文化建设注入新的活力。四是保护和传承农村文化遗产。对农村文化遗产进行全面普查和登记，建立详细的档案数据库。加强对传统技艺、习俗等非物质文化遗产的保护和传承工作，鼓励村民学习和传承传统文化，开展文化遗产保护宣传教育活动，增强村民的文化遗产保护意识。创新乡村文化产业发展模式，结合乡村振兴战略，推动乡村文化产业与农业、旅游业等产业的融合发展。通过开发具有地方特色的文化产品、打造乡村文化品牌等方式，提升乡村文化产业的竞争力。引导社会资本投入乡村文化产业领域，推动文化产业成为乡村振兴的重要引擎。

弘扬农村优秀文化，不仅有助于传承和发扬中华民族优秀传统文化，还能促进乡村经济社会的可持续发展。一方面，农村文化蕴含着丰富的生态智慧、生产经验和乡土情感，是乡村振兴的重要精神支撑；另一方面，通过弘扬农村文化，可以激发村民的文化自觉和文化自信，提升乡村的整体形象和吸引力，为乡村旅游业等产业的发展提供有力支撑。广西的大多数民族工艺美术作品内涵将民族精神放在第一位，作品不断展现中华文化的独特性、区域性、民族性，在广西壮族自治区人民政府赠送澳门的回归贺礼《八桂欢歌迎归雁》作品中，画面上方以程阳风雨桥连接起广西桂林象鼻山与象征澳门的名景大三巴牌坊，并以一群大雁飞回故乡为背景，寓意澳门终于回归祖国的怀抱。画面下方有12个民族载歌载舞的画面，表达广西人民喜庆澳门回归的爱国激情。屏风外框的象形"回"字，既表现了八桂大地与澳门同胞骨肉相连的亲情，又寓意澳门"回归"祖国的历史进程。底座雕刻壮锦凤凰、铜鼓、花山崖壁画等图案，充分体现了广西鲜明的地方特色，更体现出以爱国主义为核心，团结统一、爱好和平、勤劳勇敢、自强不息的伟大民族精神。

2.开展文明乡风建设新行动

文明乡风建设新行动是乡村文化建设的重要组成部分，通过开展文明乡风建设新行动，可以引导乡村居民树立正确的价值观念和生活方式，提升他们的文明素质；文明乡风建设新行动有助于推动乡村社会的和谐稳定，营造良好的社会氛围；文明乡风建设新行动还能促进乡村地区的文化传承和创新，为乡村文化建设注入新的活力。一是加强乡村公共文化设施建设。为了丰富乡村居民的文化生活，应加大投入力度，建设和完善乡村公共文化设施，修建图书馆、文化活动中心、文化广场等公共文化场所，为乡村居民提供学习和娱乐的场所，配置音响、投影仪等设备，方便乡村居民开展各类文化活动，定期维护和更新设施设备，确保其正常运行和使用。二是丰富乡村文化活动内容。组织开展丰富多彩的文化活动，举办文艺演出、书法绘画展览、电影放映等活动，满足乡村居民的精神文化需求，开展农业科技培训、职业技能培训等活动，提高乡村居民的文化素质和生产技能，鼓励和支持乡村居民自发组织文化活动，如民间舞蹈、戏曲表演等。三是挖掘和利用乡村文化资源。乡村地区拥有丰富的文化资源，应充分挖掘和利用这些资源，推动乡村文化建设，对乡村地区的传统文化、民间艺术、历史遗迹等进行调查和研究，建立文化资源数据库，保护和传承乡村非物质文化遗产，如民间故事、传统手工艺等，开发乡村文化旅游资源，吸引游客前来观光和体验乡村文化。四是提升乡村居民的文化素质。乡村居民是乡村文化建设的主体力量，提升他们的文化素质是开展文明乡风建设新行动的关键，开展文化教育普及活动，如读书活动、知识讲座等，提高乡村居民的文化水平，鼓励乡村居民参与文化建设活动，培养他们的文化意识和创造力，建立文化志愿者队伍，引导乡村居民积极参与文化志愿服务活动。五是加强文明乡风建设宣传教育。为了营造良好的社会氛围，应加强文明乡风建设的宣传教育力度。制定文明乡风建设宣传方案，明确宣传内容和方式，利用广播、电视、报纸等媒体平台，广泛宣传文明乡风建设的重要性和意义，在乡村公共场所设置宣传栏、标语等，提醒乡村居民注重文明行为。六是建立文明乡风建设长效机制。为了确保文明乡风建设行动的持续开展，应建立长效机制，制定文明乡风建设规划，明确长远目标和阶段性任务，建立健全文明乡风建设组织机构，明确职责分工，加强对文明乡风建设工作的监督和考核，确保各项措施落到实处。①

近年来，凭祥市凭祥镇坚持党建引领乡村振兴工作思路，将乡风文明作

---

① 时明德.推进乡村文化振兴打造百姓精神家园[N].河南日报，2019-6-5.

为深入实施乡村振兴战略的重要内容，不断丰富群众精神文化生活，宽广农村里涌动着文明的新风、散发着文明的气息、飘扬着文明的歌声。其一，以德治树新风，夯实乡风文明新根基。凭祥镇坚持党建引领，以德治村，组建以村干部、党员、乡贤人士、致富带头人为主体的村民议事会、乡贤理事会等村民自治组织。各村民自治组织作为充分发挥移风易俗、群众自治、培育新风的有效抓手，把人居环境、敬老爱亲、红白喜事、厚养薄殓等纳入村规民约；探索建立"分红否决"机制，将铺张浪费、寻衅滋事等不良行为列入合作社分红否决情形，为陈规陋习戴上"紧箍咒"；设立"礼让光荣榜"，向在村屯建设中让地让田的群众颁发"礼让证书"，给予公开表扬，有效调动村民自治积极性，大力推进移风易俗工作。其二，深化文明创建活动，文明理念入脑入心。凭祥镇组织"文明家庭""最美家庭""最美志愿者"等评选，对首届"孝心儿女""敬老模范"先进人物进行表扬，以"好人效应"引领文明乡风。推进"尊师重教"文明品牌建设，连续10多年表彰优秀教师；多方筹措资金奖励大学新生，近3年累计发放奖励金51.99万元，成就441名大学生圆梦。2023年文明创建硕果累累，连全村连城屯获"第四批广西文化名镇"，柳班村板班屯获"第四批广西民族特色村寨"，柳班村成功创建崇左市级文明村，一个家庭获崇左市"最美家庭"，文明乡风、良好家风、淳朴民风不断焕发新活力。其三，强化文化引导，用好用活文化阵地。围绕群众文化生活需求，依托"强国复兴有我""我们的节日"等主题系列活动，举办文化下乡、民俗、村超篮球赛、广场舞展演等文体活动30多场次，组织各类主题宣讲、宣传30多场次。各村在"三月三"举行了唱山歌、抛绣球、舂糍粑等民俗活动，传承和弘扬壮族传统文化；在儿童节开展"情暖花朵"关爱活动，温暖孩子，守护成长；柳班村板班屯绘制了文明文化墙，通过一幅幅生动形象的作品，营造出一番"画中有景，景中有画"的乡村文明新图景。通过丰富多彩、形式多样的活动，激励引导广大群众对标文明、共倡新风。其四，志愿服务活动常态化，文明实践有温度。各村（居）组建以党总支牵头的党员、巾帼志愿者服务队、环保志愿服务队等，组织新时代文明实践活动。日常，志愿者们走家串户，开展义诊、家政服务、陪聊、义剪、家电维修等活动。每个传统节日来临之际，志愿者队伍都会开展写春联、送对联、全家福拍摄、端午包粽子、重阳节关爱老人等关心关爱活动。2023年来，全镇各新时代文明实践站（所）开展志愿服务活动共180多次，梳理群众反映问题60多个，解决群众困难50余起，积极引导着群众参与到新时代文明实践活动中，广泛带动了群众整体文明素质的提升。

3.加强农村道德文化建设

以社会主义核心价值观为引领，积极推进乡风文明建设走深走实，为推动乡村振兴提供强大价值引导力、文化凝聚力和精神推动力。一是完善道德教育体系。整合教育资源，构建多元化的道德教育内容。结合农村实际，将传统美德、社会主义核心价值观等内容融入道德教育中，引导农民树立正确的价值观念，创新教育方法，提高道德教育的针对性和实效性；采用农民喜闻乐见的形式，如文艺演出、道德讲堂等，开展生动有趣的道德教育活动，激发农民的学习兴趣；加强师资队伍建设，提高道德教育者的素质和能力，选拔一批具有高尚品德和丰富教育经验的教师担任道德教育工作者，为农民提供优质的道德教育服务。二是丰富道德实践活动。深入开展"文明家庭""道德模范"等评选活动，树立道德榜样，引导农民向善向美。通过评选活动，让农民看到身边的优秀典型，激发他们追求高尚道德的动力；组织开展志愿服务活动，引导农民参与社会公益事业，通过参与志愿服务，培养农民的社会责任感和奉献精神，提升他们的道德境界；开展传统文化活动，如庙会、节庆等，弘扬传统美德和文化精神，通过传统文化活动，让农民在欢乐的氛围中感受传统文化的魅力，增强对传统文化的认同感和归属感。三是强化道德监督机制。建立完善的道德监督机制，对道德失范行为进行监督和惩处。通过设立道德监督委员会、公布道德红黑榜等方式，对道德失范行为进行公开曝光和批评教育，形成强大的社会舆论压力，加强法律法规建设，为道德监督提供法律保障，将道德要求与法律法规相结合，对严重违反道德的行为进行依法惩处，维护社会公平正义；鼓励农民参与道德监督，发挥群众力量，通过宣传教育、设立举报奖励等方式，激发农民参与道德监督的积极性，形成人人关心道德建设、人人参与道德监督的良好氛围。

加强农村道德文化建设是一项长期而艰巨的任务，需要政府、社会、农民共同努力。通过完善道德教育体系、丰富道德实践活动、强化道德监督机制等措施的实施，可以有效提升农民道德素质，促进乡村社会的和谐发展。

其一，"讲"理论，唱响文明新风。健全完善理论政策宣讲志愿服务"统筹+个性""课堂+实践""宣教+服务"实践机制，组织理论宣讲志愿者深入新时代文明实践所（站）、田间地头、乡村小院，宣讲党的创新理论，融合推进农技下乡、惠民服务、文化生活等服务项目，通过"唠家常""解难题"，切实提升群众宣讲活动的"参与度"，凝聚乡村向心力。其二，"评"典型，营造和谐风气。建立县乡村三级"道德评议"队伍，组织开展各类先进典型人物选树活动，激发群众劳动精神、奋斗精神、勤俭节约精神。近年来，广西各地市广泛开展"身边好人""星级文明户""美丽庭院示范户"等评选活动，选树培育"身边好人"等先进典型，举办乡风文明宣讲会，推进乡风文明建设向好发展。持续有力开展"除陋习树新风""整治高额彩礼树立文明新风"等专项整治行动，大力整治高价彩礼、薄养厚葬、大操大办、赌博迷信等陈规陋习，引导广大农民群众养成文明习惯。其三，"帮"实事，点亮济困心灯。牢记纾民忧、解民困的服务宗旨，聚焦群众忧心事、烦心事、揪心事，真正把温暖关怀送进群众心里，实现"小阵地"讲清"大道理"，"小切口"解决"大问题"。其四，"乐"文化，丰富精神世界。采取群众喜闻乐见的形式助力乡村文化振兴，让农村群众在家门口享受"文化大餐"。发挥农家书屋和数字书屋丰富基层文化的"桥梁"和"纽带"作用，组织开展全民阅读活动，让农家书屋成为村民的"文化粮仓"。其五，"庆"节日，挖掘文化内涵。深入挖掘传统节日文化内涵，以春节、端午、中秋等传统节日为载体举办"我们的节日"主题系列活动，组织开展实践活动，让优秀传统节日文化在基层焕发新气象，不断增强节庆活动的群众性、广泛性和吸引力、感染力，始终保持传统节日旺盛的生机和活力。通过"红色实践+志愿服务"，推动美育志愿服务和乡村文化建设深度融合；以"志愿营造+美育共享+主题创作"的工作理念和路径方法，树立"红色+志愿"的思维导向，引导乡村建设发挥区域特色优势，通过"笔尖上的工艺课"系列活动，把"固定讲台"和"流动课堂"相结合，传承乡村优秀传统文化。

4.深化文化人才队伍建设

文化人才队伍是乡村文化建设的核心力量，其建设水平直接关系到乡村文化建设的成效。因此，深化文化人才队伍建设，是推进乡村公共文化建设的关键举措。首先，加强政策保障，优化人才发展环境。政府应出台相关政策，为乡村文化人才队伍建设提供有力保障。制定乡村文化人才发展规划，明确人才队伍建设的目标、任务和措施；加大对乡村文化人才的投入力度，设立专项资金，用于人才培养、引进和奖励；优化人才发展环境，完善人才服务体系，为乡村文化人才提供良好的工作和生活条件。其次，加强教育培训，提升人才素质。针对乡村文化人才队伍的实际情况，加强教育培训是提升人才素质的有效途径。建立健全培训体系，整合各类培训资源，形成多层次、多形式的培训体系；加强培训内容的针对性和实用性，注重培养人才的创新能力和实践能力；创新培训方式和方法，采用线上线下相结合的方式，增强培训效果。再次，拓宽人才引进渠道，优化人才结构。拓宽人才引进渠道是优化乡村文化人才结构的重要手段。加大人才引进力度，通过公开招聘、选调等方式引进优秀人才；鼓励高校毕业生到乡村从事文化工作，给予一定的政策优惠和待遇保障；加强与高校、科研机构等单位的合作，建立人才共享机制。最后，完善激励机制，激发人才活力。完善激励机制是激发乡村文化人才活力的重要手段。建立健全人才评价机制，完善人才评价标准和方法；实行绩效考核和奖励制度，对表现优秀的人才给予物质和精神奖励；提供职业发展空间和晋升机会，为人才创造更多的发展机会和平台。

弘扬与发展农村优秀文化，人才是关键。各级镇党委结合本地发展规划，积极分析研判人才需求缺口，加大相应人才引进力度。通过与村（社区）、非公企业、专业合作社等不同类型负责人进行座谈，摸清人才底数和基本情况，同时深挖农村"土专家""田秀才"，建立人才信息基础台账，并按月实时更新，做到底数清、情况明、动态准。针对人才缺口，通过政策宣传、本地人才"现身说法"等方式，在吸引外地人才的同时也让本地在外人才回流。[①] 用好"育"字诀，积蓄动能。大力营造惜才、爱才的工作氛围，聚焦本地人才需求，制定各类人才培养计划，让人才专业更精进。积极探索人才培育新模式，通过组织综合知识、种植养殖技巧等各类培训，让更多的"新农人"拥有一技之长。同时完善"传、帮、带"机制，通过以强带弱、

---

① 韩俊.推进移风易俗建设文明乡风切实增强农民群众获得感[J].旗帜，2019（9）：55-56.

以老带新、以精带疏的帮带模式，解决后备人才断层、基础人才短缺、专业人才匮乏等问题。用好"用"字诀，强化激励。坚持以用为本的理念，按照"因岗用才、以岗炼才"的原则，分类施策，着力打好手中"人才牌"。探索建立本地人才评价机制，将对产业发展、乡村振兴、村级集体经济等有积极贡献的人才优先入党，并作为"两委"干部后备力量。成立乡贤志愿队、"五老工作室"等队伍，充分发挥"五老"乡贤在消除矛盾、人居环境整治、移风易俗等方面的作用。

二、增强乡村公共文化建设

（一）完善乡村公共文化服务体系

乡村公共文化服务体系是乡村振兴战略的重要组成部分，旨在提高农民的文化素质和文明程度，促进农村社会的和谐发展。习近平总书记强调："完善公共文化服务体系，不断满足人民群众多样化、多层次、多方面的精神文化需求。"

1.加强基础设施建设

首先，增加资金投入。资金是基础设施建设的关键因素，政府应加大对乡村公共文化服务体系基础设施建设的资金投入，建设图书馆、文化馆、文化广场等基础设施，满足农民的基本读书需求，确保基础设施建设的质量和进度，可以引入社会资本，鼓励企业、社会组织和个人参与基础设施建设，形成多元化的投资格局。其次，优化资源配置。根据乡村公共文化服务的需求，合理配置资源，包括人力、物力、财力等，通过建立资源共享机制，将城市和乡村的文化资源进行有效整合，实现资源的优化配置，同时引入先进的技术手段，如互联网、大数据等，提高资源配置的效率和水平。最后，加强基础设施建设规划和管理。制定科学合理的乡村公共文化服务体系基础设施建设规划，明确建设目标、任务和时间表，在建设过程中，要加强管理，确保建设质量，及时解决出现的问题，建立完善的维护管理制度，确保基础设施的长期稳定运行。

2.丰富文化活动内容

要开展丰富多彩的文化活动，如文艺演出、文化展览、农民书画比赛等，吸引农民积极参与，提高他们的文化素养和审美水平，注重传统文化的传承和发扬，保护和利用好乡村文化遗产。

3.加强人才队伍建设

强化乡村公共文化服务体系基础设施建设，人才是关键因素。可以通过招聘专业人才、开展培训等方式，提高乡村公共文化服务人员的综合素质，鼓励大学生、文化志愿者等群体到乡村开展文化服务工作，为乡村公共文化服务体系建设注入新的活力。此外，积极引进优秀文化人才，同时对现有文化工作者的培训和指导，培养一支高素质、专业化的文化工作队伍，为乡村公共文化服务体系注入新的活力。

4.推进数字化建设

推进乡村公共文化服务的数字化建设，利用互联网、大数据、人工智能等技术手段，提高公共文化服务的便捷性和覆盖面，通过建设数字图书馆、数字文化馆、数字文化广场等平台，为农民提供更加丰富多样的文化资源和服务。

5.加强制度建设

加强乡村公共文化服务体系的制度建设，建立健全相关法律法规和规章制度，规范公共文化服务的管理和运作，建立乡村公共文化服务体系的长效机制，不断完善和优化服务内容和服务方式，确保体系的持续发展，同时建立科学的评价体系和监督机制，确保公共文化服务的质量和效率。

党的十八大以来，广西紧紧抓住加快构建现代公共文化服务体系的契机，实施一系列利当前、惠长远的重大政策和工程，努力推动公共文化服务标准化、均等化、数字化，增强活力，提高效能，公共文化服务队伍不断壮大，重点品牌文化惠民活动广受欢迎，文化事业呈现良好发展的态势。完善公共文化服务体系，建设城市"1小时文化圈""10分钟社区公共文化服务圈"和农村"10公里文化圈"。①加强乡村文化产业的发展，包括发展乡村旅游、乡村手工艺、乡村文化创意等产业，为村民提供更多的就业机会和收入来源，同时加强对乡村文化产业的管理和引导，确保文化产业的发展符合社会道德和法律法规的要求。加快基层综合文化服务中心建设，优化基层文化馆站设施设备。深入推进公共文化设施场所免费开放，支持和鼓励民办文化馆、经营性文化设施等提供优惠或免费的公益性文化服务。

总之，完善乡村公共文化服务体系是一项长期而艰巨的任务，需要各级政府、社会各界和农民群众的共同努力。通过加强基础设施建设、丰富文化活动内容、加强人才队伍建设、推进数字化建设、加强制度建设等措施，可以有效地加强乡村公共文化服务体系基础设施建设，提高乡村公共文化服务水平，提高农民的文化素质和文明程度，促进农村社会的和谐发展，为乡村振兴战略的实施提供有力支持。

（二）增强农村公共服务能力

农村公共服务能力是农村发展的重要组成部分，直接关系到农村居民的生活质量和社会稳定。在当前形势下，加强农村公共服务能力显得尤为重要。

第一，加强基础设施建设。基础设施建设是提高农村公共服务能力的基础。首先，加大对农村基础设施的投入，包括道路、桥梁、水利、电力、通信等方面；其次，积极推进农村环境整治，提高农村环境质量，为农村居民创造一个良好的生活环境；最后，加强农村公共设施建设，如学校、卫生院、文化活动中心等，以满足农村居民的基本需求。

第二，提高农村公共服务水平。提高农村公共服务水平是增强农村公共服务能力的关键。首先，加强农村教育投入，提高农村教育质量，为农村居民提供更好的教育资源；其次，加强医疗卫生体系建设，提高农村医疗服务

① 赵霞，杨筱柏."人的新农村"建设与乡村文化价值重建研究[J].农业考古，2016（3）：236-242.

水平，为农村居民提供更好的医疗保障；最后，加强社会保障体系建设，为农村居民提供更好的社会保障，如养老保险、医疗保险等。

第三，加强人才队伍建设。人才是推动农村发展的重要力量。应加大对农村人才的培养和引进力度，培养一批有技术、有能力的专业人才，为农村发展提供人才支持。加强对现有农村干部和群众的教育培训，提高他们的素质和能力，使他们更好地参与到农村建设中来。

第四，推进信息化建设。信息化建设是提高农村公共服务能力的重要手段。加大对农村信息化的投入，建立完善的信息化基础设施，为农村居民提供更好的信息服务；还应加强对农村信息化技术的应用，如互联网、大数据、人工智能等，提高农村公共服务的质量和效率。

第五，加强政策支持。政策支持是推动农村公共服务能力提升的重要保障。政府应加大对农村的财政支持力度，提高对农村公共服务项目的投入，为农村发展提供更好的政策环境，加强对农村公共服务项目的监管，确保项目的质量和效果，同时应加强对农村公共服务项目的管理和评估，及时发现问题并加以改进。

北海市银海区福成镇宁海村深入推进法治、德治、自治三者融合、共同发力，推动基层治理在实现乡村振兴的道路上发挥更大的成效。其一，以法治为基础，让基层治理更有约束力。宁海村健全长效机制，建设综治中心，已完成综治信息平台建设，并实现综治视联网。其二，以德治为保障，让基层治理更有感染力。宁海村依托新时代文明实践站平台，推行文明积分制度，开展"文明家庭""美丽庭院""好婆媳"评选活动，加强村风民风家风建设；同时，积极组织开展"感党恩、爱祖国、知奋进""壮族三月三""全民阅读"等各类文化惠民演出和主题活动，激发乡风文明建设新动力。其三，以自治为核心，让基层治理更有生命力。宁海村不断完善民主监督制度，发挥村务监督委员会作用，发展有公心、有能力的乡贤能人共29人担任宁海村各个自然村村民小组长，成立了北海市首个自然村党群服务中心——平新八一党群服务中心，把党群服务工作进一步前移至最基层，为农村居民提供家门口服务，实现"办事不出村、服务零距离"。宁海村委定期召开党员、村民代表大会，重大事项实行"四议两公开"民主决策，推进村务民主协商。

因此，增强农村公共服务能力需要从多个方面入手，包括加强基础设施建设、提高农村公共服务水平、加强人才队伍建设、推进信息化建设以及加强政策支持等。只有通过多方面的努力，才能真正提高农村公共服务能力，为农村居民提供更好的生活条件和社会环境。

（三）突出加强乡村法治建设

乡村法治建设是乡村振兴战略的重要组成部分，对于维护农村社会稳定，促进农村经济社会发展具有重要意义。一是加强乡村法治建设，是推进乡村振兴战略的重要保障。为了更好地推动乡村法治建设，应加强法治宣传教育。加强法治宣传教育是增强农民法治意识的基础，可以通过开展各种形式的法治宣传教育活动，如法律讲座、法律咨询、普法宣传册等，让农民了解法律知识，增强法治观念，注重培养农民的法治信仰，让农民真正认识到法律的重要性，自觉遵守法律。二是完善乡村法律服务体系。乡村法律服务是保障农民合法权益的重要手段。完善乡村法律服务体系，加强基层法律服务机构建设，要进一步提高法律服务人员的素质和能力，为农民提供及时、高效、便捷的法律服务，加强对农民的法律援助，让农民在遇到法律问题时能够得到及时的帮助和支持。三是加大乡村执法力度。加大乡村执法力度是保障乡村法治建设的重要手段。加强对乡村执法人员的培训和管理，提高执法人员的素质和能力，确保执法行为的合法性和公正性，加大对乡村违法行为的打击力度，让违法者承担应有的法律责任，维护乡村的稳定和秩序。四是加强乡村民主制度建设。加强乡村民主制度建设是推进乡村法治建设的重要保障。建立健全乡村民主制度，完善村民自治制度，保障农民的民主权利和合法权益，加强乡村民主监督制度建设，加强对乡村公共事务的监督和管理，确保公共资源的合理分配和使用。五是加强乡村法律文化建设。加强乡村法律文化建设是推动乡村法治建设的重要内容。要加强法律文化宣传教育，让农民了解法律文化的内涵和价值，培养农民的法律意识和法律素养，加强法治文化传播渠道建设，利用互联网、广播、电视等媒体平台，加强法治文化宣传教育。六是强化社会监督机制。社会监督是推进乡村法治建设的重要力量。要加强社会监督机制建设，建立健全信息公开制度，保障农民的知情权和参与权，鼓励社会组织和志愿者参与乡村法治建设，加强对乡村公共事务的监督和管理，促进乡村法治建设的健康发展。

防城港市防城区那梭镇平木村强化乡村治理建设，营造文明乡风。平木村聚焦关键环节，坚持党建引领，努力厚植文化底蕴，营造文明乡风。具体而言，一是传承红色基因，推动红色教育。建设完善党建红色文化宣传长廊，积极办好那卜讲堂，传承红色基因，完善新时代文明实践站功能，充分利用原县人民政府旧址打造新时代爱国主义教育基地，开设党史教育"微课堂"，让广大党员群众学党史、听故事，强化村民社会主义核心价值观教育。二是利用"十姐妹"服务队载体，不断丰富精神文明建设内涵。服务队自1982年组建以来的40多年里，坚持学雷锋做好事、传递正能量，曾多次荣获各级奖励，2014年"十姐妹"荣登中国好人榜，在实施乡村振兴战略中发挥了引导作用，大大振奋了全村村民的精气神。三是推进党员和村民文明积分制。将脱贫富民、移风易俗、教育培训、组织建设、环境卫生、遵纪守法、公益事业等内容纳入积分范畴，对党员和村民进行积分量化，规范党员和村民的行为。四是抓好村规民约。在民主协商基础上，出台"那卜八条"示范村组村规民约。通过健全"一约四会"，发挥德治、法治、自治、智治的"四治"作用，推动乡村治理深入有效、文明乡风不断提升。2021年，平木村被自治区认定为乡村振兴改革集成优秀试点村。百色市平果市果化镇那吉村以乡村治理为基，提升群众生活幸福感。那吉村完善机制，多管齐下，打好乡村治理"组合拳"，破解乡村治理难题，集中力量抓好基础性、兜底性民生建设，就业、医疗、社保、住房、教育等民生事业全面发展。面对新形势下的治理现状，村"两委"班子积极转变工作方式，提高为群众服务的效率和水平。创新采用村网格化管理方式，充分调动各村屯队长、组长工作积极性，想群众之所想，急群众之所急，真正做到为民办实事。

加强乡村法治建设是推动乡村振兴战略的重要任务，加强乡村法治建设需要从多个方面入手，包括加强法治宣传教育、完善乡村法律服务体系、加大乡村执法力度、加强乡村民主制度建设、加强乡村法律文化建设以及强化社会监督机制等，更需要各级政府、社会各界共同努力。只有通过加强普法教育、完善法律制度、加大执法力度、推进司法公正、加强社会监督等措施，才能真正实现乡村法治建设，为乡村振兴战略的实施提供有力保障，同时，也要认识到乡村法治建设是一个长期的过程，需要持续不断地努力和投入，各级政府和社会各界应加大对乡村法治建设的支持力度，加强宣传教育，提高农民的法律意识和素质，为乡村振兴战略的实施创造良好的法治环境。

（四）提高乡村自治德治水平

随着城市化进程的加快，乡村自治德治建设的重要性日益凸显。为了提高乡村自治、德治水平，必须采取一系列有效措施：

第一，加强基层组织建设。基层组织是乡村自治德治建设的基础，要加强基层组织建设，提高基层组织的组织力和凝聚力。首先，完善基层组织机构。明确职责分工，确保各项工作有序开展；加强基层干部队伍建设，提高干部素质，增强干部的领导力和执行力；积极推进基层民主建设，发挥群众的监督作用，增强基层组织的公信力和权威性。其次，提高村民自治。村民自治是乡村文化建设的基础，加强村民自治教育是提高乡村自治德治水平的关键。加强对村民的法律法规教育，提高村民的法律意识和法律素养，使他们能够自觉遵守法律法规，维护社会秩序；加强村民的道德教育，引导村民树立正确的价值观和道德观念，增强村民的道德自觉性和道德责任感；加强对村民的民主教育，使他们了解民主制度的基本原则和程序，增强他们的民主意识和参与能力。

第二，加强法治教育。法治是乡村自治德治建设的基石，要加强法治教育，提高村民的法律意识和法律素养。一方面，要加强法制宣传，利用各种宣传手段和平台，加深村民对法律的认识和了解。另一方面，要积极开展普法教育活动，增强村民的维权意识和自我保护能力，加强村民的道德教育，弘扬中华民族的传统美德，提升村民的道德意识和道德水平。加强法治宣传教育是增强村民法治意识的基础。可以通过开展各种形式的法治宣传教育活动，如法律讲座、法律咨询、普法宣传册等，让村民了解法律知识，增强法治观念，注重培养村民的法治信仰，让村民真正认识到法律的重要性，自觉遵守法律。乡村法律服务是保障村民合法权益的重要手段，完善乡村法律服务体系，加强基层法律服务机构建设，提高法律服务人员的素质和能力，为村民提供及时、高效、便捷的法律服务，加强对村民的法律援助，让村民在遇到法律问题时能够得到及时的帮助和支持。加强乡村法律文化建设是推动乡村法治建设的重要内容，应加大法律文化宣传教育力度，让村民了解法律文化的内涵和价值，培养村民的法律意识和法律素养，加强法治文化传播渠道建设，利用互联网、广播、电视等媒体平台，加强法治文化宣传教育。

第三，推进村民自治制度化、规范化。村民自治是乡村自治德治建设的重要内容，要推进村民自治制度化、规范化。首先，要完善村民自治制度，明确村民自治的范围和程序，确保村民的合法权益得到保障；其次，要加强村民自治的组织和实施，确保各项工作的有序开展；最后，要积极推进民主决策、民主管理、民主监督等制度建设，增强村民的参与感和责任感。村民自治是乡村文化建设的基础，加强村民自治教育是提高乡村自治德治水平的关键，应加强对村民的法律法规教育，提高村民的法律意识和法律素养，使他们能够自觉遵守法律法规，维护社会秩序；应加强村民的道德教育，引导村民树立正确的价值观和道德观念，增强村民的道德自觉性和道德责任感；应加强对村民的民主教育，使他们了解民主制度的基本原则和程序，增强他们的民主意识和民主参与能力。

第四，加强乡村文化建设。乡村文化建设是乡村自治德治建设的重要支撑，要加强乡村文化建设，提高村民的文化素质和道德水平。一是加强对传统文化的传承和弘扬。挖掘传统文化中的道德资源，加强对现代文化的传播和教育，加深村民对现代文化的认识和理解，同时积极开展文化活动，丰富村民的精神文化生活，增强村民的文化自信和道德自觉。二是加强乡村文化设施建设。乡村文化设施是乡村文化建设的重要载体，也是提高乡村自治德治水平的重要手段，包括图书馆、文化活动中心、文化广场等，为村民提供丰富多彩的文化活动和良好的文化环境，同时加强对文化设施的管理和维护，确保设施的正常运转和使用。

第五，加强社会监督和评估。社会监督是乡村自治德治建设的重要保障，要加强社会监督，建立健全监督机制。社会监督和评估是提高乡村自治德治水平的重要手段。要加强社会监督和评估机制的建设，包括建立信息公开制度、完善投诉举报渠道、加强社会舆论监督等，建立健全信息公开制度，确保村民的知情权和参与权；建立健全举报制度，鼓励村民积极举报违法行为和不良现象；建立健全问责制度，对失职、渎职行为进行问责和处理；加强舆论监督和社会监督的引导和规范，确保监督工作的合法性和公正性。加强对乡村文化建设和社会治理工作的监督和评估，及时发现问题和不足，提出改进措施和建议的同时，要加强对评估结果的应用和反馈，推动乡村文化建设和社会治理工作的不断改进和提高。

第六，疏脉络、提效能。村民的需求如何反映？又如何解决？基层治理的"一张网"给出了答案。近年来，广西积极探索实施"红格善治"工程，全面推行"党建+网格+大数据"乡村治理工作模式，实现"人在网中走、事在格中办"。德保县网格党员干部化身"网上勤务员"，切实解决群众实际需求，用"小网格"撬动基层"大治理"。网格划分让群众服务覆盖更广，数字赋能让乡村治理效能大大提升。走进崇左市宁明县城中镇珠连村，村头的5G数字乡村智慧大屏格外显眼，屏幕上轮流播放的是村里各类事项办理、村容村貌建设、乡村建设工作等内容。村里开通的数字乡村联防联控平台，让乡村治理更加智能化、信息化。依托数字乡村，村民通过手机APP就可随时随地了解村里的各项工作内容，还能通过平台与村委进行互动，将需求传达到村委，数字乡村建设进一步提升乡村治理水平，让农村群众"小事不出门"逐步成为现实。近年来，宁明县统筹构建适应城乡融合发展的数字治理体系，针对中越边境线社情复杂、乡村治理难度大的实际，打出一套乡村治理"组合拳"，不断提升边境地区乡村治理效能。相关数据显示，宁明县2023年第一季度群众安全感达99.67%，排名跃升到全区第十名、全市第一名。广西将稳步推进乡村建设，将把"和""美"作为乡村建设的基本要求，积极学用"千万工程"经验，坚持"塑形""铸魂"两手抓，不断提升农村基础设施建设水平，改善农村人居环境，着力提升乡村治理效能，充分发挥"党建+网格+大数据"优势，大力推广积分制、清单制、数字化治理模式，加强农村精神文明建设，激发广大农民奔向更加美好生活的干劲和热情，推动形成文明乡风、良好家风、淳朴民风。因此，提高乡村自治德治水平需要从多个方面入手。加强基层组织建设、加强法治教育、推进村民自治制度化、规范化、加强乡村文化建设、加强社会监督等措施都是提高乡村自治德治水平的必要手段。只有通过这些措施的综合运用和不断推进，才能真正实现乡村自治德治水平的提高。

三、着力消除乡村精神贫困

乡村精神贫困是当前制约我国社会发展的重要因素，它不仅影响农村地区的发展，也影响整个国家的繁荣和稳定，因此，着力消除乡村精神贫困是当前乡村振兴的重要任务。随着城市化进程的加速，乡村精神贫困问题日益凸显，许多农村地区的人们由于缺乏教育、文化、娱乐等方面的支持，导致精神生活贫乏，思想观念落后，缺乏创新意识和进取精神，这不仅影响着农村地区的经济发展，也影响着农村社会的稳定和进步。由此可见，着力消除乡村精神贫困已经成为当前我国社会发展的重要任务之一。

乡村精神贫困的表现及原因：一是缺乏正确的价值观念，思想观念落后，部分农村地区仍然存在着传统的落后观念，如重男轻女、宗族观念等，这些观念限制了农民的思维方式和行为方式，使其缺乏创新意识和进取精神，难以适应现代社会的发展；二是社会交往受限，缺乏健康的生活方式，农村地区的社交网络较为狭窄，人们难以接触到更多的信息和资源；三是缺乏文化娱乐活动，农村地区的文化设施和活动较少，人们缺乏文化娱乐方面的支持，许多农村地区的教育资源匮乏，教育质量不高，导致人们的知识水平和思想观念落后，缺乏自我提升的机会和能力。

政府和社会应联合发力，着力消除乡村精神贫困。一是加强宣传教育，引导思想观念转变。通过宣传教育，加强对农村地区的思想教育，引导人们转变传统思想观念，树立现代意识，引导农村居民树立正确的价值观念，培养健康的生活方式，提高文化素质和自我发展能力。二是丰富文化娱乐活动，拓宽社交网络。政府和社会组织应加大对农村地区文化设施和活动的投入，开展各种文化娱乐活动，满足农村居民的精神文化需求，同时鼓励和支持农村地区的人们积极参与各种社交活动，拓宽社交网络，增加发展机会。三是推进农村教育改革，加强教育投入。加大农村教育的投入力度，提高农村教育质量，为农村居民提供更多的教育机会和资源，培养更多具有创新意识和进取精神的人才。四是加强社会支持，建立健全的社会支持体系，鼓励社会各界关注和支持农村精神文明建设，为农村居民提供更多的关爱和支持。

消除乡村精神贫困是当前我国社会发展的重要任务之一，要从加强宣传教育、丰富文化娱乐活动、推进农村教育改革、加强社会支持、加强教育投入、丰富文化生活、引导思想观念转变、拓宽社交网络等方面入手，为消除乡村精神贫困提供有益的思路和参考，着力消除乡村精神贫困，促进农村地区的繁荣和稳定。只有这样，我们才能实现全面建设社会主义现代化国家的目标，实现中华民族伟大复兴的中国梦。

第三节　乡村振兴视域下乡村文化建设的现实功能

一、营造乡村振兴的和谐社会环境

作为一项系统工程，乡村振兴战略会深刻影响城乡利益格局、农村社会结构和农民思想观念，从而重塑城乡秩序。推进乡村治理能力和治理水平现代化，健全自治、法治、德治相结合的乡村治理体系，让农村既充满活力又和谐有序，是实现乡村善治的有效途径。只有树立系统治理、依法治理、综合治理、源头治理理念，才能确保广大农民安居乐业、农村社会安定有序。

（一）创新村民自治的有效实现形式，推动社会治理和服务重心向基层下移

乡村文化建设是乡村振兴战略的重要组成部分，创新村民自治的有效实现形式是实现乡村文化繁荣、提升乡村治理能力的重要途径。一是建立健全村民自治机制。完善村民自治章程和村规民约，明确村民的权利和义务，增强村民的自我管理、自我教育、自我服务的能力；加强村民代表会议制度建设，充分发挥村民代表的作用，增强村民的参与感和归属感。二是推广"村

民理事会"模式。"村民理事会"是一种以村民自治为基础，以民主协商为原则的组织形式。通过成立村民理事会，可以调动村民参与乡村文化建设的积极性，增强村民的凝聚力，同时，理事会还可以为村民提供文化娱乐、技能培训等方面的服务，提高村民的生活质量。三是强化基层文化设施建设。应加大对基层文化设施的投入，建设一批具有地方特色的文化活动场所，如农家书屋、文化广场等，加强对现有文化设施的管理和维护，确保其正常运行和使用。四是开展丰富多彩的文化活动。应鼓励村民积极参与各种文化活动，如文艺演出、民俗展示、体育比赛等活动，增强村民的自信心和自豪感，促进乡村文化的传承和发展。

推动社会治理和服务重心向基层下移，在创新村民自治的有效实现形式的基础上，应推动社会治理和服务重心向基层下移。具体而言，应加强基层组织建设，提高基层干部的素质和能力；加强基层服务体系建设，为村民提供更加便捷、高效的服务；加强基层民主建设，保障村民的合法权益。桂林市阳朔县白沙镇遇龙村于2022年成立桂林市首个村级乡村振兴发展促进会——遇龙乡村振兴发展促进会。遇龙乡村振兴发展促进会是由遇龙村自发组织成立的协会，由58名遇龙村籍能人代表组成，设会长1名，由村书记担任，设副会长6名、理事12名，由各自然村村主任、管片干部、乡贤能人、协会会长等担任，初步设立秘书组、宣传组、联络组、后勤组、财务组5个组织机构，后续拟加设综治维稳组、民情调查组等机构，另外特聘了40名在外发展较好、社会影响力大的能人组成顾问团，为遇龙村的乡村振兴事业出谋划策。遇龙乡村振兴发展促进会致力于统一村民思想，拟定土地整合方案，综合考虑促进会、土地所有者、村民三方利益，拟定运营模式为：土地所有者与促进会签订土地使用协议书，由促进会和政府统一招商，未招到商的土地仍归土地所有者使用，招商成功后土地所有者停止使用，土地将由促进会规划使用，所得盈利按照协议比例分给促进会、土地所有者及签订土地整合协议的村民。

贺州市钟山县清塘镇英家村用好三个法宝。一是推行"一领+三主"工作法，强化基层治理。通过支部引领、理事主导、群众主体、村规主管，形成完整的闭合链，在推进重难点工作中达到事半功倍的效果。比如，针对英家村前期风貌提升工作启动迟、推进缓慢、效果不佳的问题，村党支部组织召开党小组会、户代表会议，借助党群理事会、村民理事会的力量，充分发挥群众主体作用，制定村规民约、"门前三包"等制度，实现了风貌提升工作质的飞跃。同时，党群理事会坚持每周召开议事会议，广泛听取村民"一线声音"，共收集乡村风貌提升意见24条，协调解决疑难杂症16个。二是用好"双会两书"，激发党群干事创业热情。"双会"即党群理事会、村民理事会，"两书"即村民承诺书、党员请战书。在"双会两书"的带动下，80名党员、团员、群众，主动联系村党总支部一起开展"三清三拆"工作，一天内共清理3条村内主干道环境卫生约1000多米。30户村民无偿为英家村建设贡献土地2050平方米，村民筹资13.81万元、投工1200人次，完成上街、下街等危旧房拆除13栋共800平方米，创造"英家"速度。三是组建"五支群众队伍"，发挥群众共建积极性。第一支队伍是在群众推荐、村党支部把关下组建成立的乡贤理事会，该队伍创新推出"三年免租、七年低租"的政策，吸引特色商户13家入驻六甲古商业街，解决了古街招商难的问题，也为带动村屯实现共建共治管理注入强劲动力。第二支队伍是由党总支老委员和村组老干部、老党员等德高望重的老年人组成的"老年人协会"，以经验优势和威望优势，为助力乡村振兴"添砖加瓦"。第三支队伍是当地革命后代、有志青年、热心群众组建成立的红色英家艺术团，义务排演大型舞台情景剧——《红色英家》，讲好英家村故事，传承红色精神，已吸纳群众演员33人，累计演出超50场次。第四支队伍是广西英家文旅公司，作为红色古镇英家村AAAA级景区创建运营主体并为景区提供本地化、市场化运作。第五支队伍是"美丽英家"保洁队伍，队伍内部建立了周通报、月考评、季排名的监督机制，有力保障了核心景区卫生清洁。

（二）重视农民思想道德教育，提升农民精神风貌

农民是乡村社会的重要组成部分，他们的思想道德水平直接影响着乡村的整体风貌。因此，重视农民的思想道德教育，提升农民的精神风貌，对于乡村的和谐稳定和可持续发展具有重要意义。农民思想道德教育的主要内容包括社会主义核心价值观教育、传统文化教育、现代文明教育。社会主义核心价值观是乡村文化建设的重要内容，它包括了爱国、敬业、诚信、友善等

基本道德规范，引导农民树立正确的价值观，增强他们的社会责任感和公民意识。传统文化教育是乡村文化的重要组成部分，旨在引导农民了解和传承传统文化，增强文化自信，提升文化素养。现代文明教育包括环境保护、公共卫生、社会公德等方面的教育，引导农民树立现代文明观念，养成良好的生活习惯和行为规范。

第一，定期举办思想道德教育的培训讲座。邀请专家学者和优秀乡贤进行授课，提高农民的思想道德水平，举办文艺演出、文化展览、读书会等形式的文化活动，丰富农民的精神生活，提高他们的文化素养，利用广播、电视、网络等媒体进行宣传教育，加深农民对思想道德教育的认识和理解，树立典型人物和事迹，发挥榜样的力量，引导农民向先进典型学习，提高他们的思想道德水平。第二，完善党群共治机制，营造文明和谐新风尚。百色市凌云县伶站瑶族乡浩坤村，以"智志双扶"为根本，不断挖掘弘扬壮瑶民族传统文化，推进壮瑶文化互鉴互融、壮瑶群众思想理念革新，激发群众勤劳致富、村寨振兴发展的内生动力。具体实施主要有以下几方面：一是建好共治机制。组织制定以乡村旅游、遵纪守法、移风易俗等为主要内容的村规民约二十条，发挥壮瑶群众自治能动性。组建"一约四会""一组两会"等组织，引导群众互相帮助、互相监督，全村展现出"地干净、物整洁、人精神"的优美画卷和良好风貌。二是搭好共治平台。注重改善公共文化设施，加强理论政策、法律法规和民族文化等宣传。注重保护、传承和发扬壮瑶民族优秀传统文化，设立"瑶家夜校"、浩坤村村史馆、"猪笼洞"艰苦奋斗教育基地，凝练和宣传吃苦耐劳、淳朴和善、团结互助、和谐共处的精神文化，使之浸润于群众生产生活发展全过程。三是织好共治网络。将村党支部升格为党总支，设立村级党支部，完善管理制度、活动场所，把党组织管理服务触角延伸到自然村和村民小组，引领屯级振兴发展、基层治理和乡风文明建设。开发建设数字乡村治理系统，完善基层治理网络和治安视频监控网络，完成综合治理信息系统与综治视联网、公共安全视频监控平台"三网合一"工程建设，设置"警e邮"公安业务自助办理机，有效提高村屯治理智能化水平。四是搞好共治活动。开展"第一书记夜话"活动，组织群众回顾艰苦奋斗历程、探讨共同发展道路，凝聚共融互促意识。第三，开展"第一书记进校园"活动，把革命传统、理论政策、法律法规、民族团结等教育送到学生身边，助力学校立德树人。开展"百家宴"大联谊等活动，强化壮瑶群众沟通融合，推动壮族瑶族文化交融共生、和谐发展，营造壮瑶民族语言互通、婚姻互联、事务互帮的团结一家亲良好氛围。

重视农民的思想道德教育，提升农民的精神风貌，是乡村文化建设的重要内容。通过教育培训、文化活动、宣传教育等多种方式，能提高农民的思想道德水平，增强他们的社会责任感和公民意识，培养他们的文化自信和文化素养。只有这样，才能真正实现乡村文化的繁荣发展，为乡村振兴战略贡献力量。

二、夯实乡村振兴的精神文化基础

党的二十大报告提出，要"扎实推动乡村产业、人才、文化、生态、组织振兴"。其中，文化振兴既是乡村振兴的重要内容，也为实现乡村全面振兴注入活力。乡村文化振兴要深入贯彻习近平文化思想，担负起文化赋能乡村振兴的使命，推进乡村文化创新，重塑乡土文化、涵养乡风文明、繁荣文化产业，为乡村振兴注入文化凝聚力、精神推动力和产业振兴力。

（一）重塑乡土文化

在乡村文化建设中，重塑乡土文化显得尤为重要。我国地大物博、历史悠久，在各地形成了不少特色村落，滋养出独特的风土人情。从豫西地坑院到湘西吊脚楼，从客家围屋到开平碉楼，传统村落形态多样且自成一格，村落中所建的桥涵路街、亭阁庙宇，形成的风俗习惯、方言乡音，都是乡村的文化载体。浓郁的乡村风情、厚重的宗族文化，是广西宝贵的文化资源，蕴藏着深刻的历史人文价值，这些都是乡村振兴的宝贵财富，理应保护好、传承好、利用好。

重塑乡土文化的实施策略如下。其一，加强乡土文化传承与教育，通过开展乡土文化讲座、举办乡土文化节、组织乡土文化展览等形式，让村民了解自己的传统文化，增强对乡土文化的认同感，还可以通过课堂教学、实践研学等方式，向青少年普及乡土文化知识，培养他们对乡土文化的兴趣。其二，发掘乡土文化的特色资源。每个乡村都有其独特的乡土文化资源，如独特的民俗、传统手工艺等，充分发掘这些特色资源，通过举办培训班、传承人培养等方式，让这些传统技艺得以传承和发展，还可以将这些特色资源与现代旅游产业相结合，打造具有特色的乡村旅游产品，吸引游客前来体验。其三，保护乡土文化遗产。加强对乡土文化遗产的保护工作，是重塑乡土文化的重要保障，应建立完善的文化遗产保护制度，对具有历史、文化价值的建筑、遗址等进行保护，加强对传统手工艺、民俗等非物质文化遗产的保护工作，确保这些文化遗产得以传承和发展。

在传承和保护乡土文化遗产方面，贵港荷文化历史悠久，早在1974年，贵港市区二号汉墓出土的文物中就发现炭化植物种子"莲子"。除此之外，在贵港其他地方出土的文物中也发现了很多的荷花花纹建筑装饰物。荷文化精神深入人心。"荷"又叫"莲"，而"莲"与"廉"谐音。因此，贵港廉政文化氛围浓厚，深入人心，成为全区有名的廉政文化教育基地，"荷"与"和"谐音，全市倡导"和为贵"的贵港精神。荷文化文艺大放异彩，每年的六、七、八月是荷花盛开的季节。贵港市都会开展"荷"主题摄影活动和作品展。市政府还专门设立了每年一评的最高级别文艺奖项——"荷花奖"，还有代表性歌曲《荷花之恋》，文学刊物《荷塘月》等荷文化节日盛典。从2014年开始，贵港市每年都会举办"美丽贵港我爱荷城"荷花展，每年的荷花节在"荷美覃塘"三千亩景区上演，荷文化美食丰富，荷美食有筒骨煲莲藕汤、藕片炒五花肉、炒藕鞭、莲子羹、莲藕饼、莲藕汁、荷花鱼、荷叶茶、莲藕糖、干莲子、干藕粉等，市区每年都会举办荷美食节。

富川瑶族自治县地处广西东北边缘湘、粤、桂边境五岭余脉上区。史籍记载，早在唐宋时期富川就是广西瑶族的主要地区之一，元、明、清以来，瑶、汉、壮等民族文化互相渗透、相互影响，从而形成了富川瑶族异常丰富的民间舞蹈。这种舞蹈主要流传于富川县新华乡、福利镇、石家乡、葛坡镇一带平地瑶村寨。目前，新华乡大井村和虎马岭村是瑶族长鼓舞的传承基地，2008年由国务院公布为第二批国家非物质文化遗产项目名录。瑶族是一个古老的民族，长鼓舞是瑶族人民在生产实践和日常生活中创造出来的、最具代表性的民族传统体育活动，在瑶族的各个地区都有流传。长鼓有大小两种，大长鼓俗称"黄泥鼓"，最早为祭盘王时所跳。长鼓舞作为瑶族传统歌舞的典型代表，间接地表现了瑶家人生活习俗，反映了瑶族同胞的理想愿望和思想情感，有着一定的学术研究力和不可否认的重要价值。瑶族长鼓舞不仅具有宝贵的价值，它对艺术学、民俗学、瑶学、民族文化史等领域瑶族长鼓舞都具有重要的研究价值，所以瑶族长鼓舞在再创造性上具有较高的独特性，这笔宝贵的精神遗产也是人类文明史上重要的文化堡垒。在时代的不断演变下，瑶族人民的社会、经济、文化发生了翻天覆地的变化，长鼓舞的表现形式也愈加丰富多彩，且越来越富有生活气息，如建筑奠基、生产、丰收、祭祀、乔迁等。

（二）涵养乡风文明

涵养乡风文明可以为乡村发展提供精神动力和智力支持，有效地满足农民对美好生活精神层面的需要，提升农民的主人翁意识和社会责任意识，同时进一步增强农民的文化自信和文化认同。加强乡风文明建设，要在传承优秀传统文化的基础上，充分发挥先进文化的引领作用，尊重乡村本位和农民主体地位。围绕农民的需要提供文化服务，组织农民开展文化活动，提升农民素质和乡风文明程度。

1.坚持以德治树新风，夯实乡风文明新根基

凭祥镇坚持党建引领，以德治村，组建以村干部、党员、乡贤人士、致富带头人为主体的村民议事会、乡贤理事会等村民自治组织。各村民自治组织作为充分发挥移风易俗、群众自治、培育新风的有效抓手，把人居环境、敬老爱亲、红白喜事、厚养薄殓等纳入村规民约；探索建立"分红否决"机制，将铺张浪费、寻衅滋事等不良行为列入合作社分红否决情形，为陈规陋习戴上"金箍咒"；设立"礼让光荣榜"，向在村屯建设中让地、让田的群众颁发"礼让证书"，给予公开表扬，有效调动村民自治积极性，大力推进移风易俗工作。

乡风文明既是乡村振兴的重要内容，也是乡村振兴的精神能量。近年

来，广西在筑牢乡村产业根基的同时，不断在扮靓乡村面貌和提升居民生活品质上下功夫，用文明为乡村"铸魂"，用新风"点亮"乡村。在南宁市武鸣区双桥镇八桥村，家家户户的墙上都挂有家训格言，"树立良好家风，促进家庭和睦"等文明标语在村中随处可见。八桥村积极开展清廉家庭、和睦家庭、文明家庭、学习型家庭等系列评创活动，以点带面，加强示范引领，推动文明乡风建设，营造了良好的社会环境。现在八桥村村里的家庭矛盾、邻里纠纷、互相攀比、打架斗殴等问题明显减少，村民文明素质显著提升。曾经"脏乱差"的鸡窝渡村成了远近闻名的"网红村"，如今城乡大变样，改掉旧习旧思想，婚丧喜庆从简办……在梧州岑溪市，当地借助朗朗上口的"三句半"快板节目，将移风易俗的理念播撒在群众心田。岑溪市把移风易俗当成一件惠民生、解民忧的大事来抓，聚焦人情负担、奢侈攀比等顽疾，建立制度，强化宣传，锐意革新，引导群众树立勤俭节约的文明新风，不断涵养文明乡风，推动形成崇德向善的良好风尚。如今，行走在绿云村，迎面扑来的是文明新风，感受到的是人与人之间和谐融洽的氛围。像绿云村一样的文明村镇，在广西还有很多。近年来，广西大力开展"推进移风易俗助力乡村振兴"新时代文明实践志愿服务活动，持续抓好文明村镇、文明家庭等创建活动，加强"一约四会"建设，推广乡村振兴文明实践积分卡制度，培育文明乡风、良好家风、淳朴民风，全区文明村镇比例达70.1%。

2.深化文明创建活动，文明理念入脑入心

以社会主义核心价值观为引领，传承发展中华优秀传统文化，提升农民精神风貌。一是加强宣传教育，普及文明理念。首先，加强宣传教育，普及文明理念。通过各种渠道，如电视、广播、报纸、网络等，广泛宣传文明创建活动的重要性和意义，组织各类文明知识讲座、宣传展览等活动，让市民深入了解文明行为规范，引导广大市民树立文明意识，增强文明行为的自觉性和主动性。二是倡导文明礼仪，营造良好氛围。在日常生活中，应倡导文明礼仪，营造良好的社会氛围。村民之间应相互尊重、关爱、礼让，形成和谐友善的人际关系。在公共场所，应遵守公共秩序，保持环境整洁，不乱扔垃圾、大声喧哗等。通过举办各类文明礼仪培训活动，提高村民的文明素质和礼仪修养。三是发挥榜样作用，树立典范。在深化文明创建活动中，注重

发挥榜样作用，树立典范。通过评选表彰文明、优秀志愿者等，激励村民先进典型学习，开展各类志愿服务活动，如环保行动、爱心助学等，让村民在实践中感受文明的力量，增强文明创建的积极性和主动性。各市级组织"文明家庭""最美家庭""最美志愿者"等评选，对"孝心儿女""敬老模范"先进人物进行表扬，以"好人效应"引领文明乡风。四是加强监督检查，确保文明创建活动落到实处。为了确保文明创建活动落到实处，需要加强监督检查。相关部门应定期开展文明创建工作检查，对不文明行为进行批评教育并督促整改，村民也可以参与监督，发现不文明行为及时举报。通过加强监督检查，确保文明创建活动持续深入开展。五是完善制度建设，提供制度保障。为了使文明创建活动规范化、制度化，需要完善制度建设，提供制度保障。制定文明创建相关规章制度，明确责任分工、工作要求和奖惩机制等，建立市民参与机制，鼓励市民积极参与文明创建活动，形成共建共治共享的局面。

3.村规民约树新风促发展

村规民约是村庄发展的重要保障，要以新风促发展，共同推动村庄的繁荣与进步。一是新风倡导，移风易俗。鼓励村民摒弃不良习俗，树立文明新风。着重从绿色环保、团结互助、遵纪守法等三方面做起，如绿色环保，提倡村民保护环境，节约资源，积极参与村庄绿化工作，共同维护美丽的家园，例如禁止大操大办婚丧喜庆事宜，倡导简约、绿色、环保的生活方式；团结互助，鼓励村民之间互相关爱，共同解决生产生活中的问题，对于年老体弱、有困难的村民，要给予更多的关心和帮助；遵纪守法，要求村民自觉遵守国家法律法规和村规民约，维护社会公德和公共秩序。二是促进经济发展。鼓励村民积极参与村里的经济活动，发展特色产业，增加收入来源，同时加强基础设施建设，为经济发展创造良好的条件。主要从文化繁荣、人才培养、乡村旅游三方面入手，在文化繁荣方面，支持村民开展丰富多彩的文化活动，如文艺演出、民俗展示等，弘扬传统文化，丰富村民的精神生活；在人才培养方面，鼓励村民接受教育、培训，提高自身素质和能力，要为青年人提供就业创业的机会和平台，共同为村庄的发展贡献力量；在乡村旅游方面，积极开发乡村旅游资源，吸引游客前来观光、休闲、度假，促进村庄的经济发展，要注重保护乡村生态环境，维护旅游资源的可持续性。三是执行与监督。村委会负责村规民约的制定、执行和监督。村委会要定期组织村民会议，听取村民的意见和建议，不断完善村规民约。在监督机制方面，村民是村庄的主人，要建立健全村民监督机制，确保村规民约得到有效执行，村民可以通过村民会议、举报等方式对村委会的工作进行监督；在违规处理机制方面，对于违反村规民约的行为，村委会要依法依规进行处理，维护村庄的公共秩序和良好环境。

广西北海市银海区平阳镇东山村是北海市唯一的少数民族移民村，居住着从大化县搬迁过来的壮族、瑶族300多户群众。近年来，东山村以增强村民幸福感和获得感为抓手，推动文明村建设，充分发挥村民议事会等议事组织作用，运用新时代文明实践站、村级公共文化服务中心、农家书屋、儿童之家等场所开展形式多样的新时代文明实践活动，引领农村移风易俗，培育文明新风。村里还组建了村志愿服务队，经常开展绿色环保、文化教育、扶贫济困、邻里守望、创城创卫等形式多样的志愿服务活动，教育引导群众参与文明创建，举办民俗文化节庆活动，弘扬优秀传统文化，促进民族大团结。东山村还充分利用当地少数民族特色文化，以壮话山歌为宣传载体，积极发动群众编唱村规民约，用壮话山歌方式传递村规民约最"强音"。山歌让"一纸民约"如同一部"治村宝典"，成为倡导文明新风、推动移风易俗的有效载体，"约"出了文明新村风，为接续乡村振兴、促进乡风文明、实现治理有效、推进基层治理现代化提供坚实的基础保障。东山村先后被评为自治区级"五星级党组织"、自治区党风廉政建设示范村、自治区民族团结进步模范集体、全国民族团结进步创建示范村，2020年荣获第六届全国文明村镇称号。

（三）繁荣文化产业

文化是根本，产业是载体。以文化产业强健乡村振兴之体，要发挥文化的"精神推动力"，将现有文化存量转变为经济增量，拉动乡村经济发展，在增加农民收入的同时实现乡村产业兴旺、生态宜居、乡风文明、治理有效和生活富裕。强化文化引导，用好用活文化阵地，围绕群众文化生活需求，依托"强国复兴有我""我们的节日"等主题系列活动，举办文化下乡、民俗、村超篮球赛、广场舞展演等文体活动，组织各类主题宣讲、宣传活动。

大兆村位于柳州市鹿寨县中渡镇西北部2千米处，北通永福县三皇乡，南与中渡镇政府驻地相邻，交通便利，总面积26平方千米；下辖15个自然村，共855户3776人，其中有党员73名。大兆村旅游资源丰富，山清水秀，景色宜人，集聚了天生桥、峡谷、地下溶洞、叠水瀑布等喀斯特地貌景观，被地质学家誉为"天然的喀斯特地貌地质博物馆"。大兆村境内拥有香桥岩溶国家地质公园、祥荷乡韵2个国家AAAA级景区，鹿鸣谷公园、响水石林2个国家AAA级旅游景区，以及自治区五星级"寨美一方"都市休闲农业（核心）示范区。2016年以来，大兆村先后荣获中国美丽休闲乡村（现代新村）、全国文明村、全国百佳旅游目的地、全国乡村旅游重点村、"美丽广西"乡村建设示范村和绿色村屯、自治区生态村、自治区文明村、自治区卫生村、柳州市首批十大美丽乡村、柳州市第二届精品美丽乡村、柳州市文艺村等荣誉称号，成功承办自治区精神文明建设现场会、自治区乡村振兴助推城乡融合发展改革集成典型经验推广交流会、柳州市"美丽柳州·宜居乡村"现场会等。近年来，大兆村以"大旅游+产业"发展模式，深入推进文体旅农融合发展。一是大力推进村容村貌整体提升，整合各类建设资金8亿元，先后实施村庄风貌改造、民房改厨改厕、污水处理等工程，提升休闲农业旅游的档次。二是充分利用"环广西"公路自行车巡回赛赛道建设契机，大力推进村庄风貌改造和房屋外立面改造，建成游客接待中心、村级综合服务中心、酒店、民宿、农家乐、村史馆、农耕体验馆、滨河广场、健身步道等一批设施，村容村貌焕然一新。三是充分保护开发和利用香桥岩溶国家地质公园、石林公园、鹿鸣谷等优质自然景观资源，依托特色小镇发展"大旅游+产业"，打造中渡古镇"五·廿八"城隍庙会、走进神奇中渡旅游文化艺术节、中渡"三月三"山歌节、中渡和家宴等特色民俗文化品牌，创建祥荷乡韵现代农业观光旅游示范区，开发"荷花宴"品牌，开办祥荷乡韵荷花节。四是大力引进环广西公路自行车赛、国际马拉松比赛等特色文体活动，引进高端香桥酒店1家、农家乐餐馆7家、民宿酒店2家，从而令大兆村的知名度迅速提高，每年吸引游客200万人次，旅游消费达10亿元，有力促进了旅游产业发展和农民增收。五是大兆村坚持产业富村，积极发展特色产业。种植水稻

80多万平方米，年复种西红柿30多万平方米；山羊年出栏达30000多只；建设太空莲产业基地，种植太空莲60多万平方米；种植食用玫瑰、食用菊花6万多平方米。六是通过文明创建活动引导广大群众牢固树立社会主义核心价值观，形成了团结友爱、互帮互助的邻里关系，营造了文明和谐的新乡风。

三、建设美丽乡村促进生态振兴

以习近平新时代中国特色社会主义思想为指导，深入贯彻习近平总书记关于广西工作的重要指示精神，坚持新发展理念，落实高质量发展要求，坚持"三农"工作"重中之重"地位，坚持农业农村优先发展，以实施乡村振兴战略为统领，统筹衔接脱贫攻坚、农村人居环境整治三年行动、乡村风貌提升行动、农村人居环境整治村庄清洁行动、美丽宜居试点镇建设、乡土特色试点村建设、乡村振兴示范带建设，抓重点、补短板、强弱项，持续深入开展"美丽广西"乡村建设，切实推动全区农业强优、农村美丽、农民富裕，努力把农村建设成生活舒适的乐园、道德示范的家园、生态良好的田园、乡愁记忆的故园。

（一）推进农村垃圾治理

因地制宜、注重实效是推动农村环境治理的重要原则。为保证治理设施既要有质量更要有实效，更好地服务百姓，坚持"建为用"宗旨，在农村环境治理过程中，充分利用日常巡查、随机抽查、大数据平台在线监控、无人机监控、非现场监测等多种执法手段，聚焦重点领域、重点区域、重点行业，持续打击危险废物和重点排污单位自动监测数据弄虚作假行为，摸清情况，整合资源，因地制宜修正实施方案，积极协调解决用地等困难和问题。

一是加强宣传教育。加强宣传教育是推进农村垃圾治理的基础。通过多种形式开展宣传活动，如广播、宣传栏、网络等，有助于提高村民对垃圾分类和治理的认识；定期开展环保知识讲座，能增强村民的环保意识；建立垃圾分类制度，明确可回收垃圾、有害垃圾、厨余垃圾等分类标准和方法；加强分类指导，确保分类准确，鼓励村民积极参与垃圾分类，养成分类投放的良好习惯。二是完善基础设施。加强基础设施建设，包括垃圾收集点、转运站、处理设施等，合理布局垃圾收集点，确保覆盖所有村庄，提高转运站的处理能力，确保垃圾得到及时处理。此外，鼓励村民参与基础设施建设，共同改善农村环境。三是加强监管机制。建立完善的监管机制，确保垃圾治理工作的有效实施。政府部门应定期检查垃圾治理情况，发现问题及时整改。同时，引入第三方监管机构，对垃圾治理工作进行评估和监督。四是建立奖惩机制，对表现优秀的村庄给予奖励，对不达标的村庄进行督促整改。

（二）推进农村污水治理

全域治理是空间全覆盖的综合治理，它是乡村治理的发展趋势。一是开展农村牧区集中式生活污水处理设施排查整治。建立完善农村牧区生活污水处理设施运行情况台账，全面核实农村牧区生活污水处理设施全口径情况，查漏补缺、核全核准，实现农村生活污水处理设施运行排查常态化。二是开展农村黑臭水体排查整治。以乡镇政府驻地、中心村及各行政村居民主要集聚区周边为重点，持续开展农村黑臭水体排查。三是开展村庄及周边河塘沟渠废弃杂物和农业生产废弃物清理。四是强化农村环境整治工作监督考核。不定期开展农村环境整治督导检查，并将农村牧区生活污水处理设施运行情况、黑臭水体排查整治情况，纳入污染防治攻坚战绩效考核。

四、加快农村现代化进程

当前，我国正处于全面建设社会主义现代化国家的关键时期，在这个过程中，农村地区的发展至关重要。乡村振兴战略的提出，为农村现代化进程提供了重要的契机，我国提出乡村振兴战略，可以有效地解决农村地区存在的各种问题，旨在通过推动农村经济发展、改善农村环境、提高农民生活水平，促进城乡协调发展，实现农村现代化。广西作为我国西南地区的重要农业的自治区，其农村现代化进程受到了广泛关注。乡村振兴战略通过发展农村经济，提高农民收入水平，促进农村地区的经济发展，加强农村基础设施建设，提高农村公共服务水平，可以改善农民的生活条件。此外，推进乡村文化振兴，保护和传承乡村传统文化，可以增强乡村的软实力，提高广西乡村的吸引力。

（一）社会治理创新，强化农村基层党组织领导核心地位

农村基层党组织是农村社会治理的核心力量，是引领农村发展的重要保障。强化农村基层党组织领导核心地位，对于推动乡村振兴、促进农村社会和谐稳定具有重要意义。一是推广数字化治理。数字化治理是社会治理创新的重要手段之一，实现信息共享和协同治理、提高治理效率的具体措施如下：首先，建立数字化平台，整合各类社会资源，实现信息共享和数据互通；其次，加强数字化培训，提高基层干部和居民的数字化素养，使其能够更好地利用数字化技术参与社会治理。二是强化法治建设。法治是社会治理的基础，强化法治建设是创新社会治理的必要手段，要加强法律法规的制定和完善，确保社会治理有法可依、有法必依。同时，要加大执法力度，提高执法效率，确保法律的公正性和权威性。三是加强社会监督。社会监督是创新社会治理的重要手段之一。加强社会组织建设，鼓励社会组织积极参与社会治理，发挥其监督作用，同时要加强舆论监督，鼓励媒体和公众积极参与社会治理，对违法违规行为进行曝光和谴责。四是建立多元化的治理机制。传统的政府主导的社会治理模式已经无法适应现代社会的需求，建立多元化的治理机制是创新社会治理的关键，因此，应鼓励政府、企业、社会组织和个人共同参与社会治理，形成多元化的治理格局。

社会治理创新，强化农村基层党组织领导核心地位，推广数字化治理、强化法治建设、加强社会监督以及建立多元化的治理机制是创新社会治理的重要措施。广西将大数据、云计算、人工智能融入市域社会治理，破解市域社会治理顽疾。如：城中村是传销的"重灾区"，南宁、桂林等市通过大数据关联、实时分析行为轨迹，对疑似传销人员从数据"标签化"到人脸识

别，从房屋出租到房屋管理，实现精准摸排和精准打击。广西还积极推动卫生健康领域市域社会治理现代化建设，建立全国首个严重精神障碍患者医联体管控平台，通过"智能+服务"，有效解决严重精神障碍患者的规范管理问题。这些措施的实施需要各级政府、企业、社会组织和个人的共同努力，形成全社会共同参与的社会治理格局。只有这样，才能更好地维护社会秩序，提高社会治理效率，促进社会的和谐发展。

（二）加速农村一、二、三产业融合发展

农村一、二、三产业融合发展是促进农村经济发展、提高农民收入水平、推动乡村振兴的重要途径。各级政府应根据实际情况，制定农村一、二、三产业融合发展的实施方案，明确目标、任务和措施。一是加强组织领导，明确责任分工，确保各项措施得到有效落实，建立监督评估机制，定期对农村一、二、三产业融合发展进行评估和考核，发现问题及时整改。二是强化政策支持，各级政府应加大对农村一、二、三产业融合发展的政策支持力度，通过资金扶持、税收优惠、用地保障等措施，为产业发展提供有力保障。三是优化产业结构，提高产业协同性，增强市场竞争力。优化产业布局，根据区域特点和资源优势，合理规划产业发展布局，推动优势产业集群发展，提高产业协同性；优化产业结构，提高产业协同性，增强市场竞争力；提升科技水平，提高产品质量和附加值，树立品牌形象，推动科技成果在农村一、二、三产业中的应用，提高产业技术水平，增强市场竞争力。四是推动产业融合。通过产业链延伸、技术渗透、产业集聚等方式，推动农村一、二、三产业深度融合，促进产业间的互动和融合，大力开发农业多种功能，延伸产业链、提升价值链、完善利益链，促进农村三次产业深度融合，加快发展农产品电子商务，完善服务体系，加快推进农村电商发展和信息进村入户工程，形成市、镇、村网络营销三级网络。五是加强农村人才培养，提高农民素质，培养一批懂技术、会管理、善经营的复合型人才，为产业发展提供人才保障。最终实现农村一、二、三产业的融合发展，促进乡村振兴战略的实施。例如，浦北县石祖禅茶园位于浦北县北通镇和龙门镇境内的五皇山山脉，现已建成现代化农村产业融合发展区域面积1800多万平方米，

累计投入资金1.7亿元，建成了园区内的主要道路、水利设施、电力、通讯、加工厂、旅游服务中心及环境保护设施等。浦北县自然资源局充分利用自然资源助力乡村振兴改革红利，全力保障石祖禅茶园一、二、三产融合发展。一是强化规划引领，保障发展空间。浦北县石祖禅茶园利用独具特色、绝无仅有的全国最大连片天然红椎林下，连片面积达300多万平方米、树龄超100年的古茶树。对丢荒几十年的农用地进行清荒整理，对古茶树进行矮化和管理。浦北县自然资源局在编制国土空间规划时，调整优化生态保护红线布局，合理规划一、二、三产农业融合发展用地，为祖禅茶园建设提供规划空间保障。根据国家有关政策，需要办理建设用地报批手续的一、二、三产业融合发展建设项目用地，在规划预留的建设用地范围内选址建设，积极配合建设单位，提供规划合规性查询、规划选址辅助等服务。2020年优先开展石祖禅茶园产业园区的村庄规划，解决了加工、旅游用地问题。

二是强化监管，节约集约用地。落实国家、自治区设施农用地政策，确保用地合法合规。浦北县自然资源局根据上级部门的政策文件，依据相关规划，积极引导项目建设单位石祖禅茶园合理选址，科学设计，同时主动服务，加强指导建设单位办理设施农用地手续，及时帮助解决出现的问题，确保用地合法合规。在石祖禅茶园一、二、三产业融合项目建设过程中，在土地利用方面体现出复合性和多样性，鼓励其在发展茶文化体验项目、林下种养项目、旅游观光农业项目、花果田园项目、休闲养生项目时，拓展土地使用功能，提高土地节约集约利用水平。通过打造"农业+康养+文旅"模式，石祖禅茶示范园已形成了观光游、康养游、休闲游、乡村游等系列产品，年接待能力达40万人以上。先后被评为中国森林养生基地、中国美丽休闲乡村、自治区五星级乡村旅游区、自治区五星级农家乐、自治区四星级现代特色农业核心示范区、自治区首个县级职工疗休养基地等系列称号。以休闲度假、森林康养、观光农业、乡村旅游为主的文化康养休闲旅游先后被评为十四届中国茶博会最受欢迎十大金牌茶文化旅游路线、广西农业品牌目录农产品品牌、广西农业企业品牌等，影响力、竞争力、发展潜力不断增强，目前发展成区内外有一定影响力的"网红点"，形成了产业融合集聚效应，带动了群众增收致富，吸引了广西区内外的广泛关注，更成为浦北对外展现产业融合成效、助推乡村振兴的一个窗口和样板。石祖禅茶园带动就业，助力乡村振兴。利用优越的自然资源，多举措扶贫助困。产业基地用工约280人（其中临时工200人左右）。同时，为了解决农户农产品的销售难题，创建了"石祖家园"微商城，大力收购和销售周边农户自产的水果、蜂蜜、花生等农副产品，为农户增收提供便利。园区将"禅""茶""石"文化相互渗入、相互影响，形成"茶禅一味"的禅茶文化，在这种文化资源背景下，力争创建成集茶园观光、森林休闲、乡村旅游为一体的示范基地。园内出产的茶叶于2017年5月成功获得了国家有机产品认证。2020年，园区被中国绿色食品发展中心评为全国有机农业一、二、三产业融合发展园区。

（三）不断完善农村基础设施

农村基础设施是农村经济发展的基础，也是农村居民生活水平提高的重要保障。不断完善农村基础设施，不仅可以提高农村居民的生活质量，还可以促进农村经济的持续发展，具体如下：一是加大投入，增加资金来源。为了完善农村基础设施，应增加投入，确保资金来源的稳定性。各级政府需要增加对农村基础设施建设的财政投入，并将其纳入年度财政预算中，要积极引导社会资本参与农村基础设施建设，发挥市场机制的作用，拓宽资金来源渠道。二是加强规划，科学布局。在完善农村基础设施的过程中，加强规划，科学布局。首先，要结合当地实际情况，制定科学合理的规划方案，明确基础设施建设的重点和方向；其次，要注重基础设施的布局和配套，确保基础设施能够满足农村生产生活需求；最后，要注重与当地发展规划的衔接，避免重复建设和资源浪费。三是提高技术水平，推动技术创新。为了提高农村基础设施的建设水平和质量，应加大对相关技术的研究和开发力度，积极引进新技术、新材料和新工艺；加强技术培训和指导，提高农民的技术水平和操作能力，缩短建设周期，提高建设质量，降低建设成本。四是加强基础设施建设管理。完善农村基础设施不仅需要建设好，还需要管理好，因此，要加强基础设施建设的管理和监督，确保工程质量和使用效果；要建立健全的维护和管理机制，明确责任主体和管理标准，确保基础设施能够长期稳定运行。此外，还要加强对农民的宣传教育，提高农民对基础设施的认识和保护意识。五是加强政策支持。为了完善农村基础设施，各级政府要制定相关政策措施，为农村基础设施建设提供政策支持和保障。例如，可以给予建设资金补贴、税收优惠、土地政策支持等，加强对农村基础设施建设的考核评估，确保各项政策措施得到有效落实。

例如，广西北海市海城区坚持"以旅促农、农旅结合"原则，在村容村貌治理、配套设施建设、提升服务质量等方面下足功夫，不断完善旅游发展短板，为海城乡村旅游提质升级夯实基础。具体实践主要有以下几点：一是打造宜居环境，奠定乡村旅游之"基"。2019年以来，海城区重点推进人居环境整治提升工程，发动大规模"三清三拆"行动25次，并将村级环卫保洁工作纳入城乡垃圾清运处理体系，利用村规民约将"门前三包"和垃圾分类制度化、常态化。海城区还投入3500多万改造提升村庄路水电网等基础设施，区内10个行政村均实现硬化道路、安全饮水、5G网络100%全覆盖，村庄绿化率超过80%。二是完善配套设施，提高乡村旅游之"质"。近年来，海城区共争取各类财政资金修建文明公厕5个、生态停车场4个、游客接待中心2个，设立完善赤西村、流下村旅游景区导览图、标识标牌。通过编制村庄建设规划和旅游营销策划，全面打造赤西田园综合体和流下山海休闲主题艺术村，筹备一批咖啡馆、乡村酒吧、主题餐饮、智慧书屋项目，带动海城区乡村旅游配套设施提质升级。三是提升服务质量，带动乡村旅游之"势"。近年来，海城区在流下村招商引资项目13个，总投资约4500万元，打造并投入运营自治区"5A级"农家乐——邻舍设计师酒店等7个精品民宿项目，极大提升酒店服务质量及游客住宿体验，同时培养村民成为"旅游服务人"，支持村民以入股合作或出租方式，将民房交由高端品牌酒店装修和管理，并优先安排村民到酒店就业，鼓励村民兴建餐饮、租车等服务点，增值自有资产的同时，为游客提供旅游服务目的地。

（四）健全农村社会保障体系

健全农村社会保障体系对于农村村民生活水平的提高具有重要作用，可以提高农村居民的生活水平，增加农村居民的就业机会，促进农村经济的发展，增强农村社会的稳定性，减少社会矛盾和冲突。健全农村社会保障体系的措施包括：一是增加农民收入。提高农村居民收入水平是建立农村社会保障体系的基础。政府可以采取多种措施，如发展农村经济、加大农业补贴等，以增加农民收入；积极推进社会保障制度改革，扩大社会保障覆盖面，让更多的农村居民享受到应有的社会保障。二是完善监管机制。建立健全的监管机制是确保社会保障资金安全和有效使用的关键。政府应加强对社会保障资金的管理和监督，确保资金使用透明、公正；加强政策宣传，提高农村居民对社会保障制度的认识和理解，增强其参与社会保障的积极性；完善城乡居民基本医疗保险制度，实行城乡统一的基本医疗保险制度，健全城乡居民医疗保险稳定可持续筹资机制；培育发展农村社会组织，大力发展农村社会工作和志愿者服务。结果，城乡医疗卫生、社会保障水平的差距不断缩小，城乡居民基本养老保险参保率达90%以上，城乡居民基本医疗保险参保率达95%以上。

（五）加强平安乡村建设

乡村是社会的重要组成部分，也是我国经济社会发展的重要基础。然而，乡村地区也面临着许多安全问题，如盗窃、抢劫、火灾等，这些问题不仅影响着村民的生活质量，也威胁着乡村的稳定和发展。因此，加强平安乡村建设是当前社会发展的重要任务之一。平安乡村建设是乡村治理的重要内容，也是乡村振兴的重要保障，加强平安乡村建设，不仅可以提高村民的安全感，也可以促进乡村经济的发展，提高乡村的吸引力和竞争力。

第一，聚焦农村人居环境整治提升、乡村公共服务水平提升、乡村治理能力提升三项重点工作，各地市采取"试点先行、逐步推广"的方式，稳步推动"平安慧眼、智慧乡村"数智化综治监控工程项目建设。完善安全设施，加强乡村的安全设施建设，如安装监控设备、加强消防设施等，加强对安全设施的维护和管理，确保其正常运行。另外，大数据和智能监控积极融入地方，结合场景应用需求，科学配置平安乡村产品，解决一线实际问题，对现有存量视频监控资源尽数应用，关键卡口建设雪亮高标准监控，其他区域建设"平安慧眼"监控的解决方案，推进"平安慧眼智慧乡村"智慧化建设。

第二，通过示范乡镇以点带面，复制推广，力争"平安慧眼"覆盖全区乡镇、行政村、自然村。各地加强乡村的治安管理，加强巡逻和防控工作，及时发现和处置各种安全问题，建立健全的治安管理体系，提高乡村治安管理的水平和效率，建立5G智慧大数据——平安乡村平台，在各村安装视频监控，实现了镇域内主要路口卡点、盲区全覆盖，帮助政府建成县乡村三级综治体系，有效地协助了公安办案、防止了盗窃等违法案件发生，极大帮助群众找回走失老人、儿童，以及宠物、遗失财物，协助警方破获逃逸案，实现发案率较往年下降、破案率提升等重要作用。

第三，结合乡村文化建设，对于一些广大旅行爱好者的热门旅游目的地，比如南宁横县茉莉花基地，本地区村民主要从事茶叶生产，建立健全"平安慧眼"系统，依托全面的监控覆盖，为当地的茶园打卡、采茶直播等活动提供了良好的摄影、直播环境，为群众精神文化生活提供了重要平台和载体，有效满足了多元化、本地化的精神文化需求，并吸引了更多网红来此地直播，达到了良好的宣传作用，带动了当地产业发展。

第四，平安乡村建设不仅需要硬件设施的支持，也需要软件平台的有力支撑。网络通信公司应积极发挥数字化技术优势，在村镇建立平安乡村数字平台、乡村治理数智平台。乡村治理数智平台集智慧党建、防返贫监测、乡村治理、产业发展、人居环境监测等功能于一体，为基层干部提供有效监测、高效运营的管理驾驶舱，并且能实现大小屏联动，推动阳光村务公开，发布村务通知、村情民事介绍，激发百姓以主人翁意识参与共同治理的积极性、主动性。

乡村振兴战略在广西农村现代化进程中发挥了重要作用，推动了农村产业升级、基础设施完善、生态环境保护和社会治理创新。村振兴战略的实施有效促进了广西区内农村经济的发展，农民增收显著。基础设施的完善为农村生产生活提供了便利，提高了农民的生活质量。生态环境的保护和建设有助于实现可持续发展，为农村的长远发展奠定基础。社会治理水平的提高有助于维护农村社会稳定，促进农村和谐发展。未来，应继续加强政策支持，加大资金投入，推进产业、人才、生态、组织等多方面的振兴，实现农村现代化进程的加速发展。总之，乡村振兴战略在助推广西区内农村现代化进程中发挥了积极作用，为广西农村经济社会发展注入了新的动力，实现广西农村的全面现代化。

第五章

广西乡村文化建设实践中的问题及其原因

第一节　乡村文化建设实践中存在的问题

一、乡村空心化与引才、留才难并存

随着城市化进程的加速，乡村空心化现象日益严重，这给乡村文化建设带来了极大的挑战。当前乡村文化建设面临着空心化与引才、留才难的问题，严重制约了乡村文化的发展。乡村空心化现象是指乡村人口流失，导致乡村基础设施、公共服务设施和人力资源短缺的现象，这一现象对乡村文化建设产生了深远的影响，使得乡村文化传承面临困境，乡村文化活动难以开展，乡村文化产业发展受到限制。乡村空心化现象导致了乡村人才的严重流失。一是乡村缺乏吸引力，许多有志于投身乡村建设的人才不愿意回到乡村；二是乡村缺乏有效的激励机制和政策支持，使得愿意留在乡村的人才也难以留下来。究其原因，主要有：城市经济发展迅速，而乡村经济发展相对滞后，导致人才向城市流动；乡村地区基础设施落后，无法满足人才的基本生活需求；乡村地区缺乏文化活动和设施，无法吸引和留住人才；政府对乡村文化建设的支持力度不够，缺乏有效的政策引导。

综上所述，乡村空心化现象对乡村文化建设产生了深远的影响，引才、留才难的问题制约了乡村文化的发展。为了应对这一挑战，需要加强政策支持、完善激励机制、强化人才培养，并推动产业融合发展。只有这样，才能真正实现乡村振兴，推动乡村文化的繁荣发展。

二、原始生态文化资源破坏严重

当前，乡村建设在我国社会经济发展中起着重要作用。然而，在追求经济发展和现代化的过程中，乡村建设往往忽视了对乡村文化的传承和保护，导致乡村建设缺乏文化内涵。这不仅影响了乡村的可持续发展，也削弱了乡村的吸引力。随着城市化进程的加速，乡村文化建设中原有的生态文化资源受到了严重破坏，这种破坏不仅影响了乡村文化的传承和发展，也给乡村的可持续发展带来了挑战。

许多乡村地区为了追求经济利益，过度开发原有的生态文化资源，导致许多传统建筑、民俗活动、民间艺术等遭到破坏。部分乡村地区为了追求经济利益，大量排放工业废水、废气和固体废弃物，导致生态环境遭受严重破坏，这不仅污染了当地的水源和土壤，还威胁到了当地居民的健康。区域旅游地域性不强、特色不突出、全区整体规划不足，已经成为广西乡村旅游的发展困境。整体上看，首先，没有做到深层次整合各地旅游资源，没有做到因地制宜、因村施策，没有做到既保持"原味"又有所"创新"，没有运用好"山、水、林、田、湖、草"这些得天独厚的生态资源来发展特色产业，没能形成"吃、住、游、购、娱"一体化格局，交通、卫生、食宿等基础设施和公共服务配套有待完善，存在各种难点、痛点。农民对原有生态文化资源的认识不足是一个普遍存在的问题。他们往往只关注眼前的经济利益，而忽视了这些资源的价值。例如，一些传统的建筑和景观被随意拆除或改变，一些民俗文化被淡忘或消失。此外，一些农民为了追求经济效益，过度开发自然资源，导致生态环境恶化，这些行为不仅破坏了农村地区的生态环境和文化遗产，也影响了当地经济的发展和社会的稳定。其次，乡村整体发展比较落后。在乡村旅游建设过程中，基础设施不完善，信息化现代化水平低，在当前5G网络时代，5G乡村旅游资源和产品数字化建设结合不够，未能很好地打造5G乡村旅游精品项目，建设"5G+智慧旅游"样板村镇。最后，乡村旅游发展后劲不足。在以乡村旅游带动村民致富和乡村振兴的过程中，部分地区未注重乡村传统文化的传承利用和新时代乡村文化建设，过度开发自然资源，如过度砍伐森林、过度捕捞鱼类等，导致自然资源枯竭，这不仅破坏了当地的生态环境，也影响了当地居民的生活质量。

随着农村人口向城市流动，原有的生态文化资源无人维护，部分乡村地区的传统文化受到了很大的冲击。一是年轻一代逐渐远离家乡，对于传统文化的了解和认同程度逐渐降低，外来文化和现代文化的涌入也使得乡村地区的传统文化逐渐被边缘化，这导致了乡村地区的文化断裂和文化多样性的丧失，也破坏了当地的文化传统和历史遗产。城市化进程的加快，使得城市地区的经济发展迅速，而乡村地区则相对滞后，这导致了乡村地区人才流失，缺乏维护生态文化资源的人才和资金。二是许多乡村地区的人们对环境保护的意识不足，同时，一些地方政府对生态文化资源的保护重视程度不够，缺乏有效的监管措施；生态文化资源无人维护，乡村地区的生态环境逐渐恶化，导致水土流失、土地荒漠化等问题加剧。三是原有的生态文化资源无人维护和传承，导致文化传承断裂，影响当地的文化多样性。在一些乡村地区，许多传统建筑被拆除或被破坏，传统手工艺人也逐渐减少，甚至一些传统的民俗活动也难以传承下去。

乡村文化建设中的原生态文化资源破坏严重的问题亟待解决。只有通过加强立法保护、增强保护意识、合理开发利用和引入社会力量等措施，才能有效地保护和传承原有生态文化资源，推动乡村文化的可持续发展，共同努力，为乡村文化建设注入新的活力和动力。

三、乡村优秀传统文化缺乏保护与传承

乡村文化根植于广大农村地区，具有独特的历史背景和地域特色。乡村文化资源包括传统艺术、民俗习惯、美食文化等内容。乡村地区的传统艺术包括民间舞蹈、戏曲、绘画等，这些艺术形式在当地有着广泛的群众基础，具有重要的文化价值；乡村地区的民俗习惯丰富多彩，包括节庆习俗、婚丧嫁娶习俗、民间信仰等，是乡村文化的重要组成部分，反映了当地民众的生活方式和价值观念；乡村地区的美食文化独具特色，包括地方特色菜肴、小吃等，不仅是当地民众饮食的重要组成部分，也是乡村文化的重要载体。然而，随着城市化进程的加速，乡村文化的传承和发展面临着严重的保护与传承问题，这些文化正在逐渐消失，面临消亡的危险，主要原因有以下几点。

第一，乡村文化传承内部主体缺位。在乡村文化传承的过程中，内部主体缺位是一个不容忽视的问题。内部主体指的是乡村地区内部的文化传承者和保护者，他们应该是乡村文化传承的核心力量。然而，在现实中，乡村文化传承内部主体缺位的表现却十分明显。首先，许多年轻人离开乡村，前往城市寻找更好的发展机会，这导致了乡村文化传承者的流失，许多传统技艺和习俗的传承人逐渐老去，而新一代的传承者却难以涌现，农村文化传承乏力，后继无人，在物质生活水平尚且落后的情况下，农民不愿将注意力放在文化上。究其原因，一是村民传承文化的自觉与自信不足。当前新生农民从出生起植根于本土村落，受传统思想的影响较深，但在时代大环境的影响下，又处于城镇现代化快速发展历程中，受多元文化的冲击，在两种不同文化和不同价值观的影响下，产生了传统乡土文化价值认同危机，造成村民对乡村文化传承的自觉不足。二是农村文化形式单一，缺乏创新。农村文化是在农耕文明基础之上形成的，具有传统小农经济背景下相对保守、缺乏创新活力的特点，人才流失严重影响了乡村文化的传承和发展。其次，部分乡村地区的领导和管理者对文化传承的重要性认识不足，缺乏对传统文化的保护和传承意识。他们往往只注重经济发展和基础设施建设，而忽略了乡村文化的保护和传承，导致许多传统建筑和文化遗产被破坏或遗忘，无法得到有效

的保护和传承。再次，一些乡村地区缺乏有效的传承机制和传承方式。许多传统技艺和习俗的传承方式较为单一，缺乏创新和改进，年轻人对传统文化的兴趣不高，缺乏学习和传承的动力，导致传统文化的传承效果不佳，难以得到有效的传播和推广，老一辈传承人并未接受过充分的文化教育，囿于传统的表现形式和老旧的思想内容，缺乏对市场属性的研究和应对，未意识到创新对于其技艺保护和传承的重要性，创新能力匮乏是农村文化保护传承需要面对的严峻问题。乡村文化的传承和保护不足，许多乡村地区的历史文化资源没有得到充分地挖掘和保护，导致乡村文化逐渐消失。最后，缺乏有效的政策支持和引导也是导致文化传承缺失的重要原因。

第二，乡村文化传承外部主体缺位。一是缺乏政府的支持和关注。政府是乡村文化传承的主体之一，但目前来看，政府对乡村文化的关注和支持相对较少。地方政府过于追求经济增长，忽视了乡村文化的保护和传承，农村文化产业发展滞后，影响力小。部分地区创建的农村文旅品牌和农村传统文化产业有一定程度的发展，但发展程度低，没有形成规模化、统一化、市场化的经营模式。政府在政策制定和实施方面存在诸多困难和挑战，缺乏针对性和实效性。二是社会力量参与不足。社会力量是乡村文化传承的重要外部主体之一，但在实际操作中，社会力量参与乡村文化传承的力度和深度还不够，社会力量对乡村文化的认知和了解不够深入，缺乏有效的合作机制和平台，难以形成合力。三是资金投入不足。资金是乡村文化传承的重要保障之一，但在实际操作中，资金投入不足的问题普遍存在。政府对乡村文化传承的投入有限，社会资本对乡村文化投资的风险和收益预期不明确，缺乏积极性，这导致了一些优秀的传统文化项目难以得到有效的资金支持。四是乡土文化受外来文化冲击。广西拥有丰富的乡土文化资源，包括民俗、音乐、舞蹈、戏曲、饮食等，然而，外来文化的冲击使得广西乡土文化面临着传承和保护的困境，例如，快餐文化、消费主义等对广西人民的生活产生了深远的影响，使得一些传统的饮食、习俗等逐渐被遗忘；外来文化的价值观与广西乡土文化的价值观存在差异，这种差异可能导致广西人民的价值观念发生变化，从而影响乡土文化的传承；外来文化的涌入也影响了广西的语言和艺术形式，一些传统的语言和艺术形式逐渐失去了市场，而一些新的艺术形式又未能得到充分的传承和保护。

第三，乡村文化传承基层组织主体缺位，基层组织自身建设不足。基层组织作为乡村文化传承的重要力量，其缺位和自身建设不足的问题亟待解决。一是基层组织建设不完善，许多基层组织缺乏完善的管理制度和运行机制，内部混乱，无法有效地推动乡村文化传承工作，另外，基层组织在人力、物力、财力等方面的投入不足，无法满足乡村文化传承工作的需求。此外，基层组织成员的素质参差不齐，缺乏专业的文化传承人才，影响了乡村文化传承的效果。二是基层组织在推动乡村文化传承工作时，缺乏创新意识，无法适应新的社会环境和市场需求。缺乏有效的沟通机制，基层组织内部成员之间、成员与外部环境之间信息传递不畅，影响工作效率；缺乏有效的评估机制，基层组织对自身工作效果的评估不足，无法及时发现问题并加以改进。三是乡土文化保护传承缺少足够的经费保障。经费保障的缺失是制约乡土文化保护和传承的重要因素之一，保护资金不足，导致许多具有重要价值的乡土文化遗产无法得到有效保护。

四、乡村公共文化服务体系活力不够

目前，国内外学者对乡村公共文化服务体系的研究主要集中在服务内容、服务方式、服务效果等方面，但对于乡村公共文化服务体系活力不够的问题，尚缺乏深入的研究。乡村公共文化服务体系在满足农村居民的文化需求方面存在明显不足，这不仅影响了农村居民的文化生活，也制约了乡村文化建设的整体发展，通过采用问卷调查、实地访谈、文献资料分析和案例分析等研究方法的方式，对乡村公共文化服务体系活力不够的问题进行深入研究，发现主要由以下原因所导致。

第一，对公共文化服务体系建设的重视程度不够。随着社会的发展，公共文化服务体系建设的重要性日益凸显，然而当前政府对公共文化服务体系建设的重视程度却存在明显不足，这在一定程度上制约了公共文化服务水平的提升。部分部门对公共文化服务体系建设工作不够重视，科学的文化建设考核评估机制仍未建立，主动参与文化事业发展的积极性不高。政府主导、市场化运作、社会参与的公共文化服务体制机制尚未形成，相关单位、社会力量参与公共文化服务体系建设的积极性有待激发。首先，政府对公共文化服务体系建设的投入不足。虽然政府在公共文化服务体系建设方面投入了一定的资金，但相对于其他领域的建设，投入明显不足，导致公共文化设施建设滞后，公共文化服务供给不足，难以满足人民群众日益增长的文化需求。其次，政府对公共文化服务体系建设的宣传力度不够。政府在宣传公共文化服务体系建设方面缺乏足够的重视，导致社会公众对公共文化服务体系建设的认知度不高，这不仅影响了公共文化服务体系建设的推进，也影响了人民群众对公共文化服务的获得感。最后，政府对公共文化服务体系建设的政策支持不够。政府在制定政策时，往往过于注重经济效益，而忽视公共文化服务体系建设的重要性，导致公共文化服务体系建设缺乏政策支持，难以得到有效的推进。

第二，公共文化服务体系建设发展不均衡。目前，农村公共文化服务体系建设存在明显的不均衡现象，部分地区由于地理位置、经济条件等因素，难以享受到优质的公共文化服务。造成农村公共文化服务体系建设发展不均衡的原因有很多：一是资金投入不足，由于地理位置和经济条件等因素的影响，一些地区的财政投入有限，难以支持公共文化服务体系的建设；二是基础设施建设不足，一些偏远地区的农村由于地理条件较差，基础设施建设落后，难以满足农村居民的文化需求；三是服务内容单一，服务水平不高，部分地区的公共文化服务内容较为单一，缺乏多样性，难以满足不同层次农村居民的需求，以及部分地区的公共文化服务人员素质不高，缺乏专业知识和技能，难以提供高质量的服务；四是人才短缺，部分偏远地区的农村缺乏专业人才，难以提供高质量的公共文化服务；五是政策支持不到位，部分地方政府对基层文化硬件设施建设重视程度较高，但制度建设相对落后，运行管理不够到位，存在"重硬轻软"现象。

第三，公共文化服务管理工作有待进一步规范。当前农村公共文化服务工作仍存在一些问题，亟待进一步规范。首先，农村公共文化服务管理不规范。部分地方对公共文化服务的管理不够重视，导致服务质量不高、管理混乱等问题；部分地方缺乏对公共文化服务人员的培训和管理，导致服务质量参差不齐；公共文化服务供给宣传也不到位，文化资源和资金使用效率不高，运行和管理不能满足人民群众实际需求，如农家书屋、文化舞台利用率低，农村电影放映上座率不高，镇村文化站发挥作用较少等。其次，农村公共文化设施建设不足，农村文化设施建设仍存在设施数量不足、质量不高、分布不均等问题。部分偏远地区的农村文化设施建设滞后，无法满足农民群众的文化需求，"重设施建设、轻管理使用"的现象仍具有普遍性，长效服务运行机制未能有效建立，一些公共文化项目建成投入使用后由于运营管理力度不足，使用率偏低甚至闲置，公共文化资源没有实现最大社会效益。最后，当前农村公共文化服务的内容较为单一，缺乏多样性、创新性和吸引力。部分地方的文化活动形式陈旧、内容单调，无法满足农民群众日益增长的文化需求。目前，横县共建设209个有农家书屋，书屋内容较丰富，共有涉及理论政策、农业科技、少儿科普等书籍26万余册，但农家书屋管理存在一些问题：一是农家书屋地点选择不合理。从调查看，大部分农家书屋选址不够便利，距离各个自然村较远，位置偏僻，交通不便，导致很多人前往阅读的积极性不高。其二，书籍种类单一。有些农家书屋的藏书并不充足，许多书籍是由县图书馆下放的旧书或社会机构捐赠，种类过于单一，不能满足读者的多样化需求。村民所需要的是与农民生产劳动和日常生活密切相关的，包含法律、政策、农用技术、卫生健康知识及娱乐等方面的书籍，但捐赠的图书农民看得懂、用得上的图书很少。其三，经费不足。由于资金有限，农家书屋无法购买更多的书籍和提供更好的服务。其四，缺少专业人员管理。一些农家书屋缺乏专业的图书管理员和志愿者，导致书籍管理、借阅服务等方面存在问题，图书管理不规范，常出现图书分类不清、书籍凌乱、缺失登记等问题。其五，农家书屋吸引力不够，村民只在门口观望。其六，横县大部分居民是花农，务农一天身体劳累，积极性不高，看书热情度低。其七，书屋开放没有固定时间，且常处于关门状态。

第二节　乡村文化建设存在问题的原因分析

一、乡村人才建设机制不完善

（一）人才资源配置不均衡、断层与流失严重

乡村文化振兴是当前我国社会发展的重要议题，而人才资源配置在其中起着至关重要的作用。然而，当前乡村地区人才资源配置不均衡、断层与流失严重的问题，严重制约了乡村文化振兴的进程。实施乡村振兴战略需要一定规模数量的人才积极参与，但近些年来，随着城镇化和社会经济的快速发展，城市与农村人才数量、结构鸿沟化越来越明显。一是人才资源配置不均衡，城市与乡村之间的人才流动存在明显差异，乡村地区往往面临人才短缺的问题，导致乡村文化发展滞后。二是人才断层与流失严重。乡村地区由于经济发展相对滞后，教育、医疗等基础设施不完善，导致优秀人才难以留住，同时新生代人才流失严重，出现人才断层现象，阻碍乡村文化振兴进程，导致农村经济发展缺乏活力，农村产业升级和转型面临困难，同时人才断层和流失问题易引发社会矛盾，影响农村社会的和谐稳定。

乡村人才的断层流失问题日益严重，这对乡村的持续发展带来了严峻的挑战。一是经济发展滞后，缺乏吸引人才的条件，这使得许多有才华的年轻人前往城市寻找更好的发展机会；二是教育资源匮乏，教育质量不高，导致许多年轻人无法通过教育改变命运，进而选择离开乡村；三是就业机会不足，尤其是对于具有专业技能的人才而言，缺乏合适的岗位；四是乡村文化建设滞后，精神文化生活相对单调，导致一些有志于服务乡村的人才选择离开。截至2023年末，我国城镇常住人口达93267万人，比2022年增加1196万人；乡村常住人口47700万人，减少1404万人。常住人口城镇化率为66.16%，比2022年提高0.94个百分点，从提高幅度看，较2022年扩大0.44个百分点，从这一数据可以看出，农村常住人口不断减少。当前农村常住人口

中很大一部分是丧失劳动力的老人、少数妇女、留守儿童，农村人口的年龄构成、科学文化水平和素质远不能满足农业农村现代化的需要，加之体制机制障碍以及农村在基础设施、公共服务、生态环境等方面与城市存在差距，导致乡村人才资源配置不均衡、断层与流失严重，成为影响乡村振兴的一个重要因素。

（二）偏离了乡村振兴生产发展的首要任务

乡村振兴战略是当前我国农村发展的重要战略，其中生产发展是乡村振兴的首要任务。在过去的几十年里，乡村地区的发展取得了显著的进步，但是也出现了一些偏离生产发展的首要任务的问题。这些问题不仅影响了乡村地区的经济社会发展，也给农民的生产生活带来了很多不便和困扰。在具体实践中，部分地方出现了乡村文化振兴与生产发展相偏离的现象，导致乡村经济发展滞后，农民增收困难。文化落后地方对乡村振兴战略的认识不够深入，过于注重乡村文化的传承和保护，而忽视了生产发展的重要性。在资源配置上，部分乡镇将资金、人才等资源过多地投入到乡村文化建设上，而忽视了农业生产和农村基础设施建设。此外，还存在产业支撑不足的问题。乡村文化振兴需要产业支撑，但一些地方缺乏具有竞争力的产业，导致乡村文化难以转化为经济优势。

首先，部分乡村地区过于注重发展旅游业，而忽视了农业生产和农民的利益。旅游业虽然可以带来一定的经济收益，但是它对环境的破坏和对当地居民生活的干扰也是不可忽视的。部分乡村地区过度开发旅游资源，导致环境恶化、交通拥堵等问题，给当地居民的生活带来了很大的不便。其次，部分乡村地区过于追求城市化，而忽视了农村的基础设施建设。城市化是经济发展的必然趋势，但是一些乡村地区过度追求城市化，导致基础设施落后、交通不便等问题，这不仅影响了农民的生产生活，也给城市的发展带来了很多困难和挑战。最后，部分乡村地区过于注重短期的经济收益，而忽视了长期的发展规划，导致资源浪费、环境污染等问题，这不仅影响农民的生产生活，也给乡村地区的可持续发展带来了很大的挑战。

（三）乡村治理人才队伍素养良莠不齐，管理职责不明确

乡村治理人才队伍的素养与管理职责是乡村文化振兴的关键因素，但当前乡村治理人才队伍素养良莠不齐，管理职责不明确的问题亟待解决。一是人才队伍结构不合理。高素质、专业化的人才相对较少，而低素质、非专业的人则较多，这就导致了乡村治理人才队伍整体素养的下降，难以适应乡村振兴的需求。二是人才队伍素质参差不齐。部分乡村治理人才具有较高的专业素养和综合能力，能够为乡村治理提供有力的支持，但也有一些乡村治理人才缺乏必要的专业知识和实践经验，难以胜任乡村治理工作。三是在乡村治理人才队伍的管理中，管理职责不明确的问题也比较突出，由于管理职责不清晰，一些乡村治理人才在工作中出现职责交叉、重复劳动等问题，严重影响了乡村治理的效能。

二、过度追求经济效益，保护意识薄弱

（一）传统文化保护意识薄弱，开发形式单一

在乡村文化建设中，传统文化保护意识薄弱和开发形式单一的问题普遍存在。"文化搭台，经济唱戏"使得传统文化呈现的同时被赋予浓烈的"商业化"色彩。当前，有众多的历史古村落、古民居都体现了鲜明的地方特色，承载着博大精深的传统文化，但许多传统技艺由于缺乏传承人而逐渐失传，如传统手工艺、民间艺术等。随着现代文化的冲击、传统文化的流失，乡村居民对自身文化的归属感逐渐减弱，对乡村文化的认同感降低。一是传统文化保护意识薄弱，缺乏对传统文化的认识，许多乡村居民对本地传统文化知之甚少，甚至一无所知，这直接导致了传统文化的保护意识淡薄。二是在市场经济环境下，许多乡村地区的经济发展压力增大，导致对传统文化的投入减少。三是传统文化的传承方式单一，缺乏有效的传承机制，使得许多优秀的传统文化难以得到有效的保护和传承。四是开发形式单一，开发手段

落后，许多乡村地区的文化开发仍停留在简单的物质展示和旅游观光层面，缺乏深度的文化体验和互动。五是许多乡村地区的文化开发形式缺乏创新，无法吸引年轻一代的目光，也无法满足现代消费者的需求。六是许多乡村地区的文化开发缺乏整体规划，导致资源的浪费和文化的割裂。

（二）农村环境问题突出，老龄化日益严重

在快速的城市化进程中，乡村文化建设面临着诸多困境，其中农村环境问题以及老龄化现象尤为突出，严重影响了乡村文化的传承与发展。一是农村环境问题。分析如下：首先是水源污染。由于农业面源污染、工业废水排放等原因，农村地区的水源污染问题日益严重，许多河流、湖泊和水库的水质下降，部分地区的地下水受到污染，直接影响了农民的生产生活用水安全。其次是土壤退化。过度开垦、化肥农药滥用等行为导致农村土壤质量下降，土壤退化问题日益突出，这不仅影响了农作物的产量和品质，也对农业生态系统的稳定性构成了威胁。最后是生态破坏，随着农村经济的发展，一些地区过度开发自然资源，导致生态环境遭受破坏，森林砍伐、湿地填占等行为加剧了生态退化，影响了农村生态系统的平衡。二是农村老龄化问题。分析如下：首先，随着农村青壮年人口大量流入城市，农村老龄化问题日益严重，老年人口比例上升，农村劳动力短缺，对农业生产和社会发展带来了挑战；其次，农村地区的养老服务发展滞后，无法满足老年人口的养老需求；最后，养老服务设施不完善，服务水平低，影响了老年人的生活质量和幸福感。

例如，南流江是广西流程最长、流域面积最大的独流入海河流，是广西玉林市的母亲河。但是，大量的畜禽粪污和沼液直排造成南流江水质持续恶化，国考横塘断面水质一度降为劣Ⅴ类，呈现出"一江污水向南流"状态。新圩镇是南流江的主要源头，辖区内有白鸠江、六洋河、滑石河3条支流，全镇河流、溪流约53千米，干渠约32千米，流域面积约75平方千米，涉及13个行政村、1个社区，人口7.5万多人，流域内现有工商企业1200多家、大小养殖点350个、建筑面积1万多平方米、农业种植面积2.5万多亩。位于白鸠江村的帝源养殖场，原称新志养殖场，市委、市政府派出督查组检查发现该养殖场存在不少问题，后来，养殖场做了一些整改，但问题并没有彻底

解决，还出现了新问题。一是原来的排水渠已经铺设了一段23米长的水泥管道，其上用黄土铺盖，尽管看不到水质情况，但一走近还能闻到一股股臭味。二是关于氧化塘存在污水溢出隐患的问题。该养殖场声称，氧化塘面积达13000平方米，平均水深4米，污水不会渗透出去，氧化塘也没有排放口，但该氧化塘污水蓄积已接近塘岸线，塘中所养的鱼翻滚抢食时，塘水随即变得褐红而腥臭。该养殖场是个典型的种猪场，生猪存栏2000多头，但其治污设施只有一个简单的氧化塘，自净能力与饲养量相比，还是不足，污染防治设施的缺乏导致排出的污水造成周围环境污染。

（三）很难实现农业农村绿色发展

农业农村绿色发展已成为我国农业现代化进程中的重要任务，但当前我国农业农村绿色发展面临着资源环境压力、产业结构调整、农民收入增长等多重挑战。

第一，资源环境压力加大，环境污染问题日益突出。一是农村农业和水污染。在传统农业发展中，农业污染主要包括种植业、畜禽养殖业、水产养殖业等方面，其具有分散性和隐蔽性、随机性和不确定性等特点。种植业污染源，主要是农药、化肥、农膜、秸秆产生的污染；禽养殖业污染源，主要是猪、牛、羊、鸡、鸭等在养殖过程中产生的畜禽粪便和污水；水产养殖业污染源，主要是鱼、虾乱脊、蟹等海产品在养殖过程中产生的污染物。秸秆焚烧、养殖场的粪污乱排、农药化肥等过量施用，通过农田地表径流、农田排水和地下渗漏，使大量污染物进入受纳水体（河流、湖泊、水库、海湾）所引起的污染，严重影响人们的健康，同时已成为影响农业的环境的一个突出问题。二是农村耕地污染。土壤健康是可持续农业、繁荣生态系统和人类福祉的基石，它的重要性源于它在支持粮食生产、过滤水、容纳多种生物以及调节碳和营养循环方面发挥的关键作用。农村和城市人口的福祉取决于土壤系统的活力，这凸显了维持和增强土壤健康的紧迫性。农村地表污染是指农村环境中土壤、水体、植被等自然表面的污染，这种污染来自多种来源，每种来源都会导致土壤质量和生态系统健康的退化。污染的主要来源之一是农业径流，它会将过量的化肥、农药和沉积物从田地带入周边地区，农业实践的集约化导致了化学品投入和沉积物侵蚀的增加，农村耕地污染成为一个紧迫问题，对土壤健康和生态系统产生深远影响。三是农村工业污染。制造活动和工业废物处置不当可能会将重金属、毒素和化合物引入附近的土壤系统，从而污染土壤，对环境和人类健康构成风险。另外，各种来源的污染物通过不同的途径到达土壤环境，每种途径都会影响污染的程度和强度，其中一种途径是直接沉积，大气中的污染物，例如颗粒物、化学物质和重金属会直接沉积在土壤表面上，这种大气沉积可能发生在短距离内，也可能被风流带到更大的区域。

第二，产业结构不合理。传统农业结构过于单一，缺乏现代农业技术和装备的支持，导致农业生产效率低下，农村中第一产业的比重过大，第二、第三产业比重很小。在农产品生产和经营中，农业的比重过大，林牧渔的比重过小，农业和农村经济结构也不合理。在农业结构中，种植业比重偏大，畜牧业、林果业、水产业不够发达。在种植业结构中，粮食比重仍然偏大，经济作物和饲料作物比重偏小。在农村经济结构中，第一产业比重偏大，乡镇企业和农村第三产业发展相对滞后。

第三，农民收入增长缓慢。近两年来，虽然粮食丰收，但种植成本增长更快，农民收入增长却缓慢，部分地区甚至出现了负增长，扩大再生产投入能力明显减弱，农民的积极性受到一定程度的挫伤。部分农民只顾眼前利益，没有考虑长远利益。例如，广西南流江养殖和生活污染严重，近年来南流江干流玉林市境内水质全线下降至劣V类，入河排污口整治工作严重滞后，养殖污染、生活污水等给南流江造成了严重的污染。

三、乡村社会文化环境改变巨大

乡村文化建设是当前社会发展的重要议题，它不仅关系到乡村社会的文化繁荣，也影响着乡村经济的发展和社会的和谐稳定。在过去的几十年中，随着城市化进程的加速，乡村社会文化环境发生了巨大的变化。

第一，乡村文化受到多元文化的挤压与冲击，传承环境发生了变化，不仅影响了乡村文化的传承和发展，也影响了乡村社会的稳定和谐。一是随着外来文化的涌入，乡村文化中的传统习俗、信仰、价值观等受到挑战，逐渐被淡化，甚至被遗忘，导致乡村文化的生存空间受到挤压；二是由于缺乏资金、人才和技术支持，乡村文化产业的发展相对滞后，无法满足人民群众日益增长的文化需求；三是一些年轻人对外来文化产生了认同感，而对本土文化的认同感逐渐减弱，导致乡村文化的认同感受到冲击；四是多元文化的冲击，使得一些传统的价值观念受到挑战，导致一些社会矛盾和冲突加剧，影响了乡村社会的和谐稳定。

第二，文化传承的缺失。乡村文化面临着前所未有的冲击和挑战，乡村文化的传承和发展面临着巨大的困境。一是许多乡村地区的传统文化逐渐消失，一些传统的手工艺、民间表演、节庆活动等逐渐被遗忘，年轻一代对传统文化的认知和了解也越来越少，这不仅导致了传统文化的断代，也影响了乡村文化的传承和发展。二是许多乡村地区的乡土气息逐渐淡化，传统的建筑、景观、风俗习惯等逐渐被现代化的元素所替代，乡村地区的特色和文化底蕴逐渐消失，这不仅影响了乡村地区的形象和魅力，也削弱了乡村文化的吸引力。三是许多乡村地区的农民对于文化传承的意识并不强，一些传统的文化活动和节庆活动被视为过时或无用，被现代娱乐方式所替代，部分乡村地区的青少年缺乏对于文化传承的责任感和使命感。四是乡村地区的文化传承需要有一支专业的文化传承人才队伍，但当前许多乡村地区缺乏专业的文化传承人才，一些传统的文化技艺和表演艺术等难以得到有效的传承和发展，乡村地区的青少年对于传统文化的兴趣和热情不高，也缺乏对于文化传承的积极性和主动性。

四、乡村公共文化服务体系不健全

（一）公共文化服务机制不够健全，管理理念滞后

乡村文化建设是我国文化建设的重要组成部分，对于提升农村居民的文

化素质、促进农村社会的和谐发展具有重要意义。当前乡村文化建设中公共文化服务机制不够健全，管理理念滞后的问题仍然普遍存在，这在一定程度上制约了乡村文化的发展。

第一，公共文化服务机制不健全。乡村公共文化服务设施建设滞后，供给不足，服务质量不高，使用效率低下，乡村公共文化服务的运作和管理缺乏规范和标准化，难以满足乡村居民多元化的文化需求。当前乡村公共文化服务机制存在问题，乡村公共文化设施建设、文化活动开展等方面的投入相对较少，难以满足广大农民群众日益增长的文化需求。城乡之间、村与村之间的公共文化服务水平存在较大差距，农村地区往往处于弱势地位；乡村公共文化服务专业人才短缺，服务质量难以保证；乡村文化建设缺乏创新意识和创新手段，难以吸引广大农民群众的参与。

第二，管理理念滞后。在乡村文化建设中，许多地方仍采用传统的管理理念，过于强调行政手段，忽视市场和社会的力量，这种滞后的管理理念导致乡村文化建设缺乏活力和创新，难以适应新时代的发展需求；许多乡村文化建设项目往往只注重眼前利益，缺乏长远规划，导致资源浪费和效率低下；乡村文化建设需要有一支高素质的人才队伍，但许多乡村地区往往忽视人才培养和引进，导致乡村文化建设缺乏人才支撑；乡村文化建设需要广大村民的积极参与，但许多乡村地区的管理者往往忽视村民的意见和建议，导致乡村文化建设缺乏群众基础；一些乡村地区的管理者受传统管理理念的影响，过于注重物质建设而忽视精神文明建设，导致乡村文化建设难以取得实质性进展。

（二）乡村文化公共文化建设资金匮乏

当前乡村公共文化建设面临着资金匮乏的问题，严重制约了乡村公共文化服务的提供和质量。资金匮乏主要表现在设施建设不足、人才队伍建设滞后、文化活动开展受限、政府投入不足、市场化程度低、村民参与度低等方面问题。一是许多乡村公共文化设施建设不足，甚至存在设施老化、损坏严重的情况，不仅影响了文化服务的提供，也影响了农民的文化生活。二是许多乡村公共文化机构无法吸引和留住优秀的人才，导致人才队伍建设滞后，服务质量难以提高。三是许多乡村公共文化机构无法开展丰富多彩的文化活动，甚至无法保证基本的服务质量。四是目前政府对乡村公共文化建设的投入不足，导致乡村公共文化建设资金匮乏。一方面，政府对乡村公共文化建设的重视程度不够，投入的资金较少；另一方面，政府对乡村公共文化建设的考核机制不完善，导致部分地方对乡村公共文化建设的投入不足。五是市场化已经成为当前许多领域发展的重要趋势，但在乡村公共文化建设领域，市场化程度较低。一方面，由于市场化程度低，地方企业和社会组织不愿意投资乡村公共文化建设；另一方面，由于市场化程度低，部分乡村公共文化机构缺乏自我造血能力，导致资金匮乏。六是村民参与度低。少数村民对乡村公共文化建设的认识不足，缺乏参与的积极性和主动性，同时，另有部分村民缺乏文化素养和参与能力，无法有效参与乡村公共文化建设。

2000—2020年，广西公共文化投入总量年均增长13.85%；以各五年期细致测算，其中"十五"年均增16.78%，"十一五"年均增13.02%，"十二五"年均增19.24%，"十三五"年均增6.75%，2020年度增长43.45%。由于公共服务各类投入数据之间历年增长幅度不同，文化投入占教科文卫综合投入（同类可比四项合计）比重降低6.39个百分点，即文化投入增长显著低于教科文卫综合投入增长；其中"十五"降低0.66个百分点，"十一五"降低6.02个百分点，"十二五"升高0.34个百分点，"十三五"降低0.05个百分点，2020年升高1.46个百分点。从同期广西相应各类数据之间增长相关系数来看，近些年来，广西文化领域建设与投入比例增长点小于教育投入的百分点。近年来，政府投入建设了一些文化设施，但"建"的问题解决了，"管"和"用"的问题没解决，导致使用效率不高、闲置现象严重、功能作用得不到充分发挥；基本人才队伍建设不足，群众文化人才缺乏培养、使用机制，文化专干量少质弱且很难"专干"文化；文化活动内容和活动方式缺乏创新，文化生活匮乏、老套，难以满足农民精神文化生活的需求。

（三）农民的主体性作用薄弱

乡村公共文化服务是乡村振兴战略的重要组成部分，旨在提高农民的文化素质，促进农村社会经济发展。当前乡村公共文化服务农民的主体性作用相对薄弱，导致农民参与度不高，无法充分发挥其应有的作用。一是相较于城市，乡村公共文化服务体系建设投入明显不足，导致基础设施不完善、服务质量不高，缺乏完善的文化活动场所和设施，农民难以参与各种文化活动，进而削弱了其主体性作用。二是农村地区普遍存在文化教育资源不足的问题，导致农民文化素质偏低，缺乏参与公共文化服务的意识和能力，另外，农村地区文化管理机制不完善，缺乏规范的管理制度和文化活动组织机制，导致农民难以有效参与公共文化服务。三是由于传统观念的影响和自身经济条件的限制，部分农民对公共文化服务缺乏兴趣和参与意愿，导致其主体性作用难以发挥。相较于城市地区，广西乡村地区的现代文化发展相对滞后。受教育程度低、信息闭塞等因素制约了乡村地区现代文化的传播和发展。乡村居民对现代文化的了解和接受程度有限，使得乡村地区的文化氛围相对沉闷。

第六章

乡村振兴视域下广西乡村文化建设的路径选择

第一节 强化乡村文化建设价值引领

一、以社会主义核心价值观引领乡村文化建设

社会主义核心价值观是当代中国精神的集中体现，党的二十大报告强调"广泛践行社会主义核心价值观"。社会主义核心价值观是当代中国坚定文化自信、建设文化强国的价值引领，社会需要共识引领，国家需要价值导航。在全面推进乡村振兴的背景下，加强乡村文化建设，不仅有助于提升农民的精神文化素养，还能够促进农村社会的和谐稳定。

第一，用社会主义核心价值观凝心聚力。社会主义核心价值观对于乡村文化建设具有重要的指导意义，核心价值观是一个民族赖以维系的精神纽带，是一个国家共同的思想道德基础，它强调了公正、平等、诚信、友善、法治等价值观，对于乡村文化建设具有重要的推动作用，乡村文化建设需要

结合当地实际情况，因地制宜地开展工作。[①]在乡村文化建设中，需要注重传统文化的传承与创新，以及农民素质的提高。社会主义核心价值观在乡村文化建设中发挥了积极作用：一是促进了乡村文化的传承与创新，许多乡村地区充分利用传统文化资源，开展各种文化活动，弘扬社会主义核心价值观；二是提高了村民素质，通过开展各种教育培训活动，村民的道德素质和法律意识得到了提高，为乡村文化建设提供了有力保障；三是推动了乡村经济的发展，许多乡村地区充分利用本地资源，发展特色产业，实现了经济与文化的融合发展。因此，应加强社会主义核心价值观的宣传教育，提高农民对核心价值观的认识和理解，注重传统文化的传承与创新，挖掘本地文化资源，打造具有特色的乡村文化品牌。

第二，乡村文化建设与社会主义核心价值观的内在联系。社会主义核心价值观作为新时代中国特色社会主义的价值引领，对于推动乡村文化建设、提升乡村社会文明程度也具有重要作用。具体表现为：一是乡村文化建设是涵养社会主义核心价值观的重要载体。通过加强乡村文化建设，可以引导农民树立正确的价值观念，增强农民的文化自信，从而推动社会主义核心价值观在乡村的深入践行。二是社会主义核心价值观为乡村文化建设提供了价值引领。社会主义核心价值观的提出，为乡村文化建设指明了方向、提供了遵循，有助于推动乡村文化建设沿着正确的道路发展。三是乡村文化建设与社会主义核心价值观相互促进。乡村文化建设的发展，有助于提升农民的文化素养，增强农民的道德观念，为社会主义核心价值观的培育奠定坚实的基础。社会主义核心价值观的深入践行，也能够推动乡村文化建设的创新发展，形成乡村文化建设与社会主义核心价值观弘扬的良性循环。

以优秀乡村文化涵养社会主义核心价值观，一是加强乡村教育，提升农民文化素养。通过加大教育投入，改善乡村教育条件，提高乡村教育质量，培养农民的文化自信和文化自觉，注重将中华优秀传统文化融入乡村教育中，引导农民树立正确的价值观念。二是弘扬乡贤文化，发挥榜样作

---

① 黄玲玲.乡村振兴视域下乡村文化振兴的困境与路径研究[J].智慧农业导刊，2023，3（24）：175-
180.

用。乡贤是乡村文化的传承者和引领者，具有深厚的文化底蕴和高尚的道德品质。通过挖掘和弘扬乡贤文化，可以激发农民的文化自豪感和归属感，推动社会主义核心价值观在乡村地区的深入践行。三是推进移风易俗，革除陈规陋习。针对一些乡村地区存在的陈规陋习和不良风气，应积极推进移风易俗工作，引导农民树立正确的婚恋观、家庭观和道德观，加强乡村道德建设，提高农民的道德素质和社会责任感。四是挖掘地方文化资源，打造特色文化品牌。应结合地方实际，深入挖掘乡村文化资源，打造具有地方特色的文化品牌；通过举办各类文化活动、建设文化景点等方式，展示乡村文化的独特魅力，吸引更多游客前来观光旅游，促进乡村经济发展。五是培养乡村文化人才，加强队伍建设。应培养一批既懂文化又懂管理的复合型人才，通过制定优惠政策、提供培训机会等方式，吸引更多优秀人才投身乡村文化建设事业，加强对乡村文化工作者的培训和管理，提高他们的业务水平和综合素质。

第三，把社会主义核心价值观融入乡村文化建设各个方面，可以丰富乡村文化活动内容、创新乡村文化形式、提高乡村居民的文化素质和思想道德水平、推动乡村文化的繁荣发展。乡村文化建设与乡村经济社会发展紧密相连，相互促进。将社会主义核心价值观融入乡村文化建设中，可以激发乡村居民的创新创造活力，提高乡村社会的文明程度，为乡村经济社会的持续健康发展提供有力的文化支撑。将社会主义核心价值观融入乡村文化建设中的途径有以下几点：一是政府应加大对乡村文化设施建设的投入力度，建立健全乡村文化设施网络，同时要注重文化设施的更新升级，提高服务水平，满足乡村居民日益增长的文化需求，此外，还应加强对文化设施的管理和维护，确保其正常运行和发挥作用；二是在乡村文化活动中融入社会主义核心价值观的元素，创新文化活动形式和内容，可以通过举办主题文化活动、文化讲座、展览等形式，向乡村村民普及社会主义核心价值观的内涵和要求，还可以结合当地的文化资源和传统习俗，开展具有地方特色的文化活动，吸引更多乡村村民的参与；三是政府和社会应加强对乡村文化人才的培养和支持力度，建立健全乡村文化人才库，可以通过制定优惠政策、提供培训机会等方式，吸引更多的文化人才到乡村地区工作和生活；四是鼓励和支持乡村文化组织的发展壮大，发挥其在推动乡村文化建设中的重要作用，通过提供资金支持、搭建活动平台等方式，促进乡村文化组织的健康发展，还应加强对乡村文化组织的引导和管理，确保其活动内容和形式符合社会主义核心价值观的要求。

　　例如，北海市赤西村在以社会主义核心价值观引领乡村文化建设方面树立了典范。赤西村由赤西大村、塘儿村2个自然村组成。全村总面积约5平方千米，全村共有农户354户，总人口1454人。赤西村东与银海区交界，西、北与合浦县交界，距离高德办事处约12千米。到赤西村，映入眼帘的就是赤西村门楼的对联"接高德毗乾江振兴丝路古村落，先扶贫后致富打造文明新赤西"。对联不长，却很好地介绍了赤西村的地理位置和发展前景。上半句交代赤西村所在位置，即赤西村是与高德、乾江相邻的，位于海上丝绸之路发源地旁的一个古老的村落；下半句指明了赤西村当前的发展方向及目标，即要把赤西村建设成产业兴旺、生态宜居、乡风文明、治理有效、生活富裕的社会主义新农村。赤西村从2015年开始建设，在2018年变化最大。自2018年6月以来，该村庄开展了很长一段时间的村庄环境卫生大整治，在村容村貌的整治提升上制定了一系列制度，落实了一系列措施，在2017年建成村中"小花园"的基础上，打造整村"大花园"格局。曾经的泥路、猪圈、旱厕、废旧建筑都被拆除改造或者重新建设了。现在进村的主干道是经重新改造过的，以前的路面很窄，现在加了两旁的排水沟和盖板，重新铺了沥青路面，彻底解决了道路两旁污水横流的问题。除了基础建设之外，赤西村还将艺术、文化融入了生活中，美化了村庄环境。赤西村为了提升村庄特色、传承弘扬农耕文化，利用闲置民宅、农业生产配套用房、村委旧办公用房等修缮建成了120平方米的农事旧物展览馆，收集了近百件有近50年历史的农具及农民生产和生活用品，还建成了300平方米的农家食堂、3500平方米的研学基地综合楼、500平方米的手工作坊等，宽敞明亮的屋子里，摆放着整齐的桌椅，墙上有二十四节气介绍等农耕文化图文展示，进一步完善了旅游基地设施，节约建设资金超过200万元。其中，手工作坊设置了手工学习、插秧实践、蔬菜采摘、摸鱼比赛、户外游戏、产业基地学习等体验环节以及以"爱国主义""民族团结"等为主题的主题教育课程，参加研学活动的学生有7万多人次。赤西村完善基建后，制定了民规，加强了赤西乡风文明之"魂"。2017年12月，赤西村上榜广西2017年度自治区级生态村；2019年12月，赤西村上榜国家林业和草原局公布的第二批国家森林乡村；2022年6月，赤西村被命名为第五批广西壮族自治区民族团结进步示范村（社区）；2022年9月，赤西村被推荐为2022年广西清廉示范村。

"家祠莲花地，江头进士村"。桂林市灵川县九屋镇江头村是著名的百年清官村，是我国北宋著名文学家、哲学家、理学创始人周敦颐后裔之村，该村因为重视教育而成了一个历史文化积淀深厚、文物古迹丰富、历史环境和自然环境保存较完整的传统村落。江头村具有辉煌的历史、丰厚的文化遗产和优美的自然景观。江头村"爱莲文化"主要由以周氏先祖——周敦颐《爱莲说》精神为基础的理念构成。《爱莲说》是周敦颐在江西虔州（治所在今赣州）任通判时所写。"出淤泥而不染，濯清涟而不妖"是《爱莲说》的主旨。"莲"与"廉"同音，周敦颐借歌咏莲花以抒发自己高尚清白的君子情操，赞叹自己为政为官清廉之道，名为写莲，实为写己。这种两袖清风、廉洁自律的官德官风，直接而深刻地影响和激励着一代一代的江头村子弟。该村深挖传统文化中的廉洁元素，整合本村家规家训、家风故事，不断丰富周氏家族家风的时代内涵。江头村人家家户户门前都悬挂家风家训牌，自觉将家风家训融入村规民约中，积极打造廉政读书角、廉政文化墙等"清廉文化"宣传阵地，将《周氏家训》中"廉""慎"等字词印到江头糍粑上，融入寻常百姓生活，营造浓厚的清廉家风氛围。积极推进"家规家训+移风易俗"行动，引导村民婚事新办、丧事简办，累计劝导简办红白喜事36起，帮助村民操办红白事47余起，开展志愿服务活动180余场次，助推形成崇廉尚廉的新风尚。爱莲家祠除了用来祭祀祖先之外，还被周氏家族办成培育子弟的私塾。爱莲家祠的基座逐层增高，第三进文渊楼共有两层，上层是"私塾"用来读书授课，下层"爱莲堂"则用来举办礼仪活动。"爱莲堂"大厅张挂着治家报国的《周氏家训》以及托物言志的名篇《爱莲说》。中堂供奉着周敦颐本人的画像，供后人瞻仰崇拜。家祠内的窗棂扇格也与众不同，条格造型分别设计成"循礼、遏制、慎言、亲贤"等字样，所有这些建筑装饰细节无不折射出周敦颐清白做人、洁身自爱的理学精髓。时光荏苒，庭院深深，江头周氏世代传承着周敦颐的理学思想和礼仪教化，在爱莲家祠持久沉淀，绽放光芒。盛名之下，江头村仍然保持"爱莲文化"初心。江头村还因地制宜巧妙结合农旅产业发展经济，同时倾力保护修缮古建筑，挖掘弘扬江头村人文历史文化和廉洁廉政文化资源。如今，村民们仍以先祖训诫为做人行事的圭臬，世代流传下来的"勤政廉洁、爱民惠民、尊师重教"等精神依然是族人引以为豪的资本，并成为周氏后辈为人、从政、做学问的"座右铭"。

二、以优良家风涵养乡村文化建设

家风连着民风、社风、政风，家事连着国事、政事、天下事。习近平总书记指出："不论时代发生多大变化，不论生活格局发生多大变化，我们都要重视家庭建设，注重家庭、注重家教、注重家风。"[1]当前乡风文明建设成为乡村发展的重要议题以及乡村振兴的重要一环，也是传承和弘扬优秀传统文化的重要举措。充分认识乡村文明的重要性，理解其内涵，积极推动乡风文明建设，有助于提高农民精神文化素质，促进乡村文化繁荣，推动乡村社会和谐发展，乡风文明建设还有助于提高农民的生活质量，增强乡村的吸引力和凝聚力，为乡村振兴提供有力支撑。

第一，优良家风是乡村文化建设的重要内容。乡村文化是一种地域文化，具有鲜明的地方特色和深厚的历史底蕴，乡村文化主要包括乡村的物质文化、精神文化、制度文化以及行为文化等方面。其中，乡村的精神文化是乡村文化的核心和灵魂，主要包括乡村的道德观念、价值取向、思维方式、审美情趣、宗教信仰、风俗习惯等。家风作为家庭文化的重要组成部分，是一个家庭或家族代代相传沿袭下来的精神财富，是乡村精神文化的重要体现。家风正，则民风淳；家风美，则乡风美。优良家风是乡村文化建设的重要内容，在乡村文化建设中发挥着重要的作用。首先，家风是家庭成员共同遵循的行为准则和价值追求，是培育乡村社会主义核心价值观的重要载体。

---

① 黄玲玲.乡村振兴视域下乡村文化振兴的困境与路径研究[J].智慧农业导刊，2023，3（24）：175-180.

通过弘扬优良家风，可以引导乡村居民树立正确的世界观、人生观和价值观，增强乡村居民的国家意识、集体意识、社会意识，推动乡村社会主义核心价值观的落地生根。其次，家风作为乡村文化的重要体现，承载着乡村优秀传统文化的基因。通过弘扬优良家风，可以传承和弘扬乡村的优秀传统文化，如尊老爱幼、诚实守信、勤劳节俭、邻里和睦等，增强乡村居民的文化自信和文化自觉，推动乡村文化的传承和发展。最后，家风作为家庭文化的重要组成部分，对于提升乡村居民的道德素质具有重要的作用。通过弘扬优良家风，可以引导乡村居民树立正确的道德观念和行为准则，增强乡村居民的道德责任感和道德自律意识，推动乡村居民道德素质的提升。

第二，优良家风是乡村文化建设的宝贵财富。一是促进乡村社会和谐。优良家风倡导的家庭精神风貌，如尊老爱幼、团结互助等，有助于营造和谐稳定的乡村社会氛围。家庭成员之间的和睦相处，能够带动整个乡村社会的和谐发展，减少社会矛盾，维护社会稳定。优良家风代表着积极向上的价值观念和行为准则，可以引导乡村居民追求真善美、抵制假恶丑，推动乡村文化向健康、文明、进步的方向发展，还可以激发乡村居民的文化创新活力，推动乡村文化的传承与创新。二是凝聚乡村文化发展合力。乡村文化建设是一项系统工程，需要各方面的共同参与和努力。优良家风作为乡村文化的重要组成部分，具有强大的凝聚力和向心力，可以将乡村居民紧密团结在一起，共同致力于乡村文化建设的伟大事业。通过弘扬优良家风，可以激发乡村居民的文化自豪感和归属感，增强乡村居民的文化认同感和文化责任感，形成推动乡村文化发展的强大合力。三是净化乡村文化发展环境。随着经济社会的发展，乡村文化面临着诸多挑战和冲击，一些不良文化现象如封建迷信、赌博、攀比等逐渐侵蚀着乡村文化的发展环境，优良家风作为积极向上的家庭文化，可以引导乡村居民树立正确的文化观念和价值追求，自觉抵制不良文化现象的侵蚀和影响，净化乡村文化发展环境。四是促进乡村文化与社会治理的深度融合。乡村文化建设与社会治理是相互促进、相互依存的关系。优良家风作为乡村文化建设的重要内容，可以促进乡村文化与社会治理的深度融合。一方面，通过弘扬优良家风，可以引导乡村居民自觉遵守社会规范、维护社会秩序、促进社会和谐；另一方面，通过加强社会治理、优化乡村发展环境，也可以为乡村文化建设提供有力支撑和保障。

第三，大力弘扬优良家风涵养乡村文化建设。首先，加强家庭教育，培育优良家风。家庭是培育优良家风的重要阵地，要加强家庭教育，引导家长树立正确的教育观念，注重培养孩子的道德品质、行为习惯和文化素养，也要发挥家庭成员之间的带动作用，共同营造积极向上的家庭氛围，形成优良家风。其次，挖掘乡村文化资源，传承优秀家风。乡村文化资源丰富多样，蕴含着丰富的家风教育资源，要深入挖掘乡村文化资源，整理和保护乡村家风文化遗产，传承和弘扬优秀家风，还要结合时代要求和乡村实际，创新家风教育内容和形式，推动优秀家风的传承与创新。再次，发挥乡村文化阵地作用，弘扬优良家风。乡村文化阵地是弘扬优良家风的重要平台，要加强乡村文化设施建设和管理，打造一批具有地方特色的乡村文化阵地，如乡村图书馆、文化广场、博物馆等，同时，要开展丰富多彩的文化活动和文化志愿服务，吸引乡村居民积极参与其中，共同弘扬优良家风。最后，强化制度保障和政策支持，推动优良家风建设。政府和社会各界要加大对优良家风建设的支持和保障力度，制定和完善相关政策法规，为优良家风建设提供有力制度保障，同时，要加大资金投入和资源整合力度，为优良家风建设提供必要的物质保障和人才支持。此外，还要加大舆论宣传和引导力度，营造全社会共同关注和支持优良家风建设的良好氛围。

通过实地调研，广西区内部分地区乡风家风在乡村文化建设方面起到突出引领作用。2021年11月30日，全区首届十佳村规民约、十佳居民公约评选结果揭晓，钦州市浦北县北通镇清湖村九梅麓村村规民约等十篇村规民约、百色市德保县城关镇德福社区居民公约等十篇居民公约榜上有名。"办事讲公正，买卖须公平。感恩新时代，跟党一条心。村规要遵守，否则拉黑你。"这是钦州市浦北县北通镇清湖村九梅麓村的村规民约，通俗易懂，朗朗上口。其中的"拉黑约定"是九梅麓村在全区首创的一项乡风文明建设实践制度。村民违反了村规民约，会由村民理事会登记在案并对外公布，经多次教育仍不改正的，违约村民会被同村人集体"拉黑"。"拉黑"期间，其家中红白事同村人均不参与，对其进行孤立作为惩罚，形成震慑。"拉黑约定"起到很好效果，九梅麓村至今未出现"拉黑"现象，村风民风健康向上，生活氛围和谐友爱。百色市德保县城关镇德福社区成立于2019年8月，是德保县最大的易地扶贫搬迁集中安置点。社区成立之初，搬迁群众以社区为家的意识很淡薄。为确保社区有良好的生活环境，增强居民自我管理意识，德福社区"两委"干部通过居民公约的修订，带动社区居民广泛参与，共同治理，制定了包含爱护卫生、移风易俗、规范停车摆摊、禁止饲养家禽、垃圾定点投放等在内的、贴近当前易安社区需求的条款式居民公约，逐步把德福这个易地搬迁社区建成"熟人"社区，打造了一个党群相融、出入相友、守望相助、疾病相扶、邻里相亲的文明和谐易安点。

开展丰富多彩的文化活动，推动乡风文明文化发展。恭城瑶族自治县位于广西壮族自治区桂林市，常住人口为245432人，其中瑶族人口约占60%。恭城瑶族自治县历史悠久，其历史最早可以追至秦始皇时期，隋末置茶城县，唐武德年间将其更名为恭城县，1990年由国务院设立为恭城瑶族自治县，这是全国最年轻的瑶族自治县。它的文化底蕴也十分的深厚，有18个古村落被列入中国传统村落名录，10项技艺被列入广西"非遗"名录，其中文庙、武庙、周渭祠、湖南会馆被列入国家级重点文物保护单位，所以还有"秀甲山水看桂林，古建精华看恭城"之说。恭城瑶族自治县不仅拥有灿烂的历史文化，还有丰富多彩的民俗文化，例如关公节、盘王节、油茶节、开笔礼。

近年来，恭城瑶族自治县在乡村振兴战略的支持下，致力于充分地利用恭城深厚的历史文化底蕴、浓郁的民族文化，开展丰富多彩的文化活动，着力推动乡风文明文化发展。走进西岭镇杨溪村，可以发现村道整洁干净，能够看见保护完好的"坡顶屋、小青瓦、木屋檐、白屋檐、红砖墙"岭南民居特色房屋，村里生态环境优美，设施完善，有村级公共服务中心、村史室、村民议事所、农家书屋、污水处理站等，村民安居乐业，其乐融融。近年以来，村委会积极响应国家号召，在乡风文明建设下开展多姿多彩的活动，例如，在春节开展村晚会，在周末开展村NBA球赛，在重阳节开展慰问村里老人活动。这些活动的开展，丰富了村民们的生活，大幅提升了村民的幸福感。古人云："万民乡风，旦暮利之。"乡村振不振兴，要看乡风好不好。像这样的例子还有很多，在国家乡村振兴发展的战略下，一阵阵乡风文明新风吹进了老百姓的心坎里，滋润了老百姓的生活，提升了老百姓的幸福感。

创新乡村治理新模式，开展乡风文明建设。梧州市金鸡镇同荣村在第一书记的带领下通过推行评星制，制定村规民约，开展移风易俗等活动，有效推进了乡村文明建设。同荣村的领导班子还认识到，乡风文明建设并非一蹴而就的过程，需要持之以恒地努力。近年来，藤县金鸡镇同荣村创新推行"评星制"乡村治理新模式，推动基层治理体系和治理能力的有效提升，促进社会经济、文化、产业蓬勃发展，一跃成为藤县乡村振兴示范村、梧州市党建创新示范村、梧州市民族团结示范村、广西四星级党支部。2021年初，同荣村党支部换届，姚易朋成为支部书记。他把结果作为导向，提出提升乡村建设效率与质量的新办法，以一个家庭有多少个大学生，培养了多少个医生、护士或者老师为标准评价这个家庭做了多少努力，形成一个"尚德争先"的氛围。这个新方法就是评星制，即给所有正能量的人和事带上"小红花"，把村民的日常行为用"星"来表达。现在到同荣村，可以看到每家每户的家门门口上都挂着一块写着"支部吹哨，振兴同荣"字样的评星牌，它成了村民的"第二张脸"。评星小组由党员、村贤和村民小组长等4—6人构成，采用动态评估，不定期抽检和抽查。评星内容有基础公益型、创新创业型、文明新风型3类，包含守纪星、卫生星、互助星、创业星、公益星等12个项目，在月评的基础上，还增加了年度评审环节。同荣村树立起了"一星闪耀，全家光荣；家家夺星，全村光荣"的荣誉意识。在乡村振兴战略的指导下，同荣村的村民积极开展乡风文明建设，营造出了一种"尚德争先"的村风民风，走出了一条重塑乡村治理、提升乡风文明的新路子。

创新监管模式，乡风文明建设成效显著。坝头村位于广西壮族自治区梧州市蒙山县新圩镇西南部，距县城14千米，距荔玉高速新圩出口约5千米，蒙山至金秀二级路贯穿全村，交通条件十分便利。全村共有12个村民小组，总人口约1820人，占地面积约9.6平方千米。近年来，坝头村以"廉孝文化"为主线，通过创新监管模式、建强宣传阵地、完善工作机制、组建骨干队伍、推动文旅融合，构建郎朗政风、文明乡风、淳朴民风、良好家风，乡风文明建设成效显著。首先，创新监管模式，打造清风正气"廉洁村"。2017年开始，蒙山县新圩镇以坝头村为试点，以党员管理和党群自治为抓手，将监督末梢延伸至"最后一公里"。2021年，坝头村结合乡村振兴和农村综合性改革试点项目，依托科技赋能，搭建了"一站两网"智慧大数据监管平台，打破了监督的时间、空间限制，实现了"指尖上的监督"，群众可以通过智慧监督平台手机APP，实时了解查看政策落实、资金项目落地情况，随时随地开展监督、一键举报。此外，坝头村还把清廉文化、优良家风、民生监督等内容融入微廉政文化园、廉政教育培训基地建设内容，进一步营造干部清正、乡风文明的浓厚氛围。其次，建强宣传阵地，打造移风易俗"文明村"。坝头村以廉孝文化为切入点，以清廉乡村、清廉家庭建设和文明村镇创建为抓手，打造了"1235"（一站两巷三景观五园文化）为主体的宣传阵地，弘扬廉孝文化，培育文明新风。其中"一站"指整合农家书屋、广播站、下坝戏台、"绿荫党校"等宣传阵地，建好新时代文明实践站，打造传播科学理论、凝聚思想共识的"孵化器"。"两巷"指结合当地民风习俗，引导村民就地取材开展微改造，保留修缮旧农具、旧农屋、旧巷道等乡愁物品，融入民风习俗装饰，结合旧门板、本地竹子及鹅卵石等，建好廉政文化"清风巷"和善行义举"阳光巷"，打造弘扬新风正气、规范村民行为的"助推器"。"三景观"指实施乡村风貌提升工程，充分发挥核心价值观景观、移风易俗墙画、法治墙画、村规民约彩绘等作用，打造以文化人、成风化俗的"加速器"。"五园文化"以全国农村综合性改革试点为契机，建成"德""廉""孝""善""勤"为主题的"五园文化"，弘扬中华传统美德，打造集休闲娱乐与文化教育为一体的"混合器"。再次，完善工作机制，打造廉孝文化"品牌村"。建立健全"一约四会"的工作机制，完善《村规民约》和红白理事会、道德评议会、村民议事会、禁毒禁赌会的相关章程，大力倡导移风易俗，弘扬新风正气，遏制大操大办、厚葬薄养、人情攀比等陈规陋习。持续开展"做新时代文明人"等活动，常态化评选"坝头村善行义举榜""坝头村文明家庭榜"，评选出善行义举榜10人、文明家庭10户。最后，组建骨干队伍，打造志愿服务"红色村"。坝头村充分发挥村干、党员、组长、乡贤、能人的作用，组建了一支能干、会干、敢干、实干、快干的新时代文明实践"主力军"，常态化开展传思想、传政策、传道德、传文化、传技术等"五传"活动，推动社会主义核心价值观和廉孝文化扎根乡村，浸润心田。①

搞好移风易俗活动，让群众实践有载体，乡风文明有新的提升。田东县

---

① 李雅娴.乡村振兴视域下优良家风家训助推乡村治理的价值与路径[J].社会主义核心价值观研究，
2023，42（05）：10–15.

全年持续开展"推进移风易俗助力乡村振兴"和"社区邻里守望"等主题文明实践志愿服务活动，并在江城镇大诺村举办以"推进移风易俗助力乡村振兴"为主题的文明实践志愿服务示范活动，大力宣传移风易俗，年内向群众发放移风易俗宣传资料共计3万余份；在全县各乡镇选取了40个村（社区），围绕移风易俗"五个统一"行动，深入开展移风易俗示范村创建活动。组织党员签订移风易俗承诺书8万余份，组织完善"一约四会"运行机制，及时入户宣传引导，开展移风易俗宣传教育；将移风易俗融入理论宣讲、"一镇一节"民俗活动、文艺演出、"乡村夜话"等活动，开展移风易俗专题宣讲近300场次，举办移风易俗文艺巡演4场次；指导乡镇组建移风易俗志愿服务队，持续开展移风易俗入户宣传教育，累计发放移风易俗宣传资料8万余份；组织开展红事新办、丧事简办、禁毒禁赌、家风家训、关爱老人儿童等志愿服务活动近300场次；在田东县东南西北四个片区各创建1个市级移风易俗示范村，高标准、严要求推进田东县移风易俗示范村创建工作。

"忠厚传家久，诗书继世长"，发扬良好的家风民风文化精神，舒展新时代小康画卷，与时俱进，以进一步提高家风民风的建设，推动美丽乡村建设的发展。"家是最小国，国是千万家"，家风正，则民风淳，民风淳，则社风清，社风清，则社稷安。厚培良好家风，既是对中华传统美德的传承，也是对新时代好干部要求的呼应，重视家风建设，厚培纯正家风，筑牢"家庭防线"，建立幸福港湾，以良好家风民风引领社会风气。[①]总之，优良家风是乡村文化建设的重要内容和宝贵财富，大力弘扬优良家风、涵养乡村文化建设是一项长期而艰巨的任务，需要政府、社会各界以及家庭成员共同努力、共同参与。只有这样，才能推动乡村文化建设不断取得新成效、实现新发展。

---

① 王海娟，拓俊杰.社会主义核心价值观融入和美乡村建设的价值及路径[J].社会主义核心价值研究，2023，9（05）：51-57.

第二节　建立健全人才发展体制机制

一、完善乡村教育体系

乡村振兴靠人才，人才培养靠教育。坚持把加强教师队伍建设作为重大政治任务和基础性民生工程来抓，不断落实强师惠师举措，弘扬尊师重教风尚，坚持外引内育，增强聚才"磁场"，创新人才引进机制，用好教育"组团式""托管式"帮扶资源，推动外输培训扩充人才，积极协调更多优质教育资源向乡村倾斜，吸引更多有志于教育事业的优秀人才到乡村任教，让乡村教育赋能乡村振兴。优先发展农村教育事业，加大教师待遇和农村办学质量；优化农村学校布局规划，发展农村普惠性学前教育，加快现代职业教育发展；加快推进学前教育行动计划、普及高中教育攻坚计划、学校建设提升工程和教育项目攻坚，强化边远农村、贫困农村教育基础设施建设，力争实现镇公办中心幼儿园全覆盖，提高高中阶段毛入学率，提升九年义务教育巩固率，提升残疾儿童少年义务教育入学率。

（一）以多种形式助推乡村教育发展

乡村教育的发展水平是衡量乡村发展的重要指标，也是乡村振兴的重要基础，对于提高乡村居民的文化素质、推动乡村经济社会发展具有重要意义。一是政府应加大对乡村学校基础设施建设的投入力度，改善乡村学校的教学条件和生活环境，吸引更多优秀教师到乡村任教，鼓励社会力量参与乡村学校建设，形成政府、社会、学校等多方共同投入的机制。二是加强对乡村教师的培训和培养力度，提高乡村教师的教育教学水平和综合素质。实施定向培养、定向招聘等政策措施，吸引优秀教育人才到乡村任教，建立乡村教师激励机制，提高乡村教师的待遇和地位，激发他们的工作热情和创造力。三是弘扬乡村优秀传统文化，深入挖掘乡村地区的优秀传统文化资源，开展形式多样的文化活动和文化传承项目，让乡村村民在参与中感受到文化的魅力和价值，增强乡村居民的文化自信和归属感，激发他们对教育的重视和支持。四是结合乡村地区的实际情况和乡村居民的需求，创新乡村教育模式，探索适合乡村发展的教育路径。例如，可以开展农业技术培训和职业技能培训等课程，帮助乡村居民提高生产技能和就业能力，也可以开展远程教育、在线教育等新型教育形式，让乡村居民能够更加方便地接受教育。五是推动城乡教育之间的交流与合作，实现资源共享和优势互补，鼓励城市学校与乡村学校建立结对帮扶关系，开展教师互派、学生交流等活动，也可以引导城市优质教育资源向乡村地区辐射和延伸，推动城乡教育均衡发展。

乡村文化建设是推动乡村教育发展的重要力量，通过加强乡村学校基础设施建设、提升乡村教师队伍素质、弘扬乡村优秀传统文化、创新乡村教育模式以及加强城乡教育交流与合作等策略的实施，可以有效助推乡村教育的全面发展。未来，应继续加大对乡村文化建设和乡村教育的投入力度，不断完善相关政策措施，为乡村教育的繁荣发展提供有力保障。

（二）同步健全乡村教师分层、分类、分岗精准培训体系

乡村教师是乡村文化建设的重要推动者和实践者，他们的素质和能力直接关系到乡村文化建设的成效，因此有必要构建分层、分类、分岗精准培训体系。一是分层培训。根据教师的不同发展阶段和专业水平，将教师分为新手教师、熟手教师和专家教师三个层次，针对不同层次的教师制定不同的培训内容和方式。对于新手教师，重点进行基础理论和教学技能的培训；对于熟手教师，注重提升教学研究和创新能力；对于专家教师，则着重培养其在学科领域的引领和示范作用。二是分类培训。根据教师的学科背景和教学特点，将教师分为文科类、理科类、艺体类等不同类别，针对不同类别的教师制定不同的培训内容和方式。通过分类培训，可以更好地满足教师的个性化需求，提升教师的专业素养和教学能力。三是分岗培训。根据教师的岗位职责和工作内容，将教师分为班主任、科任教师、教研员等不同岗位，针对不同岗位的教师制定不同的培训内容和方式。通过分岗培训，可以更好地满足教师的实际需求，提升教师的岗位胜任力和工作效率。

为确保分层、分类、分岗精准培训体系的有效实施，需要制定相应的策略和实施路径。一是加强需求分析。通过深入调研和访谈，了解乡村教师的实际需求和发展愿景，为制定精准的培训内容提供依据；建立教师需求反馈机制，及时收集教师对培训的意见和建议，不断优化培训内容和方式。二是整合优质资源。充分利用高校、科研机构等优质资源，邀请专家学者进行授课和指导，提升培训的质量和水平，加强校际合作和区域合作，共享优质教育资源和教学经验，促进教师之间的交流与合作。三是创新培训方式。采用线上与线下相结合、理论与实践相结合、案例分析与问题解决相结合等多种培训方式，增强培训的多样性和灵活性，引入竞争机制和激励机制，激发教师参与培训的热情和积极性。四是完善评估机制。建立科学的培训效果评估机制，采用多种评估方法和工具，对培训的实际效果进行客观、全面的评估，根据评估结果及时调整培训内容和方式，确保培训的质量和效果。

厚植乡村教师教育情怀，提升乡村教师教学能力水平，并通过进一步完善激励机制，狠抓师德师风，努力提高乡村教师职业幸福感。广西河池大化瑶族自治县，聚力打造乡村教育振兴样板，2020—2023年以来，组织全县教师参加各级各类培训175期，累计培训教师超3万人次，实现乡村教师培训全覆盖；中国大唐北师大广西大化教育振兴暨高中教育质量提升项目启动以来，"金种子"项目、"星火教师"项目和"向阳计划"项目共培养校长、中层干部、学科骨干、班主任等154人，开展培训60余场，辐射带动教师、家长2000余人次，为8352名乡村教师发放补助资金4146万元，940名符合职称晋升条件的、在岗满30年的乡村教师通过评审取得高级职称资格；共发放中国大唐筑梦"三金"（助学金、奖学金、奖教金）360.32万元，其中奖教金121.16万元，奖励优秀教师1055人次。

同步健全乡村教师分层、分类、分岗精准培训体系是推动乡村文化建设的重要举措，通过构建科学的培训体系、制定精准的培训策略和实施路径，可以有效提升乡村教师的专业素养和教学能力，为乡村文化建设的深入推进提供有力保障。未来，应进一步加强乡村教师培训体系的研究与实践，不断完善和优化培训体系，以适应乡村文化建设的新需求和新挑战，加强乡村教师的职业发展规划和激励机制建设，为乡村教师的专业发展创造更好的条件和机会。只有这样，才能更好地推动乡村文化建设的发展，实现乡村振兴的战略目标。

二、注重乡村人才引进

（一）强化人才支撑

随着我国乡村振兴战略的深入实施，乡村文化建设作为其中的重要内容，日益受到社会各界的关注。乡村文化不仅是乡村发展的灵魂，也是乡村振兴的重要支撑，而人才支撑则是推动乡村文化繁荣发展的关键。以下几种措施可有效强化人才支撑：一是加强乡村文化人才队伍建设，扩大乡村文化人才队伍规模。通过加大投入、优化政策等措施，吸引更多优秀人才投身乡村文化建设事业，鼓励和支持乡村文化人才通过自学、培训等方式提高自身素质和能力。优化乡村文化人才队伍结构，注重培养高层次、专业化的乡村文化人才，加强对基层文化工作者的培训和指导，提高整个队伍的业务水平和综合素质。二是完善人才培养机制，建立多元化培养模式。结合乡村文化发展的实际需求，建立多元化的乡村文化人才培养模式，包括学历教育、职业培训、实践锻炼等多种形式。加强校企合作，鼓励高校、研究机构与乡村文化单位建立紧密的合作关系，共同开展人才培养和科研工作，推动产学研一体化发展。完善评价与激励机制，建立科学的评价体系和激励机制，对乡村文化人才进行客观、公正地评价和奖励，激发人才的积极性和创造力。三是优化人才发展环境，改善基础设施条件。加大对乡村文化基础设施建设的投入力度，提高文化设施的覆盖率和使用效率，为乡村文化人才提供良好的工作环境和生活条件。加强政策扶持，制定和完善支持乡村文化人才发展的政策措施，包括资金扶持、税收优惠、项目支持等，为人才创新创业提供有力保障。营造良好社会氛围，通过宣传教育、典型示范等方式，提高全社会对乡村文化人才的认识和尊重程度，营造尊重人才、爱护人才、重用人才的良好社会氛围。

　　强化人才支撑是推动乡村文化建设的关键所在，通过加强乡村文化人才队伍建设、完善人才培养机制、优化人才发展环境等对策的实施，可以有效推动乡村文化的繁荣与发展，同时，这也将为乡村振兴战略的实施提供有力支撑和保障。

（二）加快引进聚集高素质人才

　　高素质人才通常具备较强的创新能力，能够为乡村文化注入新的活力，能够通过创新的文化理念、文化产品和文化服务，满足乡村居民多样化的文化需求，推动乡村文化的创新发展。高素质人才的引进能够带动乡村经济的可持续发展，不仅能够为乡村文化产业提供智力支持，还能够通过创新创业，推动乡村产业升级和转型，为乡村经济发展注入新的动力。一是拓宽人才引进渠道。为吸引更多高素质人才参与乡村文化建设，应拓宽人才引进渠道。加强信息宣传，提高乡村文化建设的知名度和影响力；建立与高校、研究机构等合作机制，吸引更多专业人才参与乡村文化建设；完善人才引进政策，为高素质人才提供优惠待遇和良好环境。二是优化人才结构。针对当前乡村文化建设中高素质人才结构不合理的问题，应采取措施优化人才结构。鼓励和支持多元化人才参与乡村文化建设，包括文化、艺术、科技等领域的专业人才；加强高层次文化领军人才的引进和培养，提升乡村文化的整体水平；关注人才分布的均衡性，确保各地区和领域都有足够的高素质人才支持。三是完善人才培养和激励机制。对进入各工业园区、农民工创业园等平台入孵的创新型农业企业，在场地租金、水电物业等费用上进行相应减免，并按照有关政策给予奖励支持。四是落实基层事业单位人才引进激励办法，鼓励高校毕业生返乡就业创业，除享受各项创业扶持政策外，对成功创办小微企业的大学生，可简化程序、手续申请创业担保贷款。

（三）提升乡村人才队伍素质

　　乡村文化建设与提升乡村人才队伍素质密切相关，二者相互促进、相互依存。一方面，乡村文化建设需要依托高素质的人才队伍来推动。只有具备较高文化素养和技能水平的人才，才能为乡村文化建设提供有力的支撑。另一方面，提升乡村人才队伍素质也是乡村文化建设的重要目标之一。通过加强教育、培训等措施，可以提高乡村居民的文化素养和技能水平，为乡村文化建设提供源源不断的人才保障。以下是提升乡村人才队伍素质的相关措施。

第一，加强乡村教育。教育是提升乡村人才队伍素质的重要途径。针对当前乡村教育资源配置不足、师资力量薄弱等问题，应加大投入力度，改善乡村教育条件，提高乡村教育质量，还应注重培养学生的综合素质，加强文化教育、技能教育等方面的培养，使乡村学生具备较高的文化素养和技能水平。

第二，推进乡村文化产业发展。文化产业是提升乡村人才队伍素质的重要载体，充分利用乡村文化资源，发展乡村文化产业，打造具有地方特色的文化品牌，吸引更多的人才参与乡村文化建设，通过文化产业的发展，可以为乡村居民提供更多的就业机会，促进乡村经济的发展，也能够提升乡村居民的文化素养和审美水平。

第三，完善乡村人才引进机制。人才引进是提升乡村人才队伍素质的重要手段。建立健全乡村人才引进机制，吸引更多的高素质人才到乡村工作和生活，通过制定优惠政策、提高福利待遇等措施，吸引城市人才到乡村发展；注重培养本土人才，通过选拔、培养等方式，提高本土人才的素质和能力；培养农村基层干部，提升乡村治理能力；通过举办定点帮扶村"两委"干部培训班，采取专家授课、研讨交流、实地考察等多种培训方式，为村"两委"干部提供乡村基层党组织建设、乡村振兴农村产业发展以及帮扶干部的角色定位等培训课程，同时鼓励村干部提高学历，赠送高考书籍，提供免费辅导。

乡村文化建设是乡村振兴的重要支撑，而提升乡村人才队伍素质则是乡村文化建设的核心任务。通过加强乡村教育、推进乡村文化产业发展和完善乡村人才引进机制等措施，继续加大对乡村文化建设和人才培养的投入力度，可以为乡村振兴提供有力的人才保障和文化支撑。

（四）鼓励人才向基层一线流动

乡村应紧紧围绕乡村振兴和脱贫攻坚总体工作部署，紧扣脱贫攻坚和乡村振兴对人才和技术的迫切需求，坚持把解决群众如期脱贫与可持续致富结合起来，把实现乡村振兴摆上重要战略地位，拿出过硬办法，举全国之力，加快推进农业农村现代化，助力乡村振兴和脱贫攻坚。

第一，围绕乡村振兴重点任务，整合各领域专家人才资源，组织开展科技推广、技术指导、决策咨询、项目合作、联合攻关、人员培训等服务活动，按需选派科技特派员，实施1—2年的弹性服务期限制度，根据实际情况可适当申请延长服务期限，加大对科技特派员的支持力度，落实科技特派员项目费补助，整合城乡文化资源，实现资源共享。通过文化下乡、城市文化志愿者等活动，将城市的优质文化资源引入乡村，丰富乡村文化生活。

第二，采取表彰奖励、政治激励、政策鼓励等措施，激励表扬深入基层一线的优秀人才。政府应出台相关政策，引导人才向乡村流动，建立健全激励机制，对在乡村文化建设中作出突出贡献的人才给予表彰和奖励。一是强化人才待遇保障，对基层引进乡村规划师等乡村振兴人才，可采用协议工资、绩效奖励等方式落实薪酬待遇，所需经费列入所在地财政预算，严格落实乡镇公务员、事业单位人员乡镇补贴待遇，建立乡镇补贴合理增长机制，适当向艰苦边远地区乡镇倾斜。二是强化人才住房保障，实施人才安居工程，积极筹建市人才公寓，鼓励各单位、各有关行业统筹资源、创新方式，筹建本级、本企业人才公寓，拿出一定房源支持具有突出贡献的乡村振兴人才，激发他们的工作热情和创造力，进一步展现优秀人才的风采和优秀品质，激发广大人才充分发挥专业技能、突出特色及形式优势，积极投身基层一线，着力营造劳动光荣、知识崇高、人才宝贵、创造伟大的时代新风。

为了验证人才流动对乡村文化建设的积极作用，通过实地调研选取了广西区内多个典型案例进行分析。通过案例分析，发现在人才流动政策的推动下，部分乡村地区已经取得了显著的文化建设成果。例如，广西玉林部分乡村地区通过引进专业人才，成立了乡村文化工作站，开展了丰富多彩的文化活动，吸引了大量游客前来观光旅游，带动了当地经济的发展。实地调研也显示，人才的流动不仅带来了文化创新，还促进了乡村社会的和谐稳定。许多文化工作者深入基层，与农民群众亲密接触，了解他们的文化需求，为他们提供了更加贴心的文化服务，这种文化的交流与互动，增强了农民群众的文化自信，提升了他们的幸福感和获得感。

展望未来，鼓励人才向基层一线流动仍将是乡村文化建设的重要任务，随着国家对乡村振兴战略的深入实施和城乡一体化发展的不断推进，乡村文化建设将迎来更加广阔的发展空间，通过政策的不断完善和文化的不断创新，吸引更多的人才投身到乡村文化建设中来，共同推动乡村经济社会的全面发展。

（五）优化基层人才发展环境

优化基层人才发展环境是推动乡村文化建设的关键因素，其发展水平直接关系到乡村文化建设的成效，因此，优化基层人才发展环境，激发基层人才的创造力和活力，对于推动乡村文化建设具有重要意义。笔者从政策引导与扶持、提升基层教育水平、建立人才培养机制和推动乡村经济多元化发展四个方面提出了优化基层人才发展环境的策略。在政策层面，建议加大政策引导和扶持力度；在教育和人才培养层面，应注重提升基层教育水平和建立人才培养机制；在社会文化层面，应营造良好的社会文化氛围，推动乡村经济多元化发展，增强基层人才的归属感和认同感。以上四方面政策的实施，为乡村文化建设中优化基层人才发展环境提供了有益的参考。

第一，政策引导与扶持。政府应加大对乡村地区基层人才的政策引导和扶持力度。首先，通过制定更加优惠的人才政策，吸引和留住优秀人才，例如，提高基层人才的薪酬待遇、提供住房补贴等福利待遇；其次，加大对乡村教育、培训等领域的投入，提升乡村地区的教育水平和人才培养能力；最后，还应建立健全基层人才评价机制，激发基层人才的积极性和创造力。

第二，提升基层教育水平。教育是培养基层人才的重要途径，因此，应加大对乡村教育的投入力度，提升乡村地区的教育水平。例如，优化教育资源配置，确保乡村地区的教育资源得到充分利用；加强乡村教师的培训和教育，提高他们的教学水平和专业素养；推动城乡教育一体化发展，为乡村学生提供更多优质的教育资源。

第三，建立人才培养机制。针对基层人才短缺的问题，应建立完善的人才培养机制。通过校企合作、定向培养等方式，为乡村地区培养更多高素质的人才；加强基层人才的在职培训和技能提升训练，提高他们的专业素质和综合能力；建立基层人才库，对优秀基层人才进行动态管理和跟踪服务，为他们的职业发展提供有力支持。

第四，推动乡村经济多元化发展。经济发展是优化基层人才发展环境的重要基础，因此，要推动乡村经济多元化发展，提高基层人才的薪酬待遇和职业发展空间；发展乡村特色产业和优势产业，提高乡村经济的竞争力和吸引力；鼓励和支持乡村地区创新创业活动，为基层人才提供更多创业机会和发展平台；加强乡村基础设施建设，改善乡村地区的生产生活条件，为基层人才创造更好的工作和生活环境。

第五，营造良好的社会文化环境。社会文化环境对基层人才的成长和发展具有重要影响，因此，应营造良好的社会文化环境，增强基层人才的归属感和认同感，加强乡村地区的文化设施建设，如图书馆、文化活动中心等，为基层人才提供丰富的文化生活和娱乐设施；推动乡村文化产业发展，挖掘和传承乡村优秀传统文化资源，提高乡村文化的吸引力和影响力；加强乡村地区的社会治理和公共服务体系建设，提高基层人才的社会保障水平和生活质量。

优化基层人才发展环境是推动乡村文化建设的关键所在，通过政策引导和扶持、提升基层教育水平、建立人才培养机制、推动乡村经济多元化发展以及营造良好的社会文化环境等措施的实施，可以有效改善基层人才的发展环境，激发基层人才的创造力和活力，推动乡村文化建设的全面发展。

三、发挥乡贤引领作用

"乡贤"是指那些有品德、有才学为乡人所推崇敬重的人。品德高尚，在本乡本土具有一定的知名度和影响力，是乡贤最显著的人物。乡贤文化是中华优秀传统文化中非常重要的元素，其具有立德树人、见贤思齐、诚信友善等特点和内涵。①乡贤来自乡村，脱胎于群众。了解乡村文化底蕴、人文环境以及浓厚的乡贤文化气息，完成家乡建设的梦想，是外出游子共同的心声，群众对家乡事业建设也颇为热心。乡村振兴大旗召唤着广大乡贤游子反哺桑梓，泽被乡邻。乡贤文化是一条连接故土、维系乡情的精神纽带，它会培养出很多乡贤人才，可以为今后家乡建设作出贡献，对于乡村振兴也能起到重要的推荐作用。当前，当代大学生、创业者、职场精英等大多数都愿意回乡村发展，通过直播带货等方式或渠道带领村民富起来、强起来，这也是乡村振兴的一个路线。在乡村振兴战略的推进过程中，应该积极发挥乡贤文化的作用，推进乡村治理水平的不断提高，引领社会提升新农村文化建设，弘扬和践行社会主义核心价值观，实现乡贤文化建设和乡村振兴上的相遇。

（一）古乡贤与新乡贤并重，重点培育新乡贤

古乡贤是指在乡村社会中有一定声望和影响的人物，他们具有高尚的品德和行为，是乡村文化的传承者和弘扬者；新乡贤则是指在新时代背景下，在乡村社会中有一定影响力和号召力的人物，他们具有现代意识和创新精神，是乡村文化的创新者和推动者。古乡贤作为乡村文化的传承者和弘扬者，在新时代仍具有重要的影响力。随着社会的发展，新乡贤也在乡村文化建设中发挥着越来越重要的作用。因此，古乡贤与新乡贤并重，共同推动乡村文化建设，是当前乡村振兴战略的重要任务。

为了更好地推动乡村文化建设，应重点培育新乡贤。加强教育培训，提高新乡贤的素质和能力，培养他们的现代意识和创新精神；为新乡贤提供创新创业的平台和机会，激发他们的创造力和活力，推动乡村经济的发展；鼓励新乡贤积极参与乡村治理，增强他们的政治参与意识和能力，促进乡村社会的民主化和法治化进程；建立健全新乡贤的激励机制，激发他们的积极性

---

① 刘志秀，孔德永.乡贤人才参与乡村全面振兴的需求与路径[J].农业经济，2023（08）：109-111.

和创造力，增强他们的荣誉感和归属感。例如，贺州市在充分挖掘古乡贤资源时代价值的同时，把乡贤文化建设的重点放在培育新乡贤上，以新乡贤引领急剧变革的农村精神文化发展。贺州市注重发现、宣传、表彰、激励那些在各个领域做出突出贡献的新乡贤，如在外创业成功的企业家、在本地带动群众致富的经济能人、在公益慈善事业中奉献的爱心人士等，让他们成为乡亲们的楷模和榜样，引导更多的人成为乡贤，从而形成了良好的乡贤文化氛围。一是通过各种渠道和形式，加强乡贤文化的宣传和教育，提高人们对乡贤文化的认识和重视程度。乡贤文化的优势是多方面的，如果仅注重物质层面的发展，就会致使乡贤文化仅发挥出其物质方面对乡村建设的助力，因此，应结合当地的文化传统，举行形式多样的乡村活动，注入优秀文化的精髓，增强村民们对自己乡村文化的认同，增强村民之间的凝聚力，一起携手共建和谐美好乡村，充实乡贤文化的发展。二手搭建平台，如微信、网站等，提供多元化乡贤助力乡村模式。建立各种乡贤理事会、乡贤之家，让人们熟知了解乡贤文化，主动挖掘当地资源，与村民共同塑造当地资源，发展成经济产品，打造自身品牌，不仅能增强团结协作精神，还吸引外人了解，提高知名度，带动当地的经济发展。以乡贤为楷模，制定乡规民约，取缔家族中的孝悌修身、主次尊卑、婚姻祭祀等封建的一面，推进邻里和谐、调解纠纷，教化乡里，注入现代文明理念，践行社会主义核心价值观。

古乡贤与新乡贤并重，重点培育新乡贤，对于推动乡村文化建设具有重要意义。通过加强教育培训、鼓励创新创业、引导参与乡村治理和建立激励机制等措施，可以有效地培育新乡贤，促进乡村文化的繁荣发展，同时，也需要认识到，培育新乡贤是一个长期的过程，需要政府、社会和个人的共同努力。政府应加强政策支持，提供必要的资源和条件；社会应营造良好的氛围，鼓励和支持新乡贤的发展；个人也应不断提高自身素质和能力，积极参与到乡村文化建设中来。乡村文化建设中古乡贤与新乡贤并重，重点培育新乡贤，是乡村振兴战略的重要组成部分。积极探索有效的途径和方法，推动新乡贤的发展，对于促进乡村文化的繁荣发展具有重要意义，能够为乡村振兴战略的实现贡献力量。

（二）乡贤文化建设与乡土文化建设紧密结合

乡贤文化是指以乡饮宾、乡贤名士为代表的乡村精英文化，这些乡贤具有崇高的道德品质和丰富的知识经验，对乡村社会产生了深远的影响。当前，乡贤文化依然具有重要意义。乡贤文化是乡村文化传承的重要载体，有利于弘扬优秀传统文化；乡贤文化有利于树立榜样，发挥道德模范的引领作用，提高乡村居民的整体素质；乡贤文化是乡村治理的重要资源，有助于加强乡村治理能力建设，推动乡村社会和谐稳定。乡土文化是指以乡村地域、民俗、历史、生产生活方式等为基础的文化形态，具有浓郁的地方特色和乡土气息，乡土文化是乡村社会发展的根基，是乡村振兴的重要资源。一是乡土文化是乡村旅游的重要资源，有利于推动乡村旅游发展，促进乡村经济发展；二是乡土文化有利于传承和弘扬优秀传统文化，增强乡村文化的认同感和凝聚力；三是乡土文化是乡村居民的精神家园，有利于丰富乡村居民的精神生活，提高他们的幸福感和归属感。将乡贤文化和乡土文化紧密结合，有利于发挥二者的优势，形成乡村文化建设的新动力。首先，要加强乡贤文化的传承与创新，挖掘乡贤文化的现代价值，使其成为乡村文化建设的重要资源；其次，要加强对乡土文化的保护与传承，加强对传统民俗、历史、生产生活方式的保护和传承，使其成为乡村文化建设的基石；最后，要促进乡贤文化和乡土文化的融合发展，将乡贤文化融入乡土文化中，发挥乡贤文化的引领作用，推动乡土文化的创新发展。

第一，乡贤是宝贵的人才资源，乡贤在乡村文化建设中具有重要作用。乡贤是文化传承的引领者，在乡村社会中具有较高的文化素养和道德水平，对于传统文化的传承和弘扬具有重要的作用。他们可以通过言传身教、举办文化活动等方式，将传统文化传承下去，促进乡村文化的多样性发展。乡贤是道德教化的榜样，在乡村社会中具有较高的道德水平和社会责任感。他们通过自身的言行，向村民传递正能量，引导村民树立正确的价值观和道德观念，促进乡村社会的和谐发展。乡贤是经济发展中的推动者，在乡村经济发展中具有重要的作用。他们可以通过自身的资源和人脉，为乡村引进项目、推动产业发展，为乡村经济发展提供支持。为了更好地发挥乡贤在乡村文化建设中的作用，一是通过宣传教育、培训等方式，提高乡贤参与乡村文化建设的意识，让他们认识到自己在乡村文化建设中的重要性和作用；二是建立乡贤组织，加强对于乡贤参与乡村文化建设的组织和管理，形成合力，共同推动乡村文化建设；三是政府应该加强对于乡贤参与乡村文化建设的政策支持，制定相应的激励措施和保障机制，为乡贤参与乡村文化建设提供更好的环境和条件；四是加强乡贤之间的文化交流与合作，通过举办文化活动、开展文化研究等方式，促进乡贤之间的互动和交流，共同推动乡村文化建设。总之，乡贤是乡村文化建设中宝贵的人才资源，他们在文化传承、道德教化、经济发展等方面具有重要的作用，应加强对于乡贤参与乡村文化建设的组织和管理，完善政策支持，为乡贤在乡村文化建设中发挥更大的作用提供更好的环境和条件。

第二，注重将乡贤文化与农村公共文化服务体系建设相结合，尤其是与社会主义核心价值观、"美丽广西"乡村建设相结合。乡贤文化作为乡村传统文化的重要组成部分，具有丰富的内涵和独特的价值。在乡村文化建设中，乡贤文化可以发挥道德引领、文化传承、社会治理等多方面的作用。在乡贤文化与农村公共文化服务体系的结合方面，广西各地积极探索，如举办乡贤论坛、乡贤理事会等，发挥了乡贤在乡村治理中的作用。贺州市以乡贤文化为引领，注重农村公共文化服务体系建设，取得显著成效。该村通过乡贤理事会等组织，引导村民积极参与乡村建设，改善村容村貌，提高村民的生活质量，该村还把乡贤文化与乡村旅游和乡村建设结合了起来，打造了一批乡贤文化特色村，如象州县的郑小谷故里、武宣县的陈炯明故里等，极大地促进了当地经济社会发展。通过树立文明先进典型，可以让群众有学习榜样，在崇德向善向上的方面有新的提升。

（三）建立健全乡贤治理体系

乡贤作为乡村社会的重要代表，在乡村文化建设中发挥着重要的作用。建立健全乡贤治理体系，不仅可以促进乡村文化的传承与发展，还可以为乡村社会的和谐稳定提供有力保障。一是可以通过建立村级乡贤协会、乡贤理事会等形式，吸引更多的乡贤参与乡村治理，还可以通过举办各类文化活动、志愿服务等形式，提高乡贤的参与度。二是建立健全乡贤治理的规章制

度，明确乡贤的职责、权利和义务，确保乡贤治理的规范化和制度化。三是
加强对乡贤的教育培训，提高他们的文化素质和治理能力，使他们更好地发
挥引领作用。四是建立健全与现代乡村治理体系相衔接的乡贤治理体系，使
其更好地适应现代乡村发展的需要。五是建立健全监督评估机制，对乡贤治
理体系进行定期评估和监督，确保治理效果得到有效发挥。因此，应在实践
中不断探索和创新，加强制度建设、教育培训、监督评估等方面的工作，以
更好地发挥乡贤在乡村文化建设中的作用。

　　乡贤是乡村社会中的文化精英，他们具有深厚的文化底蕴和丰富的文化
传承经验。通过发挥乡贤的引领作用，可以更好地传承和弘扬乡村传统文
化，让传统文化在新的历史时期焕发新的生命力。乡贤还可以通过自己的言
行举止，引导村民树立正确的文化观念，增强村民的文化自信。乡贤在乡村
社会中具有较高的威望和影响力，他们能够通过自己的言行举止，引导村民
树立正确的价值观念，促进乡村社会的和谐稳定，同时，乡贤还可以通过参
与乡村治理，为村民提供更多的公共服务和资源，增强村民的获得感和幸福
感。通过发挥乡贤的引领作用，可以促进乡村社会的和谐发展，为乡村振兴
创造良好的社会环境。乡贤在乡村经济发展中起着重要作用，他们可以利用
自己的资源和人脉优势，为乡村经济发展提供更多的机会和资源。乡贤还可
以通过自己的创业经验，为村民提供更多的创业指导和支持，激发村民的创
业热情和创造力。通过发挥乡贤的引领作用，可以促进乡村经济的快速发
展，为乡村振兴提供坚实的经济基础。弘扬乡贤文化，有利于维系乡情、记
住乡愁的精神纽带，其中所蕴含的文化道德力量，能延续传统乡村文脉，积
极践行社会主义核心价值观。大力发挥乡贤文化的引领力，发挥新乡贤作为
文化引领者的角色优势，有利于乡村文化的创造性转化和创新性发展，推动
移风易俗，扭转农村封建迷信风、赌博抹牌风、大操大办风、人情风等不良
风气，全面塑造文明乡风。[①]乡贤文化扎根乡土，如今像苏春发、苏维芳等
新乡贤的人还有很多，他们用不同的方式，表现着对国家的热爱、对本民族

---

① 周斌，张菊媛.乡村振兴视域下乡村德治的价值逻辑与实践路径研究[J].农业与技术，2023，43
（12）：137-140.

的自豪感和对下一代的关爱，用自身的行动诠释着文化传承与发展。相信，通过全区人民的共同努力，人民将更加富裕，乡风将更加文明。

第三节　探索传统乡村文化融合方式

一、大力发展乡村文化旅游产业

进入新时代以来，我国坚定不移走生态优先、绿色发展之路，以旅游产业为媒，可以有效推动绿水青山转化为金山银山，让农村生态环境美起来，让腰包越来越鼓，让生活越来越美好。目前，乡村文化旅游产业已经在全国范围内蓬勃发展，许多乡村地区依托当地独特的民俗文化、自然资源等优势，打造了一系列具有特色的乡村文化旅游产品，包括农家乐、民俗体验、农事体验、田园观光等，吸引了大量游客前来观光、休闲、度假，让自然财富、生态财富不断带来经济财富、社会财富，实现生态产业化。

（一）保护自然生态，守护绿水青山

乡村文化旅游产业的发展，应以保护自然生态为前提。生态旅游理论强调，旅游活动应与当地生态环境相协调，以促进环境保护和社区发展。乡村文化旅游作为生态旅游的一种形式，应注重对自然生态的保护，避免过度开发对当地环境造成破坏。此外，可持续发展理论也强调经济发展与环境保护的平衡，乡村文化旅游产业的发展应遵循这一原则，实现经济效益、社会效益和环境效益的统一。

绿水青山是最普惠的民生福祉，是乡村旅游活动的基础资源与自然场景。一是树牢"增绿就是增优势、护林就是护财富"的理念，推广绿色旅游

方式，实现可持续发展。应推广绿色旅游方式，鼓励游客采用低碳、环保的出行方式，减少对环境的影响，加强绿色旅游产品的开发，以满足游客对环保、健康的旅游需求，积极开发特色化、差异化、多样化的乡村旅游产品。二是综合运用自然恢复和人工修复两种手段，因地因时制宜、分区分类施策。充分发挥大自然的自我修复能力，给大自然休养生息足够的时间和空间；利用新技术新手段对农村生态系统脆弱区和敏感区实施重点监测，推进山水林田湖草沙一体化保护和修复，统筹植被恢复、水域保护、矿山治理、土地整治、截污治污和生物多样性保护。三是推动生态农业与乡村文化旅游的融合发展。将生态农业与乡村文化旅游有机结合，形成以绿色、生态、健康为主题的旅游产品体系。通过展示乡村绿色生态产品、开展农业观光、体验农事活动等方式，吸引游客参与其中，实现农业、旅游业的协同发展。四是强化环保科技支撑，提升环保水平。加强环保科技研发，推广应用环保技术，提高乡村文化旅游产业的环保水平。通过绿色建筑、废弃物资源化利用、水资源保护等技术的应用，实现生态保护与经济发展的有机结合。五是通过制度建设强化外在约束、提高治理水平、激发内生动力，完善推广积分制、清单制、数字化等务实管用的治理方式，让保护良好生态人人有责、人人尽责的理念深入人心，激励村民和游客争当"绿水青山就是金山银山"理念的积极传播者和模范践行者。在这个过程中，要特别注重保护农民在乡村旅游发展中的合法权益，健全多元的利益联结机制，让农民共享旅游发展红利，拓宽共同富裕之路，增强乡村旅游产业的吸引力、凝聚力。

（二）厚植人文底蕴，守望乡情乡愁

赓续中华民族人与自然和谐相处的历史记忆和生产生活智慧，是乡村旅游的灵魂。纵览最佳旅游乡村，气势超群的石灰岩峰林、魅丽多姿的溶洞、原野和农家农舍，形成了一派山环水绕，与田地、河流、山峦交错相映，滋养着不同自然条件下的农耕文化。在发展乡村旅游过程中，应保持人文生态景观的完整性、真实性、延续性，保持建筑、村落以及周边环境的整体空间形态和内在关系，挖掘和保护乡村人文生态的历史、文化、艺术、科学、经济及社会价值。在发展乡村旅游过程中，不仅仅要在物质形式上传承好，更要在心里传承好，着重阐释文化遗产的历史内涵、时代价值、社会功用，推动其在旅游产品和现代生活中广泛应用，把历史文化与现代文明融入旅游经济发展之中，使旅游成为宣传灿烂文明和现代化建设成就的窗口，让乡村旅游成为人们感悟中华文化、增强文化自信的生动过程。

（三）坚持文旅融合，释放生态价值

第一，挖掘乡村文化资源，开发彰显本土特色、适应市场需求的旅游产品和服务。深入挖掘乡村的历史文化、民俗风情、自然景观等资源，建立乡村文化资源库，为文旅融合提供丰富的素材和灵感；加强对乡村文化资源的保护和传承，通过修缮历史建筑、整理民俗文化、保护自然景观等方式，留住乡村文化的根脉；推进乡村文化的创造性转化，以"居、游、养、娱"为重点，将生态资源、生态文化转化为旅游产品、旅游服务；加快文旅、农旅、康旅、体旅、科旅融合，发展创意农业、认养农业、观光农业、都市农业等新业态，促进游憩休闲、健康养生、创意民宿等新产业发展。

第二，提升旅游品质，完善主客共享的基础设施和公共服务体系。注重提升旅游产品的文化内涵和生态品质，打造具有乡村特色的文化旅游品牌。加强旅游基础设施建设，提升旅游服务水平，为游客提供舒适、便捷的旅游体验，注重旅游产品的创新和差异化，满足游客多样化的需求；提高乡村旅游的通达性、便捷度和舒适感，加快打造主客共享的文旅新空间；推进乡史馆、乡村会客厅等公共文化空间与旅游集散中心一体化建设，形成包括非物质文化遗产馆、传承体验中心等在内，集传承、体验、教育、培训、旅游等功能于一体的设施体系，完善信息咨询、交通集散、商品销售、医疗救助、安全保障、文化宣传、文创展示、投诉管理等功能。此外，还可借助乡村题材电影、小说、诗歌、摄影、短视频等，培育更多本土记录者、讲述者，开发乡土文化课堂，更好展现道法自然、天人合一等生态观念的历史意蕴和时代魅力。

第三，促进生态保护与文化传承的融合。在文旅融合过程中，应坚持生态优先、保护为先的原则，确保生态环境得到有效保护和可持续利用。

通过推广生态旅游、绿色旅游等方式，引导游客参与生态保护和文化传承活动，增强游客的环保意识和文化自觉，加强乡村居民对生态保护和文化传承的认识和参与，形成全社会共同参与的良好氛围。推广生态旅游，发展生态旅游是促进乡村地区生态保护与文化传承融合的有效途径，通过推广生态旅游，可以吸引游客前来乡村地区观光游览，增加乡村地区的经济收入。生态旅游也有助于提升乡村地区的知名度，推动乡村文化的传承和发展，在推广生态旅游过程中，应注重生态环境的保护和可持续发展，避免过度开发带来的生态问题。挖掘乡村文化资源是促进乡村文化建设与文化传承融合的关键，通过深入挖掘乡村地区的历史文化、民俗文化、自然景观等资源，可以丰富乡村文化内涵，提升乡村文化的吸引力和影响力，挖掘乡村文化资源也有助于保护和传承乡村非物质文化遗产，增强乡村居民的文化自信。

文旅融合作为推动乡村可持续发展的重要途径，对于释放生态价值、促进乡村文化建设具有重要意义。通过实施以上措施，可以有效挖掘乡村文化资源、提升旅游品质、促进生态保护与文化传承的融合，推动乡村文化建设和生态价值的释放，同时，政府、企业和社会各界应共同努力、形成合力，为乡村可持续发展贡献力量。

二、着力打造乡村数字文化产业

习近平总书记指出，优秀乡村文化能够提振农村精气神，增强农民凝聚力，孕育社会好风尚。《中共中央、国务院关于做好2023年全面推进乡村振兴重点工作的意见》提出实施文化产业赋能乡村振兴计划，对更好地发挥文化在乡村振兴中的作用提出了要求。优秀乡村文化数字化建设是推动乡村文化振兴的重要途径，也是数字乡村建设的重要内容。在全面推进乡村振兴的过程中，要积极拓展优秀乡村文化的数字化载体，积极推动优秀乡村文化数字化建设。

（一）加强乡村数字化基础设施建设

随着信息化时代的到来，数字化技术为乡村文化建设提供了新的发展机遇。加强乡村数字化基础设施建设，不仅能够提升乡村文化的传播效率和影响力，还能够丰富乡村文化内容，满足乡村居民日益增长的精神文化需求。数字化技术能够突破时空限制，让乡村文化更好地传播出去，提升乡村文化的知名度和影响力；数字化技术能够丰富乡村文化内容，为乡村居民提供更加多样化的文化产品和服务；数字化技术能够提升乡村居民的文化素养，增强他们的文化自信和归属感。

第一，提升乡村网络覆盖水平。提升乡村网络覆盖水平是促进农村经济社会发展、实现乡村全面振兴的重要途径。一是政府出台相关政策。明确乡村数字化基础设施建设的目标、任务和措施，要加大财政投入力度，为乡村数字化基础设施建设提供资金保障，此外，还应建立健全监管机制，确保乡村数字化基础设施建设的顺利进行，加大投入力度，推动农村地区宽带网络、移动互联网等基础设施建设，提高网络覆盖率和网络质量，优化网络布局，实现城乡网络一体化发展，为乡村文化数字化传播提供坚实的网络基础。二是建设数字文化平台。建设数字文化平台是乡村数字化基础设施建设的重要内容，应依托现有文化资源，整合各类文化产品和服务，打造集信息发布、文化交流、在线教育等多功能于一体的数字文化平台，通过平台的建设和运营，推动乡村文化的数字化展示和传播，满足乡村居民多样化的文化需求。三是推广数字技术应用。推广数字技术应用是提升乡村文化数字化水平的关键，应积极开展数字化技术应用培训，提高乡村居民的数字素养和应用能力，要鼓励和支持文化企业、文化机构等利用数字化技术开展创新实践，推动乡村文化产业的数字化转型升级。技术创新是推动乡村数字化基础设施建设的核心动力，应加强与高校、科研机构等合作，推动数字化技术在乡村文化建设中的应用研究，关注数字化技术的最新发展动态，及时引进和推广先进的数字化技术，为乡村数字化基础设施建设提供技术保障。四是人才保障。加强乡村数字化基础设施建设需要一支高素质的人才队伍，应加大对乡村数字化人才的培养力度，通过定向培养、人才引进等方式，为乡村数字化基础设施建设提供人才保障，建立健全激励机制，吸引更多人才投身乡村数字化事业。

第二，推广数字化文化产品和服务，丰富数字化文化产品供给，满足农民多样化需求。政府和社会组织应加大数字化文化产品的供给力度，如电子书籍、网络视频等，满足农民的多样化需求。优化数字化文化服务体验，如提供个性化推荐、互动式学习等功能，可以提升农民的文化获得感和满意度，因此，政府和社会组织应加强对数字化文化产品和服务的宣传推广力度，提高农民对数字化文化产品和服务的认知度和使用率，通过政策保障、人才保障和技术保障等措施的落实，为乡村数字化基础设施建设提供有力支撑。随着数字化技术的不断发展和普及应用，乡村文化建设将迎来更加广阔的发展空间。例如，柳州市鹿寨县中渡镇大兆村运用"互联网+产权交易"活化农村闲置宅基地，盘活6间示范民宿，结合"一村一品"特色产业发展，成功打造AAAA级景区祥荷乡韵，带动农民群众就地就业100余人，年收益达200多万元；应用农村集体产权制度改革"三变"成果，发展壮大村级集体经济，通过场地租赁、入股、劳务管理服务等实现集体经济收入5万元以上；在乡村振兴改革集成的加持下，打造出了"生态优良、村庄宜居、村民富足、乡风文明、治理有效"的新大兆，形成了改革特色鲜明、要素配置合理、活力持续激发的大兆样板，一个文明和谐、环境优美、设施完善、功能齐全、生活便利、保障全面、优美宜居的大兆村正焕发着勃勃生机。

总之，加强乡村数字化基础设施建设是推动乡村文化建设的重要举措，通过提升乡村网络覆盖水平、加强乡村信息化人才培养、推广数字化文化产品和服务、构建乡村数字化文化平台等具体措施的实施，可以有效提升乡村文化建设的整体水平、缩小城乡文化差距、推动乡村全面振兴。

（二）推动数字技术与优秀乡村文化多领域深度融合

数字技术以其独特的优势，为乡村文化建设提供了全新的视角和工具、注入新的活力和动力。优秀乡村文化与数字技术的多领域深度融合是推动乡村文化建设的重要途径。通过加强政策支持、培养人才队伍和强化创新引领等策略和建议的实施，可以推动乡村文化与数字技术的深度融合。

第一，着力打造乡村数字文化产业，实现优秀乡村文化与数字技术的多领域深度融合。例如,百色市田东县平马镇四平村实现了农业产业化、规模化、智慧化发展。四平村是田东县的"菜篮子"与"田东西红柿第一村"。多年来,四平村积极发展芒果、优质稻、西红柿等特色产业,全村西红柿种植面积共120万平方米,年产量约12万吨,产值8400万元;水稻种植面积共1800亩,年产量约100万千克;芒果品种丰富、销路良好,桂七、台农、金煌芒、热农1号等主打品种种植面积共200万平方米,年产量约4100吨,产值约1600万元。同时,四平村创新实践"农农结合、农旅结合、农商结合、农工结合、农研结合"模式,推进农业产业链整合和价值链提升。村内龙头企业——福泰阁生态农业有限公司采用"农农结合"的方式,即种植业和养殖业结合,丰富农业产业结构;奔富观光园采用"农旅结合"的方式,即农业和旅游业结合,建设打造休闲观光基地、优质农旅田园综合体和民宿村;芒果家庭农场采用"农商结合"的方式,即农业和"农派三叔"等电商产业结合模式,大力发展四平村电商产业,四平村芒果等主导产业的农产品电商销售额达到1600万元;"农工结合"即农业与加工业结合,四平村采取与田东农产品加工示范园合作的模式,实行飞地经营,与"巨人园""鲜友"等龙头加工企业合作进行芒果、西红柿产品加工,农产品加工业产值与农业总产值比达到3.2∶1;"农研结合"即农业与科技研发结合,四平村与广西农业科学院、天成农业有限公司合作,结合四平村广西科技园区项目建设,为四平村产业发展提供了强大的技术支撑。

第二,开发文化产品,构建互动平台。乡村文化建设中数字技术的运用需要专业化的人才支撑,数字技术与乡村文化的深度融合需要通过具体的文化产品来体现。一是教育领域。数字技术可以为乡村教育提供丰富的教学资源和手段,促进城乡教育资源的均衡分布。例如,通过在线教育平台,可以将城市的优质教育资源引入乡村学校,提高乡村学生的学习效果,乡村文化也可以融入教育内容中,培养学生的乡土情怀和文化自信。二是旅游领域。旅游是乡村文化建设的重要载体。数字技术可以为乡村旅游提供智慧化服务,如虚拟现实(VR)技术可以模拟乡村景观,让游客在游览前就能感受到乡村的魅力。此外,通过大数据分析,可以了解游客的需求和偏好,为乡村旅游提供个性化的服务。乡村文化作为旅游的核心吸引力,与数字技术的结合能够提升乡村旅游的品质和竞争力。三是传媒领域。传媒是乡村文化传播的重要渠道，数字技术可以使乡村文化的传播更加快速、广泛。例如，通过社交媒体平台，可以实时分享乡村文化的动态和成果，吸引更多人的关注和参与；数字技术也可以创新乡村文化的传播方式，如制作乡村文化主题的短视频、互动游戏等，增强乡村文化的吸引力和感染力。

（三）积极打造乡村数字人才队伍和文化人才队伍

乡村振兴战略是当前我国社会发展的重要战略之一，其目标是实现农村地区的经济、社会、文化等多方面的复兴，数字人才和文化人才是乡村振兴战略中的重要力量，对于推动乡村的数字化转型和文化振兴具有关键作用。

第一，加强教育培训。着重加强教育培训可以从乡村数字人才队伍、乡村文化人才队伍的打造两个着力点入手。从乡村数字人才队伍的打造层面来讲，首先，加强数字技术培训是打造乡村数字人才队伍的基础。通过培训，可以提高农民的数字技能，使他们能够更好地利用数字技术进行农业生产、经营和生活，还可以提高他们的信息素养，增强其对信息的识别、分析和利用能力。其次，建立乡村数字人才库，为乡村数字人才的培养和引进提供有力支持。通过定期更新人才库，可以及时了解人才的动态，为乡村振兴提供有力的人才支持。最后，引进外部人才也是打造乡村数字人才队伍的重要途径。通过招聘具有数字技能和专业背景的人才，可以为乡村注入新的活力，推动乡村数字化转型。从乡村文化人才队伍的打造层面来讲，首先，加强文化培训是打造乡村文化人才队伍的关键。通过培训，可以提高农民的文化素养和艺术鉴赏能力，使他们能够更好地传承和发扬乡村文化。其次，建立乡村文化人才库，为乡村文化人才的培养和引进提供有力支持。最后，扶持乡村文化产业的发展，可以为乡村文化人才提供更多的实践机会和展示平台，还可以促进乡村经济的发展，提高农民的生活水平。

第二，优化人才结构。针对乡村数字人才队伍和文化人才队伍的年龄结构和知识结构不合理的问题，需要不断优化人才结构，吸引更多的年轻人才加入。一是制定优惠政策，吸引外部文化人才到乡村地区工作和生活，为乡村文化建设注入新的活力。此外，还要建立人才引进机制，建立健全人才引进机制，通过公开招聘、项目合作等方式，引进一批高层次、专业化的文化人才，优化乡村文化人才结构。二是根据乡村文化人才的贡献和绩效，建立合理的薪酬激励机制，激发他们的工作热情和创造力；实施荣誉奖励制度，对在乡村文化建设中作出突出贡献的人才给予荣誉奖励，增强他们的归属感和荣誉感；提供职业发展机会，为乡村文化人才提供广阔的职业发展空间和晋升机会，鼓励他们在乡村文化建设中发挥更大的作用。三是依托乡村地区的文化资源和特色，建立文化创新基地，为乡村文化人才提供创新实践的平台。加强政府、企业、高校等机构的合作，推动产学研深度融合，促进乡村文化产业的创新与发展；定期举办各类文化活动，如文化节、艺术展览等，为乡村文化人才提供展示和交流的机会，激发他们的创新灵感。

第三，促进人才流动。为了打破人才流动的壁垒，促进乡村数字人才队伍和文化人才队伍的交流与合作，应建立健全人才流动机制。首先是政策引导。政府应制定和完善乡村文化建设中人才流动的政策体系，为人才流动提供制度保障，还要出台优惠政策，吸引和留住高素质文化人才；建立人才激励机制，激发人才创新创造活力；完善人才评价体系，推动人才评价与使用相结合；加强人才流动服务，优化人才流动环境。其次是产业带动。产业发展是支撑人才流动和乡村文化建设的物质基础，应大力发展乡村文化产业，带动乡村文化建设和人才流动；优化乡村产业结构，发展具有地方特色的文化产业；培育文化龙头企业，发挥其在人才聚集和产业发展中的引领作用；加强文化产业园区建设，为人才提供创新创业平台；推动文化产业与其他产业融合发展，拓展人才发展空间。最后是文化交流。文化交流是促进人才流动和文化传承的重要手段，应加强乡村与城市之间的文化交流与合作，推动乡村文化走出去、引进来；搭建文化交流平台，促进城乡文化资源共享；开展文化节庆活动，展示乡村文化魅力；加强乡村文化遗产保护与开发，传承和弘扬乡村优秀传统文化；推动乡村文化与现代科技融合创新，提升乡村文化的吸引力和影响力。

（四）加强乡村网络文化引导

在信息化时代背景下，网络文化以其独特的魅力和强大的传播力，迅速渗透到社会的各个角落。乡村作为社会发展的重要组成部分，其文化建设同样受到了网络文化的深刻影响，网络文化为乡村带来了丰富的信息资源、便捷的交流方式和多元的文化体验，但由于乡村地区网络文化发展的不平衡和乡村居民网络素养的参差不齐，乡村网络文化也面临着诸多问题和挑战。因此，加强乡村网络文化引导，促进乡村文化健康发展，成为当前乡村文化建设的重要课题。

第一，建设乡村网络文化平台，加强乡村网络基础设施建设，提高网络覆盖率和网络速度，整合乡村文化资源，提供多样化的文化产品和服务。首先，在构建乡村网络文化平台时，要明确平台的定位和功能。平台应致力于展示乡村文化的独特魅力，提供丰富的文化产品和服务，满足乡村居民和游客的多样化需求，此外平台还应具备信息发布、互动交流和在线学习等功能，促进文化交流和知识共享。其次，为了构建具有吸引力的乡村网络文化平台，需要整合和优化乡村文化资源，包括对乡村文化进行挖掘和整理，提取具有地方特色的文化元素和故事，打造独特的文化品牌，加强与其他文化机构和企业的合作，共同开发具有市场竞争力的文化产品和服务。再次，提高平台的互动性和用户参与度。互动性和用户参与度是衡量乡村网络文化平台成功与否的关键因素。因此，在构建平台时，应注重提高用户的参与度和互动性。例如，可以设置用户评论、点赞、分享等功能，鼓励用户发表自己的观点和感受，还可以举办线上文化活动、知识竞赛等互动环节，吸引更多用户参与。最后，提高乡村文化的传播效率和影响力。乡村网络文化平台的建设可以提高乡村文化的传播效率和影响力，借助互联网技术的优势，平台可以将乡村文化迅速传播到更广泛的受众群体中，增强乡村文化的影响力和竞争力。平台还可以吸引更多的关注和支持，为乡村文化的发展提供新的动力。

第二，提高农民网络素养，开展网络素养教育，提高乡村居民的网络技能和信息辨别能力，引导乡村居民正确使用网络，养成健康的网络使用习惯。首先，政府可以组织开展各种形式的网络知识普及活动，如网络培训班、网络讲座、网络展览等，向农民普及网络基础知识、信息安全知识和网络道德知识；其次，企业可以利用自身的技术和资源优势，开发适合农民的网络素养教育产品和服务，如网络课程、在线教育平台等，为农民提供更多的学习机会和学习方式；再次，农民应树立终身学习的理念，主动学习和掌握网络基础知识、信息安全知识和网络道德知识，提高自己的网络素养水平；最后，农民应将所学的网络知识应用到实际生活中去，如利用网络资源进行农业生产、销售等经营活动，通过实践应用不断提升自己的网络应用能力。

第三，加强乡村网络文化引导，建立健全乡村网络信息内容监管机制，加强对网络信息的筛选和过滤，防止不良信息在乡村地区的传播，加大对违法违规行为的打击力度，维护网络空间的清朗。一是政策引导。政府应制定相关政策，明确乡村网络文化发展的方向和目标，为乡村网络文化引导提供制度保障，加大对乡村网络文化建设的投入力度，提供必要的资金支持和资源保障，加强乡村网络文化引导是推动乡村文化建设的重要内容，通过政策引导、教育普及、内容建设和平台搭建等多方面的努力，引导乡村村民正确使用网络文化，提高网络素养，促进乡村文化的健康发展。二是教育普及。加强乡村网络素养教育，通过开设网络素养课程、举办网络知识讲座等方式，提高乡村居民的网络素养和信息安全意识；推广网络文化知识，组织专家学者深入乡村开展网络文化知识普及活动，引导乡村居民正确认识和使用网络文化。三是内容建设。打造优质乡村网络文化产品，鼓励和支持创作反映乡村生活、弘扬乡村文化的网络文化产品，丰富乡村居民的精神文化生活，弘扬传统，丰富村民文化活动。近年来，南宁市良庆区那马镇坛良村聚集乡贤树新风，通水修路引企业，建设同心文化广场、"民族之家"，在游客接待中心设置壮锦、铜鼓等壮族文化代表元素，开展少数民族团结教育，增强民族自豪感，农户主动让出地块支持村内发展，形成了"让"的精神；组建嘹啰山歌队、腰鼓队、粤剧队、学生合唱团、篮球队等民间文艺团体，传统节日或农闲时节，举办嘹啰山歌对唱赛、文艺汇演、篮球赛等各类文体活动，丰富村民文化生活；弘扬社会主义核心价值观，组织开展十星级文明户、五好文明家庭、最美家庭等评比活动，培育良好社会风气；传播正能量，加强正面宣传和引导，传播社会主义核心价值观和优秀传统文化，营造积极向上的网络文化氛围。四是平台搭建。建立乡村网络文化平台，整合现有资源，建立乡村网络文化平台，为乡村居民提供便捷的网络文化服务；加强平台监管，建立健全平台监管机制，对不良信息进行及时清理和处置，维护乡村网络文化的健康发展。

第四节　完善乡村公共文化服务体系

一、加强乡村公共文化设施建设

（一）强化群众动员工作体系，着力解决"谁来干"的问题

发动群众、组织群众、依靠群众是乡村振兴的核心要义，而发动群众必须抓住关键干部。从人、权、财方面大胆进行基层政权改革，将乡镇由半政府变为全政府，将村民自治组织变为半政府，将村民小组由志愿者组织变为自治组织。

从人方面，鼓励公务员到村里担任村干部，提拔副科级前都要在村工作一年以上，把农村作为培养群众工作人才的基地，广泛建立覆盖到组的乡村振兴理事会，党委各部门全部下沉到村，党委"五部"变"五员"，比如宣传部的工作中心从媒体变为建立覆盖群众的宣传网络，建立覆盖全县的分级转发微信群等，统战部指导村组普查乡贤名单，建立覆盖到组的理事会等，同时，重新整合组建驻村工作队、回乡工作队、乡村规划师、三官一律等进村支援队伍。大力提升镇村干部待遇，提高乡镇干部绩效系数，推行公务员赴村任职保留原有待遇再领取村级绩效制度，开展乡村振兴主题干部调研，用好职务职级并行资源，向乡村振兴表现优秀的干部倾斜。制定镇、村考核标准，把"三清三拆"、土地整治、村庄规划和违建乱葬整治等重点工作与镇、村干部的政治待遇、经济待遇、荣誉挂钩，将组织保障体系转化为群众动员工作体系，通过抓住关键干部，建立理事会、义工队，基会等各外围组织，引领群众参与乡村振兴工作。

从权方面，赋予乡镇经济社会管理权限，以乡镇名义开展执法工作，同时将财政所等县直单位划归乡镇，派出所等不能划归乡镇的机构实行人事任免"双动议"制度，让乡镇党委、政府增强对辖区的控制力。

从财方面，切实做到群众问题根本是利益问题，利益问题根本是公平问

题，公平问题根本是大多数问题，因此，在各项工作中，着力设计一套满足大多数群众利益工作规则，让大多数群众跟着走。比如，广西北流在推动土地归村改革过程中，虽然工程利润很高，但开始时大家的积极性并不高，因为这些收益跟村干部和群众都无关。为此，改革村干部绩效激励体系，实行"1+1+3"结构性报酬制度，把村干部的绩效跟土地整理项目收益挂钩，同时将集体收入用在和群众利益切身相关的地方，村干部和群众的工作积极性一下子就提高了，主动寻找可开垦土地。

强化群众动员工作体系，着力解决"谁来干"的问题，是推动社会治理创新的重要举措。通过政策引导、组织建设、能力提升和激励机制等方面的综合施策，可以有效地提高群众动员的效果和水平。此外，还需要不断探索和创新群众动员的方式和方法，以适应不断变化的社会环境和群众需求。只有这样，才能更好地发挥群众动员在社会治理中的重要作用，为构建和谐社会提供有力支撑。

（二）强化乡村建设筹资体系，着力解决"钱哪来"的问题

乡村振兴战略是我国新时代"三农"工作的总抓手，是实现农业农村现代化的重大战略部署。乡村建设作为乡村振兴的重要支撑，对于改善农村生产生活条件、提升农村公共服务水平、推动农村经济社会发展具有重要意义。然而，乡村建设面临着资金短缺的突出问题，如何强化乡村建设筹资体系，解决"钱哪来"的问题，成为实施乡村振兴战略的关键之一。

目前，乡村建设筹资面临着三个方面困境：第一，政府财政投入不足。虽然政府对乡村建设的投入在不断增加，但相对于庞大的建设需求而言，财政投入仍然显得捉襟见肘。政府财政资金有限，难以满足所有乡村建设项目的需求；财政资金分配存在不均衡现象，一些贫困地区和欠发达地区的乡村建设项目难以获得足够的资金支持。第二，社会资本参与有限。社会资本是乡村建设筹资的重要来源之一，但目前社会资本参与乡村建设的程度和积极性并不高。乡村建设项目风险较高、回报较慢，社会资本对其兴趣不高；乡村地区缺乏有效的社会资本动员和激励机制，难以吸引更多的社会资本参与乡村建设。第三，金融支持力度不够。金融支持是乡村建设筹资的重要手

段，但目前金融机构对乡村建设的支持力度还不够。乡村地区金融机构数量较少，金融服务覆盖面有限；乡村建设项目往往缺乏有效的抵押物和担保人，难以获得金融机构的贷款支持。

针对乡村建设筹资面临着三个方面困境，笔者提出以下强化乡村建设筹资体系的对策：第一，加大政府财政投入。政府应加大对乡村建设的财政投入力度，提高财政资金的使用效率。首先是要优化财政资金分配机制，确保资金能够流向最需要、最紧迫的乡村建设项目；其次是要加强财政资金监管，防止资金被挪用或浪费；最后是要引导地方政府和社会资本共同参与乡村建设，形成多元化的投资格局。例如，广西北流市将年度税收收入增量部分的50%、非税收入的50%归乡镇；成立乡镇开发公司，将各类国有土地交给镇政府开发，强化圩镇商业功能，开发收益归乡镇；将财政所划归乡镇管理，同时探索宅基地及公墓的有偿使用、矿山由平台公司统一开发等模式。北流市仅"土整归村"一项改革，在不增加财政投入的情况下，使得全市278个村集体收入从原有29个3000以下的空壳村，快速增加到2023年的平均超过100万元，同时清理集体资产违规租赁，发挥集体资产更大效益，广泛发动社会力量支持乡村振兴。北流市切实尝到推进乡村振兴的好处，通过得村里复耕指标投入城建及工业园建设，2023年收储了优质商住地1000多万平方米，同时正在大力推进两湾产业融合发展试验园区300万平方米标准厂房建设，储备工业用地1000多万平方米，加上矿山类资产的注入，平台公司资产量逾100亿元，政府负债也从159亿多元下降到50亿元以下，为城建、工业打下了坚实的基础。第二，引导社会资本参与。引导社会资本参与乡村建设是强化筹资体系的重要途径。首先是要建立健全社会资本参与乡村建设的激励机制，如提供税收优惠、降低投资门槛等；其次是要加强乡村建设项目的宣传和推广，提高社会资本对乡村建设的认知度和兴趣；最后是要搭建社会资本参与乡村建设的平台，为社会资本提供便捷的投资渠道。第三，创新金融支持方式。金融支持是乡村建设筹资的重要手段，需要创新金融支持方式来满足乡村建设的多样化需求。首先是要鼓励金融机构在乡村地区设立分支机构，扩大金融服务覆盖面；其次是要开发适合乡村建设项目的金融产品和服务，如提供长期低息贷款、担保服务等；最后是要探索建立乡村建设项目的风险评估和担保机制，降低金融机构的风险担忧。

强化乡村建设筹资体系是实施乡村振兴战略的关键之一。通过加大政府财政投入、引导社会资本参与、创新金融支持方式等措施，可以完善筹资机制、拓宽筹资渠道、优化筹资结构，为乡村振兴提供坚实的资金保障，还需要加强政策协同和资源整合，形成政府、社会资本和金融机构等多方合力，抓好乡村振兴的"形、实、魂"，坚持党委引领、群众主体、市场参与模式，进一步激活内生动力，探索一套符合基层实情的可复制、可推广的全域推进乡村振兴模式。

（三）强化乡村建设维护体系，着力解决"如何建"的问题

具体而言，成立由政府部门、专家学者和社会各界代表组成的乡村建设指导委员会，负责研究和制定乡村建设规划，指导乡村建设的实施。完善乡村建设法律法规体系，制定和完善乡村建设相关的法律法规，明确乡村建设的权利和义务，规范乡村建设行为，保障乡村建设的顺利进行。实施乡村建设示范工程，选择一批具有代表性的乡村地区，开展乡村建设示范工程。通过示范工程的引领和带动，推动乡村建设整体水平的提高。加强乡村建设人才培养，加大对乡村建设人才的培养力度，通过培训、交流等方式，提高乡村建设人才的素质和能力，为乡村建设提供有力的人才保障。一是在乡村三清三拆方面，注重发挥"新族头"等社会各类力量影响力，引入竞争机制，率先完成"拆一片、捐一笔、组一队"任务的村先派设计师，在村庄规划方面，采取"建设归村"理念，突出群众主体作用，乡村风貌提升项目由村经济合作社做业主，不同代理方等队伍应发动群众积极参与风貌提升工作。二是在乡村建设方面，广泛发动群众开展"三清三拆"活动，引入"三企"（央企、民企、村企）助推乡村建设，积极探索低成本空心村、"天地楼"风貌改造路径，让新房子好看、旧房子好住。建立村庄污水处理系统，实现黑白灰"三水"资源化利用。三是在打违报建方面，落实党政责任、职能部门责任、政法系统责任的"三重责任制"，把责任绑在各级关键岗位的干部身上。严格实行宅基地报建制度，明确层高、层数、外立面、污水处理设施等要求，未经批准建房的，一律不准运输建筑材料、安装水电。四是在保洁工作方面，推行保洁到组，建立村级垃圾分类处理中心，实行垃圾分类兑换积

分制度，鼓励群众共同参与农村垃圾分类处理，为提高各村保洁工作积极性，除美丽乡村建设过程中由财政聘用村的保洁员外，还要引导农民树立垃圾分类和垃圾收集的理念，形成人人不乱扔垃圾、不随意扔垃圾的好风尚，实现保洁家家村村全覆盖。

（四）强化乡村综合治理体系，着力解决"怎么治"问题

在推进乡村振兴的过程中，乡村建设作为其中的重要一环，直接关系到乡村经济、社会、文化和生态的全面发展。乡村建设不仅涉及基础设施建设、产业发展等硬实力方面，还包括乡村治理体系等软实力方面的建设。如何强化乡村建设综合治理体系，解决"怎么治"的问题，成为当前亟待解决的问题。

第一，加强顶层设计。政府应加强对乡村建设综合治理体系的顶层设计，制定详细的规划和实施方案；明确乡村治理的目标、任务和措施，为乡村建设提供有力的政策支持和制度保障。乡村建设综合治理体系需要政府、社会、市场等多方参与，应鼓励社会资本进入乡村建设领域，引导企业、社会组织等参与乡村治理，还应加强政府与社会力量的协同合作，形成乡村治理的合力。

第二，完善法律法规体系。针对当前乡村治理法律法规体系不完善的问题，应加快完善相关法律法规，明确乡村治理的法律依据和制度保障；加强对乡村治理法律法规的宣传和普及，提高乡村干部和群众的法律意识和法治观念，为乡村治理营造良好的社会氛围。

第三，加强基层组织建设和管理。基层组织是乡村治理的基石，应加强对乡村基层组织的建设和管理。优化基层组织设置，确保组织覆盖面广、代表性强；加强基层组织干部队伍建设，选拔和培养一批有能力、有担当的基层干部；发挥基层组织的作用，使其成为乡村治理的重要力量。

第四，推进乡村治理现代化。想要适应信息化、网络化的发展趋势，推进乡村治理现代化，一是要利用现代信息技术手段，提高乡村治理的信息化水平；二是要推动乡村治理方式的创新，探索符合乡村实际的治理模式和路径；三是要加强乡村治理的监督和评估，确保治理效果的可持续性和长

效性。

第五，完善监督评估机制。建立健全乡村建设综合治理体系的监督评估机制，对乡村治理的过程和效果进行定期评估和监督；及时发现问题和不足，并采取有效措施加以改进和完善；加强对乡村治理成效的宣传和推广，为其他地区提供可借鉴的经验和做法。

在具体实践中，广西玉林北流市全力整合基层公安、城管等部门执法力量。探索"矛盾不出村"模式，推广"讲理堂"，发挥理事会调处职能，开展法官、检察官、警官、律师"三官一律"进村工作，强化基层综合治理，确保群众大事小情有人理，违建乱葬有人管，矛盾纠纷有人调。创新村民自治组织模式，将村、组（自然片）乡村振兴理事会纳入村"两委"管理，赋予更多村级公共事务管理建议权和监督权。开展最美乡镇、最美乡村和最美庭院等创新主题评比活动，结合卫生镇、文明村镇和星级文明户评比工作，积极开展"最美庭院"创建，推广"微田园、微果园、微菜园、微庭院"生态治理模式。整合资源，大力推进美丽宜居试点镇、乡土特色试点村建设。开展领导干部回乡美化家园大行动，切实发挥好领导干部模范带动和先锋示范作用，开展乡村振兴示范带建设，集中力量实施乡村振兴示范村和乡村振兴补短板助提升示范村项目建设，打造一批可借鉴、能复制、易推广的乡村振兴示范典型，引领全区乡村战略深入实施，展现美丽乡村成果和整合资源带动县域经济农业发展。

强化乡村建设综合治理体系是推进乡村振兴战略的重要保障，通过完善法律法规体系、加强基层组织建设和管理、推进乡村治理现代化等策略和实践路径，可以有效解决"怎么治"的问题。同时，还需要加强乡村治理与其他领域的协同发展，形成乡村治理的整体合力，为乡村的全面发展和进步提供有力支撑。

二、优化乡村公共文化服务质量

着力创建"社会力量参与公共文化服务"模式，打造中国式现代化乡村文化样板,为广西建设文化强省提供基层文化探索……回望广西乡镇基层公共文化事业走过的路,无论是文化矩阵打造、文化网络健全还是文化传承创新,关键都在人,基层文化人才队伍是繁荣发展乡村文化的重要基础力量,应着眼于人才引进、挖掘,围绕文化发展生力军建设,不断破除思维定式、创新思路、多措并举,探索文化人才发展治理新路径,为新时代乡村公共文化服务高质量发展打开新空间。

(一)升级公共文化服务阵地

公共文化服务阵地是满足人民群众精神文化需求的重要场所,也是展示和传播优秀文化的重要平台。随着社会的快速发展和人民生活水平的不断提高,公众对文化服务的需求日益增长,对公共文化服务阵地的要求也越来越高。

第一,加强基础设施建设。政府应加大对公共文化服务阵地基础设施建设的投入力度,确保阵地建设的资金需求得到满足,鼓励社会资本参与文化设施建设,形成多元化的投入机制。根据地区人口分布、文化需求等因素,科学规划公共文化服务阵地的布局和数量,确保每个地区都有相应的文化设施,满足公众的基本书化需求,提升设施水平,对现有文化设施进行改造升级,更新陈旧设备,提高设施的使用效率和舒适度,注重环保和节能,推动绿色文化建设。区内各个市县先后改建了县文化馆、影剧场等一批功能齐全的县级文化基础设施,新建的新图书馆已投入使用,成为群众"文化打卡"新去处,建成的城市阅书房和自助图书馆被誉为"群众身边的图书馆"。广西全区建成基层综合文化服务中心覆盖率100%,满足基层群众日常文化活动、宣传政策等需求;覆盖县、镇、村三级公共文化服务网络基本建成。例如,广西玉林市北流木棉书屋,位于西埌镇木棉村13、14组,该书屋位于北流市西埌镇东北部,距镇政府驻地1.5千米,辖区面积0.8平方千米,共有村民126户756人,组户间道路全部硬化,水、电实现全覆盖。木棉村木棉书屋建于2020年,目前,馆内藏书约1万册,书籍种类涉及美食、种植、养殖等多个领域。农家书屋的书籍来源主要是由政府采购和社会捐赠,政府会定期为农家书屋采购新书,包括农业技术、科普知识、文化教育、历史传记、红色经典等不同类别的书籍，以满足农民群众的阅读需求。此外，社会各界也会捐赠一些书籍给农家书屋，进一步丰富了书屋的藏书量，能够满足不同年龄层次、不同文化背景的农民群众的阅读需求。该书屋的日常管理由村委会负责，同时还有一支由村民组成的志愿者服务队协助管理。书屋每天开放时间较长，方便农民群众前来阅读和学习。除了政府采购和社会捐赠，农家书屋也会通过开展一些活动来吸引农民群众捐赠书籍，比如举办读书分享会、故事会等，鼓励农民群众将家中闲置的书籍捐出来，让更多的人分享知识，有效提高了农民群众的阅读兴趣和文化素质。总的来说，北流木棉书屋的书籍来源比较多样化，既有政府采购，也有社会捐赠，还有一些农民群众自己的捐赠，这些书籍为农民群众提供了丰富的阅读资源，促进了农村精神文明建设和农业科技普及。结合该村文化资源，村庄中的"圭江陶社"是传承中华陶瓷文化、立足本土，传承北流岭垌陶瓷，创作铜鼓特式柴烧器具及陶器具的手工作坊，极大丰富了村民的精神文化素养。

第二，丰富文化活动内容。其一，创新活动形式，鼓励开展形式多样、内容丰富的文化活动，如文艺演出、展览展示、讲座培训等，同时，结合地方特色和文化传统，打造具有地方特色的文化品牌。其二，拓展活动领域，将文化活动拓展到各个领域，如教育、科技、体育等。其三，通过跨界合作，实现资源共享和优势互补，提高文化活动的吸引力和影响力。其四，提高活动质量，加强对文化活动内容的策划和组织，确保活动的专业性和高水平，同时建立活动评估机制，对活动效果进行定期评估和改进。具体实例如柳州市鱼峰区麒麟街道水南村农家书屋。该书屋坚持共建、共享模式创新，积极探索"农家书屋+"创新模式，与新华书店农村发行网点相结合，与新时代文明实践站相融合，与县级图书馆分馆互联互通，实现从单一阅读平台向综合服务平台的转变。坚持服务供给模式创新，在阅读引领上下功夫，围绕重要时间节点组织开展主题阅读活动，积极探索群众自主选书模式，加快推进农家书屋数字化建设，发挥志愿服务队伍作用。坚持管理模式创新，认真落实资金投入保障制度，优化出版物内容供给，加强管理员队伍建设，强化监督检查工作，积极探索合作共建和便民管理模式，进一步提升农家书屋综合服务效能。积极拓展线上线下阅读渠道。线上，活用"学习强国"平台，利用"红色喇叭"宣传全民阅读，开展"美文朗读"微视频录制活动，用微视频介绍书屋的美文书籍；线下，依托新时代文明实践站，打造理论学习、技能培训、未成年人看护等平台。以"农家书屋+"的模式，倾力打造"悦读驿站"，让村民实现从"无暇找书"到"书在手边"的转变。具体实例又如钦州市农家书屋。该书屋分布广泛，涵盖了许多农村地区，为人们提供读书和学习的场所，为农村居民提供丰富的阅读资源。例如，俄境村农家书屋，位于广西钦州市灵山县石塘镇，地理位置优越，交通便利。俄境村农家书屋的建筑风格兼具现代与传统元素，结合了当地的建筑特色。该镇党委、政府积极开展阅读分享、文明实践、技能培训等活动共120余场，使农家书屋真正"活"起来，推动农家书屋成为村民精神文明的"加油站"，乡村振兴的"助推器"。俄境村农家书屋由一间60平方米的多媒体图书室和一间30平方米的阅读室构成，目前藏书4585册，涵盖了医卫生活、政经科技、少儿科普、文学经典等种类，累计图书借阅登记量达10076册次。书屋不仅向村民开放，还服务于周边村庄的居民。俄境村农家书屋通过提供书籍资源和文化活动，为农村居民提供便捷的文化教育服务，促进了农村文化的繁荣与发展，在推动乡村振兴和改善农民生活质量方面发挥了积极的作用。

升级公共文化服务阵地是满足人民群众日益增长的文化需求的重要举措，通过加强基础设施建设、丰富文化活动内容、提高服务质量、加强人才队伍建设等措施的实施，将有力推动公共文化服务阵地的升级和发展，此外，还需要政府、社会各界共同努力、形成合力，为阵地升级工作提供有力保障和支持。

（二）创新实施文化惠民工程

文化惠民工程作为乡村文化振兴的重要抓手，其实施效果直接关系到乡村文化的繁荣与发展。为推动文化惠民工程的深入实施，各级政府应制定文化惠民工程发展规划，明确总体目标、重点任务和保障措施，拓展文化服务渠道和方式，建立文化服务反馈机制，及时了解群众需求，不断改进和优化服务方式。

第一，整合优质资源，丰富文化活动内容。建立跨部门协调机制，加强部门间的沟通与协作，建立统一的文化资源管理平台，形成合力推进文化惠民工程。实现文化资源的共享与互通，推动跨部门、跨地区的文化资源整合，形成合力推进文化惠民工程。通过组织各类文化活动，如文艺演出、文化讲座、展览展示等，丰富乡村居民的精神文化生活。同时，要鼓励和支持乡村居民自发组织文化活动，激发其参与文化活动的热情和创造力。例如，打造"壮族三月三嘉年华"文化活动品牌，持续开展"蒲公英志愿者进基层""送戏进万村""百场文艺下基层""镇文艺调演""全民歌手大赛""四季村晚"等文化活动。各级政府应创新服务方式，满足人民群众多样化的文化需求，推动公共文化设施向社会免费开放，提高公共文化设施的利用率，开展丰富多彩的文化活动，如桂林龙胜山歌。龙胜是苗、瑶、侗、壮、汉等民族的集中居住地，有"万山环峙，五水分流"之称，有"九山半水半分田"之说，有"梯田叠翠，满眼葱绿"之韵，是旅游避暑的好去处。龙胜不仅有崇山、峭壁、河谷、森林等美丽的自然风光，还有风情独特的民族风俗，更有悦耳动听、风味十足、质朴原声、余音绕梁的民族山歌。龙胜山歌是一种当地的原生态文化，在龙胜有"无歌不成席，无歌不成宴"之说，每逢佳节或集会庆典，龙胜都会沉浸在歌的海洋里，朋友聚会高潮之时都会以山歌助兴，一曲曲山歌娓娓道来，令人心旷神怡，激情澎湃，情绪高涨，醉梦他乡，真正给人"山歌好比春江水，不怕险滩弯又多喽弯又多"的感受。龙胜县山歌协会致力于传承和发展传统山歌文化，不断发展壮大山歌协会会员，踊跃组织策划各具特色的文化活动。龙胜的山歌种类众多，内容广泛，寓教于乐，寓学于趣，既通俗易懂又有高雅趣味，既节奏舒缓又旋律优美，既朗朗上口又情真意切，表现出了一种特别纯真性情的、自然抒发的音乐体验，成了赞美新时代、讴歌新风尚的重要途径。

第二，丰富乡村文化产品供给，加强对乡村文化市场的引导和扶持，鼓励文化企业开发适合农民群众消费的文化产品，深入挖掘乡村文化资源，推广具有地方特色的文化产品和服务，满足农民群众多样化的文化需求。瑶族是一个古老的民族，在时代的不断演变下，瑶族人民的社会、经济、文化发生了翻天覆地的变化，长鼓舞的表现形式也愈加丰富多彩，且越来越富有生活气息，如建筑奠基、生产、丰收、祭祀、乔迁等，瑶族长鼓舞的传承一直是以民间传承为主，历经无数岁月到如今现代社会仍然富有生命力，如果在瑶族聚居地区的学校教学中将长鼓舞有机融入其中，可以将长鼓舞涉及范围拓宽，能够使长鼓舞发展的可能性做到最大化。

（三）加大文化遗产传承力度

文化遗产作为乡村文化的重要组成部分，承载着丰富的历史信息和民族智慧，是乡村振兴不可或缺的文化资源。乡村振兴要求经济繁荣、生态宜居，更要求文化兴盛。文化遗产作为乡村文化的核心，其传承与保护直接关系到乡村文化的繁荣与发展。加大文化遗产传承力度，不仅可以弘扬乡村优秀传统文化，增强文化自信，还可以为乡村经济发展提供新的增长点，推动乡村产业多元化发展。文化遗产的传承也有助于提升乡村的吸引力，促进乡村旅游业的发展，带动乡村整体振兴。

第一，强化文化遗产保护与传承意识。通过宣传教育、举办文化活动等方式，提高乡村居民对文化遗产保护与传承的认识和重视程度，加强对乡村文化遗产的研究和挖掘，揭示其历史价值和文化内涵，增强乡村居民的文化自信和文化自觉。一是针对传承人才短缺的问题，建立多元化的传承体系。通过设立奖学金、提供培训等方式，吸引和培养更多的年轻人参与乡村文化遗产的传承工作；利用现代科技手段，如数字化技术、虚拟现实等，创新传承方式，拓宽传承渠道，使乡村文化遗产的传承更加生动、有趣、易于接受。二是政府应加大对乡村文化遗产传承的政策支持力度，制定和完善相关法规和政策，为乡村文化遗产的传承提供有力的制度保障；加大对乡村文化遗产保护的资金投入，设立专项资金用于支持乡村文化遗产的传承与保护工作；加强与社会各界的合作与交流，引导更多的社会力量参与乡村文化遗产的传承与保护工作。

第二，深挖文化内涵，加大非物质文化遗产传承保护力度。广西应加强文物保护利用和文化遗产保护传承，让文物"转"起来、"智"起来、"动"起来。芦笙音乐、芦笙舞蹈、苗族织锦……近年来，融水通过开展非遗文化进校园活动，让非遗文化融入青少年日常学习生活。市级苗族芦笙音乐传承人、县芦笙协会的非遗文化专家唐毅辉，先后到融水以及柳州市区的各个学校教学生吹芦笙，并带领学生在各大比赛中获得佳绩。芦笙文化在融水拥有悠久的历史，弘扬传承这一文化，不仅要有人"传"，还要有人"接"，把芦笙文化传承下去，让年轻人将它发扬光大。融水还依托特有的宝贵民族资源，大力推进商旅文体融合发展，着力打造梦鸣苗寨非遗文化街区。非遗文化街将芦笙、蜡染、苗锦等多项非遗产品呈现在大众面前，延续文化生命力，为"非遗+商业"创造更多可能性，通过多元场景，串联消费与休闲，弘扬传统文化，营造商旅文体融合发展的时尚消费场景，把融水建设成为全国知名的民俗文化旅游深度体验区、养生休闲度假区和自驾游重要目的地。据初步统计，2023年1月至9月，融水接待游客568.21万人次，同比增长36.7%；旅游消费64.02亿元，同比增长31.1%。

第三，挖掘乡村文化资源，丰富传承内容。应鼓励和支持传承人创新传承方式，将传统技艺、民俗活动等与现代元素相结合，创作出更具时代特色的乡村文化产品，加强与旅游、教育等行业的融合，拓展乡村文化遗产的传承途径和市场空间。藤县乞巧节是当地影响较大、流传较广的传统民俗之一，具有广泛的群众性和民间传承性，主要流传于藤县北部乡镇，其中尤以太平镇的最为盛大。2014年，藤县乞巧节被列入第五批自治区级非物质文化遗产代表性项目名录。藤县乞巧节每年农历七月六日入夜就开始活动，天亮即散，当晚妇女、姑娘们在楼顶、天台、街巷等露天的地方摆上桌子，把精心准备的展品和水果、土特产等摆在桌子上。她们发挥丰富的想象力，用纸、布、竹篾、藤麻、树枝等制作成鹊桥、牛郎织女等。近年来，随着社会的发展，乞巧节的展品更加新颖，活动更加丰富。除传统的乞巧工艺展示外，新增花车巡游、汉服秀、旗袍秀、文艺表演、舞狮表演、特色美食一条街，以此推动传统节日和文旅的创造性融合，充分展现藤县的文化气韵。以丰富多彩的活动形式弘扬和传承优秀民间民俗文化、节日文化，充分挖掘七夕丰富的文化内涵和时代价值，对地方非遗文化传承、助力民俗文化开发创新、促进乡村文旅融合、助推乡村经济发展具有积极的意义。

第四，推动文化产业发展，增强传承活力。制定乡村文化产业发展规划，引导和支持乡村文化产业健康发展，鼓励企业参与乡村文化遗产的传承和开发，推动乡村文化产业与市场化、产业化相结合。加强乡村文化品牌建设，提升乡村文化产业的竞争力和影响力。瑶族油茶制作又称打油茶，有洗茶、打茶、煮茶、滤茶等工序。2021年，"瑶族油茶习俗"经国务院批准，被列入第五批国家级非物质文化遗产名录。广西现有自治区级非物质文化遗产传承人11人，市级非遗代表性传承人22人、县级非遗代表性传承人54人，传承人梯队建设已初见成效。2014年，"六堡茶制作技艺"经国务院批准被列入第四批国家级非物质文化遗产名录；依托非遗代表性传承人建成六堡茶制作技艺生产性保护示范基地2个、六堡茶制作技艺生产性保护示范户1户、六堡茶制作技艺非遗传习所2个、六堡茶制作技艺非遗扶贫就业工坊2个。广西提出在"十四五"期间将茶产业打造成千亿元产业战略决策。作为广西重要茶品种之一,六堡茶极具生命力和活力。六堡茶申遗成功后，助推这片小小"黄金叶"行销全球，已成为六堡镇全体人民逐梦路上的"新目标"。六堡茶种植和六堡茶制作技艺是六堡镇脱贫致富、走向世界舞台的两大重要法宝。说到六堡茶制作技艺，就要提到广西壮族自治区级六堡茶制作技艺非遗传承人祝雪兰。祝雪兰书记是六堡镇山坪村人，后当选为山坪村党支部书记。她每年都会在自家茶园开设培训班三次以上，把六堡茶的制作技艺传授给村民们，让一片叶子造福更多民众。在她的影响下，六堡镇的民俗文化——六堡茶制作技艺开始走向世界。为了发展、传承、传播非物质文化遗产六堡茶制作，弘扬六堡茶文化，提高传统六堡茶制作技术水平，提升六堡茶产品质量，打响六堡茶品牌，更好地促进六堡茶发展，近年来，苍梧县总工会积极响应县委县政府做大做强六堡茶产业的号召，持续举办了9届传统工艺六堡茶制茶比赛活动。在现场，苍梧县茶企员工、茶农进行制茶比赛，选手们必须采用传统的手工工艺制作来炒茶，须经过用木材烧火，把铁锅加热，再把新鲜的茶叶放在锅里不停地翻炒，然后进行揉捻等工艺制作。比赛中，选手们都凭借自己积累的炒茶经验，努力炒出最佳的茶叶成品。最后，评委们统一评审，分别评出选手的名次进行评奖。六堡茶经"杀青、揉捻、渥堆、复揉、干燥"五道工序制成，其中，"杀青"特点是低温杀青；"揉捻"则是以整形为主，细胞破碎为辅；"渥堆"是形成六堡茶独特品质的关键性工序，掌握到出现黏汁，发出特有的醇香，即为适度，所以属于"后发酵茶"。此外，六堡镇还建设了一个关于六堡茶旅游景区——六堡茶生态旅游景区，为国家AAAA级旅游景区。景区以茶旅结合为特色，通过深入挖掘六堡茶历史文化，大力推进六堡茶生态旅游景区建设，坚持茶旅结合，大力发展六堡茶产业和休闲体验旅游产业，建设六堡茶博物馆、茶船古道起始点遗址、六堡茶特色小镇、民宿集群等游览点和相关配套设施。六堡镇每年举办六堡茶采茶节、六堡茶文化节等节庆活动，旨在打造将绿水青山、非遗技艺、田园风光、乡土文化等资源有机融合的文化旅游综合体。在这里，全国各地乃至世界各地的旅客都可以看到六堡镇的民俗文化——六堡茶制作技艺。为宣传六堡茶历史文化，梧州市还专门成立六堡茶研究院、六堡茶文化研究会和茶船古道课题组等，加强对六堡的历史文化、生产工艺和茶船古道等方面的挖掘研究，以文化宣传促进品牌建设、推动产业发展。此外，梧州市先后出版《中国六堡茶》《六堡茶大观》等专业著作，制作《六堡茶的传说与故事》等精美画册，推出《我在六堡等你来》等主题音乐作品，推出大型融媒体纪录片《四时六堡》，进一步讲好六堡茶故事，争取带动六堡镇六堡民俗文化。

乡村文化遗产传承是乡村振兴的重要组成部分，也是传承和弘扬中华民族优秀传统文化的重要途径，通过加强宣传教育、培养专业人才、挖掘乡村文化资源、推动文化产业发展等措施的实施，可以加大乡村文化遗产传承力度，促进乡村文化的振兴和发展，也有助于增强乡村文化自信，为乡村振兴提供有力支撑。

三、提升乡村公共文化服务效能

乡村公共文化服务是乡村振兴战略的重要组成部分，提升乡村公共文化服务效能是推动乡村全面振兴的关键环节。满足乡村居民日益增长的文化需求，能够为乡村振兴提供有力支撑，对于提升乡村居民的文化素质、促进乡村经济社会发展具有重要意义。

（一）顶层设计，高位推进

自治区高度重视公共文化服务工作，高规格组建文旅基建工作专班。自治区文广旅局紧紧围绕如何推动文旅融合发展，提升文化影响力，叫响文旅品牌，提高公共文化服务水平，先后多次组织召开局党组会、党政班子扩大会、系统中层以上人员会议，集思广益，统一思想认识，共谋发展思路，为拓展公共文化服务领域、持续提升服务水平奠定了良好的思想组织基础。为进一步强化公共文化服务工作，自治区成立重点工作专班，制定印发2023年自治区文旅工作要点，具体明确了公共文化服务与乡村振兴、优化营商环境等项工作有效衔接，研究谋划推进措施，建立工作任务台账，细化分解阶段性目标任务，定期督查考核，结果排序通报，奖优罚劣，确保公共文化服务工作真正落到实处。

党委政府领导好，治理体制强有效。一是政策引领与规划布局。党委、政府在广西乡村文化建设中发挥了政策引领和规划布局的重要作用。通过制定一系列相关政策，明确了乡村文化建设的目标、任务和措施，结合广西实际，合理规划乡村文化建设的空间布局，确保各项资源得到有效利用。二是资金投入与资源整合。党委、政府加大对乡村文化建设的资金投入，通过财政拨款、社会资本等多渠道筹集资金，注重资源整合，将文化、教育、旅游等资源有效融合，形成合力，推动乡村文化建设的深入开展。三是文化传承与创新。党委、政府高度重视乡村文化的传承与创新工作。通过挖掘和整理地方文化资源，保护非物质文化遗产，推动乡村文化的传承发展，鼓励文化创新，支持乡村文化产品与服务的开发，满足人民群众日益增长的文化需求。如桂林市灵川县潭下镇老街村以乡村风貌改造为抓手，建立健全党委领导、政府负责、社会协同、公众参与、法治保障的现代乡村社会治理体系。2021年以来，全镇实施党员干部分户包干、班子领导当"驻村工作队员"的工作模式，充分发挥山口自然村村民理事会作用，开展群众思想工作，激发群众内心对美丽乡村的向往，积极调动妇女发挥"半边天"的力量，使群众思想实现从90%反对拆除自家老宅到对"三清三拆"100%支持的转变。此外，老街村还充分发挥各战线力量，争取社会各界有识之士和本村乡贤支持乡村建设。据不完全统计，彰泰实业、桂林金山新材料有限公司等企业以及一些单位、个人共捐资近125万余元，参与捐款的单位和个人高达200多个。当下，"最美庭院""最美家风""最美婆婆"等评比活动在该村蓬勃开展，一幅充满活力、和谐有序的善治乡村的画卷勾勒完成。

（二）夯基点，阵地建设精准发力

做好科学布局，做细资源整合。乡村要加强基础设施建设，加大对阵地的投入力度，完善设施设备，提高服务质量，丰富服务内容，加强对乡村公共文化服务的管理和指导，提高服务质量和管理水平，建立健全乡村公共文化服务的长效机制，确保阵地建设的长期稳定发展。加强阵地建设是提升乡村公共文化服务效能的关键，因此，应提高乡村公共文化服务的效能，满足农民日益增长的文化需求，促进乡村振兴战略的实施。

挖掘特色，促进产业融合发展。深入挖掘乡村文化特色，加强对乡村文化的研究和整理，挖掘各民族、各地区的文化特色，形成独特的文化品牌。一是发展乡村旅游。依托丰富的乡村文化资源，打造具有民族特色和地域风情的乡村旅游景点，提升乡村旅游的品质和影响力。促进农业与文化创意产业的融合。在农业生产中融入文化元素，发展观光农业、体验农业等新型农业业态，开发具有地方特色的文化创意产品，满足游客的多元化需求。二是强化政策支持。制定和完善相关政策，为乡村文化建设与产业融合发展提供有力保障，包括资金扶持、税收优惠、项目支持等方面，为乡村文化建设与产业融合发展创造良好环境。以广西桂林阳朔县为例，该县依托独特的山水田园文化和丰富的旅游资源，大力发展乡村旅游和文化创意产业。通过挖掘当地的民族文化特色，如壮族的歌圩、瑶族的瑶绣等，将其融入乡村旅游项目中，吸引了大量游客前来体验。开发了一系列具有地方特色的文化创意产品，如山水田园风光摄影作品、民族工艺品等，满足了游客的多元化需求。这些举措不仅促进了当地经济的快速增长，也提升了乡村文化的知名度和影响力。

因地制宜，走乡村善治之路。结合乡村自然环境和资源条件，发展具有地方特色的文化产业和文化旅游。通过挖掘乡村的自然景观、历史遗迹、民俗文化等资源，打造具有吸引力的文化旅游品牌，吸引游客前来观光旅游，带动乡村经济发展。一是加强乡村文化建设，加大对乡村文化建设的投入力度，提高乡村文化活动的质量和水平，注重挖掘和传承乡村优秀传统文化，推动乡村文化的创新和发展。二是通过开展培训、交流等活动，提高乡村文化人才的专业素质和创新能力，为乡村文化建设提供有力的人才保障。三是鼓励和支持乡村文化企业和个人创新文化产品和服务，开发具有地方特色的文化产品和服务，加强对乡村文化产品和服务的宣传推广，提高其在市场上的知名度和影响力。四是建立健全乡村文化治理机构和文化治理制度，明确各级政府和文化部门在乡村文化建设中的职责和任务。五是加强乡村文化市场监管，打击违法违规行为，维护乡村文化市场的健康有序发展。广西柳州市柳江区三都镇觉山村，以加强屯级党组织规范化建设为切入点，推行以"屯党支部委员会+村民理事会+村民监事会"议事决策机构为主体的"三会兴屯"乡村治理模式。成立村民理事会，组建"葱"锋1号志愿者队伍，构建"三治融合"的现代治理体系，有效激活村民自治内生动力，提升乡村治理效能。以农耕文化为重点，打造各具特色的乡村文化和丰富多彩的乡村风貌，积极引导各屯提炼出富有本屯特色的标语口号、农村精神等乡村文化符号，提升文化内涵，形成文化自信，促使其"内化于心，外化于行"。积极推进"积分超市"等移风易俗新模式，村民通过参加日常公益劳作、新时代文明实践志愿活动等获得积分，激发了移风易俗的内生动力，村容村貌明显提升。自主举办"双十"丰收节、"九九"重阳节系列活动，孝老爱亲、邻里团结的氛围更加浓郁，积极营造文明乡风、深化推进移风易俗。将"微权力"办事流程、村务公开、村级活动纳入村民监督系统，设置警示教育、查询服务、监督举报三项功能，群众可以实现对村务全方位监督。觉山村深入开展乡村风貌整治行动，融合美丽乡村建设，开发以"山水田园"为特色的丰富乡村旅游资源，实现乡村美与乡村产业园区美的完美融合，步行其中，宛若进入了一幅美妙的新农村锦绣图，众多国内外游客慕名而来。2017年以来，累计接待100余所中小学共15000人现场参观、科普教育，接待国内外游客40余万人。

走乡村善治之路是实现乡村文化振兴的重要途径，通过完善乡村文化治理体系、加强乡村文化市场监管、创新乡村文化产品和服务等措施，可以有效推动乡村文化振兴，实现乡村经济、社会、文化的协调发展。未来，我们应继续深化对乡村文化振兴的研究和实践，探索更多有效的路径和方法，为实现乡村全面振兴贡献智慧和力量。

（三）抓重点，文化服务开拓创新

建立服务"常态化"，加强乡村公共文化服务体系建设，提高文化服务供给能力。通过建设乡村图书馆、文化活动室等文化设施，为乡村居民提供丰富多彩的文化产品和服务，加强文化资源的共享和整合，提高文化服务的覆盖面和实效性。发展乡村文化产业是提升乡村经济的重要手段，应依托乡村特色文化资源，发展文化创意、文化旅游等产业，打造具有地方特色的文化品牌。一是针对乡村居民多样化的文化需求，应创新文化服务模式，提供更加个性化、多样化的文化服务。例如，可以通过开展文化下乡活动、组织文化志愿者等方式，将优质文化资源引入乡村，满足乡村居民的文化需求。推动文化科技创新，科技是推动文化创新的重要力量；在乡村文化建设中，应充分利用现代科技手段，推动文化科技创新。例如，可以通过建设数字乡村文化平台、推广智能文化设备等方式，提高文化服务的智能化、便捷化水平，增强乡村居民的文化获得感。二是加强文化人才队伍建设，培养一支懂文化、善经营、会管理的文化人才队伍，为乡村文化建设提供有力的人才保障。

坚持"三化"铸魂，打造特色文化品牌。北海市银海区福成镇宁海村有着悠久的历史，同时具备海洋文化、古窑文化、移民文化等特色文化资源。在海洋文化方面，宁海村是最古老的入海口村屯之一，古代众多商船从海上进入福成江，溯江而上到达宁海村，开展陶瓷贸易。在古北海市银海区福成镇宁海村139窑文化方面，宋代窑址群坐落于宁海村下窑村，分布范围约为3万平方米，东西宽约100米，南北长约300米，出土陶瓷器物有罐、碗、盆、壶、瓮、钵和石锤、烟斗等生活日用品。宁海村通过"微更新""微改造"等一系列举措，推进文化遗存保育活化，让"古"的典雅和"新"的美丽交相辉映。在移民文化方面，平新村和八一村这两个自然村曾经为了支持国家建设、响应国家号召，分别于1965年、1969年从合浦县闸口镇、博白县江宁镇搬迁到现址，同时把移民拥有的团结奋斗、艰苦创业等客家文化带到这片土地上滋养、生根、发展，从"吃不饱村"发展成如今远近闻名的示范村。

建好文化娱乐设施，让群众参与有阵地，参与文艺活动人数有量的提升。2023年内田东县新建5个村屯篮球场和1个文化小广场，探索出3套全民健身路径，不断完善群众体育基础设施建设。完善县纪念馆、县博物馆、县图书馆、县文化馆、各乡镇文广站、各村级公共文化服务中心常态化免费开放和运行管理工作，截至目前，累计接待群众来访33.47万人次。新购置各类图书22种1000多册，补充馆藏，满足读者基本阅读需求，全馆流通书刊76418册。结合世界读书日等节日，广泛开展图书宣传活动，倡导全民阅读。2023年开展线上线下图书宣传主题活动共14场，累计为读者免费发放图书4000余册，宣传资料4800余份等，惠及群众7200余人，为全县167个农家书屋补充更新出版物11356册。

乡村文化建设是一项长期而艰巨的任务，需要全社会的共同努力。通过抓住重点文化服务领域、开拓创新等方式，能推动乡村文化建设的深入发展，提升乡村居民文化素养，促进乡村社会和谐。未来，应继续加强政策支持、资金投入等方面的工作，为乡村文化建设创造更加良好的环境和条件。

（四）创亮点，非遗传承提档升级

广西作为中国的多民族聚居区，拥有丰富的民族文化和乡村文化资源。随着乡村振兴战略的深入实施，广西乡村文化建设成为推动乡村全面振兴的重要力量。非遗传承提档升级作为乡村文化建设的核心任务，对于提升乡村文化内涵、增强乡村文化自信、促进乡村经济社会发展具有重要意义。

乡村文化建设与非遗传承是相辅相成、相互促进的关系。乡村文化建设为非遗传承提供了良好的社会环境和发展空间；非遗传承是乡村文化建设的重要内容，为乡村文化建设提供了丰富的文化资源。通过将非遗传承融入乡村文化建设中，可以更好地发挥非遗的文化价值，提高乡村文化的吸引力和影响力。加强乡村文化建设，不仅有助于保护和传承民族优秀传统文化，提升乡村文化内涵，还能激发乡村发展活力，促进乡村经济社会全面发展。通过创新亮点，非遗传承提档升级，可以进一步推动乡村文化与旅游、教育等产业的深度融合，实现乡村文化的经济价值和社会效益双赢。

第一，挖掘乡村文化旅游资源。广西拥有丰富的乡村文化旅游资源，如传统村落、民族风情、农耕文化等。在乡村文化建设中，广西可以挖掘这些资源，通过开发乡村旅游线路、建设乡村旅游景区等方式，将乡村文化资源优势转化为经济优势，促进乡村旅游业的发展。一是加大非遗保护力度。广西拥有丰富的非物质文化遗产资源，如壮族歌圩、瑶族盘王节等。在乡村文化建设中，通过制定非遗保护政策、建立非遗保护名录等措施，确保非遗资源的完整性和传承性。广西还可以加大对非遗传承人的扶持力度，提高他们的社会地位和经济待遇，激发他们传承非遗的热情和积极性。二是推动非遗与各领域和现代生活相融合。为了让非遗更好地融入现代生活，应注重推动非遗与现代科技、设计等领域的融合。通过开发非遗文化创意产品、举办非遗展览等活动，让非遗资源以更加时尚、实用的形式呈现在公众面前。此外，还应鼓励非遗传承人创新传承方式和方法，将非遗技艺与现代生活需求相结合，推动非遗在现代社会中焕发新的活力。三是构建非遗传承体系。为了构建完善的非遗传承体系，广西注重从多个层面进行布局。在教育领域层面，推动非遗进校园、进课堂，通过开设非遗课程、举办非遗研学活动等方式，培养青少年的非遗保护意识和传承能力；在社会层面，建立非遗传承基地、传习所等机构，为非遗传承人提供学习和交流的平台；最后，在政策层面加大对非遗传承的扶持力度，如设立非遗保护专项资金、制定非遗传承优惠政策等，为非遗传承提供有力保障。

第二，创新乡村文化活动形式。广西在乡村文化建设中注重创新文化活动形式，通过举办民族文化节、农民丰收节等具有地方特色的节日活动，可以吸引游客和村民参与，增强乡村文化的吸引力和影响力；可以利用现代科技手段，如互联网、移动终端等，打造线上线下相结合的乡村文化活动平台，拓宽文化活动的参与渠道和覆盖面；可以加大对农村文化设施的投入，建设一批具有地方特色的文化活动场所，如文化广场、农家书屋等，为农民提供丰富的文化活动场所；也可以开展形式多样的文化活动，如农民书画展、农民音乐节等，提高农民的文化素养和审美水平，增强农民的文化自信；鼓励农民发展文化产业，如农家乐、手工艺品等，提高农民的收入水平，促进农村经济发展。

第三，选好文化活动载体，让群众展示有舞台，让活动项目有质的提升。可以结合重要节庆节日平台，精心策划安排文艺晚会、百姓大舞台、山歌擂台赛、民俗非遗表演展示等各种丰富多彩的表演节目。例如，田东县为广大群众提供了一个展示自己才艺和交流互动的平台，提高群众参与率，指派书法、绘画、舞蹈专业人员到学校、村屯、社区等辅导书写对联和业余文艺队进行辅导，开展声乐和舞蹈文化惠民培训班2个、培训群众文艺团队骨干100人、业余文艺队进行辅导8000余人次，组织群众文艺团队开展百姓大舞台10场、组织开展文艺演出活动16场。在"壮族三月三八桂嘉年华"2023年百色滇黔桂三省区"唄侬歌会"的比赛中，参赛节目小组合唱《贝侬》荣获一等奖、节目《百色富了百色兴》荣获三等奖；参加"百色市第七届文艺汇演"比赛，声乐《把青春梦写满华夏神州》获一等奖、获综合艺术二等奖、《壮族嘹歌〈萨碟〉(等待)》获二等奖、《百色芒果》获三等奖等，不断增强田东凝聚力和文化自信。

(五) 创优服务，提升效能

随着乡村振兴战略的深入实施，广西乡村文化建设在提升乡村整体形象和增强乡村社会凝聚力方面发挥着越来越重要的作用。一是创优服务是提升乡村文化建设质量的关键。创优服务是指在乡村文化建设过程中，通过创新服务模式、优化服务流程、提高服务质量等措施，为村民提供更加优质、便捷的文化服务，创优服务不仅可以满足村民日益增长的文化需求，还可以提升乡村文化建设的整体质量和水平，增强乡村文化的吸引力和影响力。二是提升效能是实现乡村文化建设可持续发展的保障。提升效能是指在乡村文化建设过程中，通过提高工作效率、增强工作效果、降低工作成本等措施，实现乡村文化建设资源的优化配置和高效利用。提升效能不仅可以提高乡村文化建设的工作效率和效果，还可以降低文化建设的成本，实现乡村文化建设的可持续发展。

加强群众文化活动品牌建设，按照"乡乡参与、村村参与、全民参与"的原则，充分发挥地域文化资源优势，依托传统节日、重大庆典，扎实组织广场舞大赛、青年歌手大赛、民间艺术大赛、群众合唱大赛等文化系列大赛活动，开展全民艺术普及，提高群众文化参与度。广西精心打造了渠首欢歌广场文化活动、民间艺术大赛等具有广泛影响力的县级公共文化服务品牌以及美食文化节、赏花节、文化艺术节、农民丰收节等各具特色的乡镇级公共文化服务品牌。县文化馆、博物馆、图书馆充分利用馆内阵地，举办了历史文化主题展览、传统节日主题系列宣传活动、非遗项目展、广场文艺演出、戏曲专场演出、少儿红色故事会、少儿诵读活动、庆元宵戏曲曲艺文艺演出、广场舞蹈培训、"我们的节日—端午节"主题活动、"小小讲解员"志愿服务宣传活动、壮族文物图片展、讲解技能大比武活动，并组织举办了线上读书活动、文物展览、书画摄影展览活动等内容丰富的文化活动，真正做到了"闭馆不闭网"，同时，在县城区中心文化广场、体育公园等文体广场，组织开展了"文化和自然遗产日"画展、"非遗"节目展演、国际档案日文物图片巡展、便民夜市市场宣传演出活动，让先进文化牢牢占领意识形态主阵地。

（六）激活资源，融合发展

广西乡村文化资源具有多样性、独特性和丰富性等特点。在民族风情方面，广西拥有壮族、瑶族、苗族等多个少数民族，每个民族都有自己独特的语言、服饰、节庆、习俗等，构成了绚丽多彩的民族文化景观。在传统手工艺方面，广西乡村保留了大量的传统手工艺技艺，如壮锦、瑶族刺绣、竹编等，这些技艺精湛、历史悠久的手工艺品是乡村文化的重要载体。在民间艺术方面，广西乡村的民间艺术形式多样，如壮族山歌、瑶族铜鼓舞、苗族芦笙等，这些艺术形式反映了乡村生活的真实面貌和乡民的情感世界。在乡村建筑方面，广西乡村的传统建筑风格独特，如壮族的干栏式建筑、瑶族的石木结构建筑等，这些建筑不仅是乡村文化的物质载体，也是乡村景观的重要组成部分。要想激活该地区的丰富资源，融合发展，一是要加强乡村文化遗产保护。乡村文化遗产是乡村文化的重要组成部分，包括传统建筑、历史遗址、非物质文化遗产等。加强乡村文化遗产保护是激活乡村文化资源的首要任务，要建立健全乡村文化遗产保护机制，制定保护规划和政策措施，加强文化遗产的认定、登记和保护工作，还应加大资金投入，改善保护设施，提高保护水平，确保乡村文化遗产得到有效保护和传承。二是挖掘乡村文化特色。挖掘乡村文化特色是激活乡村文化资源的关键环节，要深入调研乡村文化资源，梳理乡村文化的历史脉络和特色内涵，挖掘乡村文化的独特性和价值，还要通过举办文化活动、建设文化展示馆、推广乡村文化产品等方式，展示乡村文化的魅力，提高乡村文化的知名度和影响力。三是培育乡村文化人才。乡村文化人才是乡村文化建设的重要力量，通过培训、交流、合作等方式，能提高乡村文化人才的素质和能力，为乡村文化建设提供有力的人才保障。

以文化平台为依托，更好地满足群众网络文化需求。建成县级综合公共文化云平台，不断加快充实数字文化平台资源建设，完善服务平台功能设置和服务项目，推动文化数字平台互联互通，资源共享，促进公共文化数字化建设全面提质增效。把公共文化服务与旅游（民宿）试点村打造有机结合，在各个乡镇（街道）建成文化合作社，每个文化合作社都有标识牌、有场地、有社长、有文艺团队、有发展目标、有管理制度、有工作规范程序、有详细活动记录，并鼓励社员积极发挥特长，在数字文化平台发布合规、高质量的文化特色作品，进一步提高线上活跃度，推进乡村文化合作社建设上档升级。如河池市天峨县，该县位于广西壮族自治区西北部，红水河上游，地处广西丘陵与云贵高原的过渡地带，全县群峰林立，沟壑纵横，地势西北高、东南低，以中山为主，因此，主要以种植业为主，全县耕地面积100多平方千米，约占全县国土面积的3.4%，其中水田面积约6000万平方千米，水浇地面积42万平方米，旱地面积4800多万平方米，因地处山区，耕地多为坡地田且分布零散。近年来，天峨县围绕乡村振兴乡风文明建设，积极实施文化共享惠民工程，通过"农家书屋+"共建模式，着力打造基层农家书屋建设，让"小书屋"发挥"大作用"，以提升文化服务效能，满足群众多元化阅读需求为出发点，通过打造一批读书阵地、出版一批乡土书籍、更新一批惠民图书、开展一系列活动"四个一"为载体，推进全民阅读成为"全民悦读"，大力建设"书香天峨"。天峨县始终把农家书屋建设当作一项惠民、富民工程来抓好、抓实，全面提升农民科学文化素质，县、乡（镇）、村三级联动，为农家书屋配置了房屋、书柜、报刊架和桌椅等硬件设施，选配了贴近"三农"的优质图书。截至目前，天峨县9个乡镇94个行政村（社区）26个屯已建成112个农家书屋，阅读场所年人均接待读者6万人次，并为每个农家书屋配备有2万余元的种植养殖、科普生活、家庭教育、家电维修、法律知识等适合农民的实用书籍，不仅为广大农民群众提供了业余文化生活的精神食粮，还成为拓展广大群众就业技能提升和致富增收的有效途径。在天峨县各乡镇、村的农家书屋，随处可看到前来"取经"的农民，关注最多的是如何防治病虫害、科学施肥等春耕期间技术问题，大家在农家书屋里还相互交流春耕期间的经验和心得，使农家书屋成为当地许多农户开展春耕备耕工作"学经验"的地方。天峨县不断加大农家书屋投入力度，在不断增加报纸杂志的同时，还添置多种儿童读物，藏书量达到90余万册，解决了天峨县外出务工人员的不断增加，留守儿童越来越多，长期没有父母的监管，一些儿童出现了厌学、到处闲逛、性格孤僻等问题，满足了留守儿童的精神文化需求，促进了留守儿童健康快乐成长，实现了天峨县农村留守儿童可以在农家书屋里看书学习，推进社会主义新农村建设具有重要意义。

坚持团结使用和培养管理并重，建立健全支持推行群众性文化活动机制，引导扶持社会各类文艺团队群体健康发展，培育一批扎根基层的群众文艺团队。一是进行社会志愿培训。有效整合各类文化艺术专业人才力量，采取集中、分散与延伸培训相结合，组建文化艺术人才志愿服务队深入乡镇学校开展文艺骨干结对子辅导培训，与民间文艺团队结对子，进行"点对点"辅导。为了有效解决基层专业人才缺乏的实际问题，文化馆选派人员充分利用县、乡、村文化阵地，组织举办了版画培训班、书画现场辅导培训班、锣鼓曲培训班、秧歌培训班、广场舞培训班、摄影培训班，同时，为了有效提升地方文化活动的节目质量，部分县文化馆选派专业老师深入各乡镇、县直有关单位，辅导排练音乐、舞蹈等各类文艺节目。在"五一"国际劳动节、文化遗产日期间，县博物馆选派人员开展走乡村、进校园文物保护法律法规辅导培训。县图书馆选派人员定期深入县直有关单位，对相关管理人员进行图书分类专业知识业务辅导，现场指导分类整理藏书。二是文化管理员培训。选派人员采取划片培训与分乡镇培训、集中轮训与日常指导相结合的办法，对文化协管员进行专业培训。培训内容主要涉及文化行业政策法规和文化文艺活动组织、文化市场、文物及图书管理等相关业务知识。通过实施岗位培训，进一步提升村级文化协管员的综合服务能力，村级文化管理员真正成为文化文艺活动的协调组织员、"扫黄打非"工作的信息联络员、地方文物巡查保护的管理员。

坚持以文塑旅、以旅彰文。文化不仅为旅游提供了丰富的内涵，也为旅游目的地赋予了独特的魅力。旅游作为文化传播的重要载体，对于弘扬和传承文化具有重要意义。文化与旅游之间存在着密切的联系。文化是旅游的灵魂，旅游是文化的载体。一方面，文化可以塑造旅游目的地的形象，提升旅游吸引力，独特的文化元素和内涵可以使旅游目的地具有差异化竞争优势，吸引游客前来体验；另一方面，旅游可以促进文化的传承与弘扬，通过旅游活动，游客可以亲身感受当地的文化魅力，加深对文化的理解和认同，从而有助于文化的传承和弘扬。依托壮族三月三活动的文化优势，整合社会民间团体力量，探索文旅演艺合作模式，在不同景区、不同节点积极策划，创作推出刘三姐、唱山歌等系列特色实景演艺项目，培育顺应市场需求的沉浸式演艺品牌，使优秀传统文化全面渗透到景区中，打造独具魅力的文化旅游体验。做好美食+文化、文化+旅游等宣传，将具有地方特色的餐饮文化，创新利用传统戏曲、舞台演绎等生动活泼、群众喜闻乐见的形式进行推介。

　　乡村振兴战略是我国政府为实现农业农村现代化而提出的重要战略，在这一战略背景下，乡村文化建设成为推动乡村振兴的重要力量。广西作为多民族聚居的边疆地区，拥有丰富的乡村文化资源，因此，应深入挖掘乡村文化资源，传承优秀传统文化，对广西乡村地区的传统文化进行全面调查和整理，建立乡村文化资源数据库，为保护和传承传统文化提供基础数据支持。加强对传统技艺、民俗活动、节庆习俗等传统文化的保护和传承。通过设立传承基地、培训传承人等措施，为传统文化的传承和发展提供保障，加强对乡村地区青少年的传统文化教育。通过开设相关课程、举办文化活动等方式，引导青少年了解和认同传统文化，培养他们对传统文化的兴趣和热爱。加强乡村公共文化服务体系建设，提升乡村文化软实力。加大对乡村地区公共文化设施的投入力度，通过建设图书馆、文化站、博物馆等公共设施，提高乡村地区的文化供给能力，通过举办文艺演出、展览、讲座等文化活动，丰富乡村居民的精神文化生活。加强对乡村地区文化人才的培养和引进，通过设立奖学金、提供培训机会等措施，吸引和培养更多的文化人才到乡村地区工作和发展。结合广西地域特色，打造具有地方特色的乡村文化品牌。通过挖掘乡村地区的自然景观、历史遗迹、民俗风情等地域文化资源，为打造具有地方特色的乡村文化品牌提供基础支撑。联通市场需求和乡村居民的文化需求，开发具有地方特色的文化产品和服务，通过发展乡村旅游、文化创意产业等文化产业形式，为乡村地区提供丰富的文化产品和服务。加强对具有地方特色的乡村文化品牌的宣传和推广，通过举办文化节庆活动、开展文化交流合作等方式，提高具有地方特色的乡村文化品牌的知名度和影响力。为推进广西乡村文化建设，应深入挖掘乡村文化资源，传承优秀传统文化，加强乡村公共文化服务体系建设，提升乡村文化软实力，同时，结合广西地域特色，打造具有地方特色的乡村文化品牌，为广西乡村文化建设的持续发展提供有力保障。

结 语

　　本书基于马克思主义中国化的视角，从战略性高度研究乡村振兴视域下乡村文化建设，阐述了乡村振兴战略、乡村文化建设的相关概念及二者的逻辑关系，挖掘了支撑乡村振兴视域下乡村文化建设的理论基础，完整架构起其基本属性，从实践角度实证了中国乡村文化建设历程，宏阔地论述了其现实境遇与路径选择。从战略高度系统地研究乡村振兴视域下乡村文化建设，能够给予政策制定者与理论工作者比较全面的参考，同时也充实了乡村文化建设理论的内容。由于本书是对论文主题进行的总体性研究，难免存在注重研究广度但理论深度不足的问题。总体而言，本书研究乡村振兴视域下乡村文化建设，得出如下基本结论。

　　其一，中国已经形成了以中国特色社会主义实践为基底的乡村文化建设发展道路。可概括总结为：自中国共产党成立，近百年来的中国乡村文化建设始终以马克思主义理论为指导，着眼于国家现代化发展实际需要，充分尊重农民主体性，熔铸于中国特色社会主义的伟大实践，不断开辟自身新的发展道路。

　　其二，未来乡村振兴视域下乡村文化建设的关注点应该是更加注重农民的参与性与满意度。当前，乡村文化建设已融入新时代乡村振兴战略中，农民对乡村文化建设的参与度与满意度越来越成为衡量乡风文明建设实践成效的重要向度。如何立足乡村文明，通过培育乡村共同体精神凝聚起农民参与乡村文化建设的决心与力量，是站在新的历史高度的乡村振兴视域下乡村文化建设需要重点予以关注的。

　　其三，对于乡村振兴视域下乡风文明建设在今后的研究中应主要倾向于以下问题。一是基于后脱贫时代现实背景，应加强相对贫困治理与乡村文化建设互动性的研究。二是社会工作专业人才能够用自身的专业知识与技能在婚姻家庭、禁毒戒毒、纠纷调解等方面发挥积极作用。应注重社会工作专业人才在乡村文化建设中主体作用的研究。三是实现乡村优秀传统文化创造性转化与创新性发展是乡村振兴视域下乡村文化建设新的使命，应重视传承发展乡村优秀传统文化实践进路的研究。

乡村振兴战略是我国为实现农业农村现代化而提出的重要战略。乡村文化建设作为乡村振兴战略的重要组成部分，对于提升乡村软实力、促进乡村经济社会发展具有重要意义。广西作为中国的少数民族自治区之一，拥有丰富的民族文化资源和独特的地理环境。在乡村振兴战略的大背景下，广西乡村文化建设显得尤为重要。它不仅关系到乡村经济、社会、生态的全面发展，还承载着传承和弘扬民族文化的重要使命。广西乡村文化建设是一项系统工程，需要政府、社会各界以及乡村居民共同参与和推动。通过加强合作、创新发展、完善体系等措施的实施，相信广西乡村文化建设将迎来更加美好的未来！

参考文献

一、马克思主义经典著作及重要文献

[1]中共中央马克思恩格斯列宁斯大林著作编译局.马克思恩格斯选集：第1–4卷[M].北京：人民出版社，2012.

[2]中共中央马克思恩格斯列宁斯大林著作编译局.马克思恩格斯文集：第1–10卷[M].北京：人民出版社，2009.

[3]马克思，恩格斯.马克思恩格斯全集：第4卷[M].北京：人民出版社，1958.

[4]马克思，恩格斯.马克思恩格斯全集：第46卷上[M].北京：人民出版社，1979.

[5]（苏）列宁.列宁全集：第1–60卷[M].北京：人民出版社，2017.

[6]（苏）列宁.列宁选集：第1–4卷[M].北京：人民出版社，2012.

[7]毛泽东.毛泽东选集：第1–4卷[M].北京：人民出版社，1991.

[8]中共中央文献研究室.毛泽东文集：第1–8卷[M].北京：人民出版社，1993–1999.

[9]邓小平.邓小平文选：第1–3卷[M].北京：人民出版社，1993–1994.

[10]江泽民.江泽民文选：第1–3卷[M].北京：人民出版社，2006.

[11]胡锦涛.胡锦涛文选：第1–3卷[M].北京：人民出版社，2016.

[12]中共中央文献研究室.十五大以来重要文献选编：上[M].北京：中央文献出版社，2000.

[13]中共中央文献研究室.十五大以来重要文献选编：中[M].北京：中央

文献出版社，2001.

[14]中共中央文献研究室.十五大以来重要文献选编：下[M].北京：中央文献出版社，2003.

[15]中共中央文献研究室.十六大以来重要文献选编：上[M].北京：中央文献出版社，2005.

[16]中共中央文献研究室.十六大以来重要文献选编：中[M].北京：中央文献出版社，2006.

[17]中共中央文献研究室.十六大以来重要文献选编：下[M].北京：中央文献出版社，2008.

[18]中共中央文献研究室.十七大以来重要文献选编：上[M].北京：中央文献出版社，2009.

[19]中共中央文献研究室.十七大以来重要文献选编：中[M].北京：中央文献出版社，2011.

[20]中共中央文献研究室.十七大以来重要文献选编：下[M].北京：中央文献出版社，2013.

[21]中共中央文献研究室.十八大以来重要文献选编：上[M].北京：中央文献出版社，2014.

[22]中共中央文献研究室.十八大以来重要文献选编：中[M].北京：中央文献出版社，2016.

[23]中共中央党史和文献研究院.十八大以来重要文献选编：下[M].北京：中央文献出版社，2018.

[24]中共中央党史和文献研究院.十九大以来重要文献选编：上[M].北京：中央文献出版社，2019.

[25]习近平谈治国理政[M].北京：外文出版社，2014.

[26]习近平谈治国理政：第二卷[M].北京：外文出版社，2017.

[27]习近平谈治国理政：第三卷[M].北京：外文出版社，2020.

[28]习近平.摆脱贫困[M].福州：福建人民出版社，1992.

[29]习近平.在文艺工作座谈会上的讲话[M].北京：人民出版社，2015.

[30]习近平.论坚持全面深化改革[M].北京：中央文献出版社，2018.

[31]中共中央文献研究室.习近平关于全面建成小康社会论述摘编[M].北

京：中央文献出版社，2016.

[32]中共中央党史和文献研究院.习近平关于"三农"工作论述摘编[M].北京：中央文献出版社，2019.

[33]中共中央文献研究室.习近平关于社会主义文化建设论述摘编[M].北京：中央文献出版社，2017.

[34]中共中央、国务院.中共中央、国务院关于实施乡村振兴战略的意见[M].北京：人民出版社，2018.

[35]中共中央、国务院.乡村振兴战略规划：2018—2022年[M].北京：人民出版社，2018.

[36]中共中央党史和文献研究院.习近平关于"三农"工作论述摘编[M].北京：中央文献出版社，2019.

[37]中共中央党史和文献研究院.习近平扶贫论述摘编[M].北京：中央文献出版社，2018.

[38]中共中央文献研究室.习近平关于社会主义经济建设论述摘编[M].北京：中央文献出版社，2017.

[39]中共中央文献研究室.社会主义精神文明建设文献选编[M].北京：中央文献出版社，1996.

[40]中共中央宣传部.习近平总书记系列重要讲话读本[M].北京：学习出版社，2016.

[41]中共中央宣传部.习近平新时代中国特色社会主义思想三十讲[M].北京：学习出版社，2018.

[42]中国共产党历史：第一卷　上下[M].北京：中共党史出版社，2002.

[43]中国共产党历史：第二卷　上下[M].北京：中共党史出版社，2011.

[44]中共中央、国务院关于实施乡村振兴战略的意见[M].北京：人民出版社，2018.

[45]乡村振兴战略规划：2018—2022年[M].北京：人民出版社，2018.

二、国内外相关著作

[1]中华人民共和国统计局.中国统计年鉴：2020[M].北京：中国统计出版社，2020.

[2]国家统计局社会科技文化产业统计司.中国社会统计年鉴：2019[M].北京：中国统计出版社，2019.

[3]国家统计局住户调查办公室.中国农村贫困监测报告：2019[M].北京：中国统计出版社，2019.

[4]中国精神文明建设年鉴编辑委员会.中国精神文明建设年鉴：1998—1999[M].北京：学习出版社，2002.

[5]中华人民共和国科学技术部.中国科普统计：2019[M].北京：科学技术文献出版社，2019.

[6]中央精神文明建设指导委员会办公室.全国文明村镇测评体系：2020年版[M].北京：中央精神文明建设指导委员会办公室，2020.

[7]中共中央关于制定国民经济和社会发展第十四个五年规划和二〇三五年远景目标的建议[M].北京：人民出版社，2020.

[8]国家统计局农村社会经济调查司.中国农村统计年鉴：2021[M].北京：中国统计出版社，2021.

[9]全国干部培训教材编审指导委员会.社会主义文化强国建设[M].北京：人民出版社，党建读物出版社，2015.

[10]费孝通.江村经济[M].上海：上海人民出版社，2007.

[11]费孝通.乡土中国：修订版[M].上海：上海人民出版社，2013.

[12]中国文化书院学术委员会.梁漱溟全集：第2卷[M].济南：山东人民出版社，2005.

[13]陶行知.陶行知全集：第1卷[M].长沙：湖南教育出版社，1984.

[14]陶行知.陶行知全集：第2卷[M].长沙：湖南教育出版社，1985.

[15]梁漱溟.梁漱溟全集：第2卷[M].济南：山东人民出版社，2005.

[16]梁漱溟.乡村建设理论[M].上海：上海人民出版社，2011.

[17]梁漱溟.中国文化的命运[M].北京：中信出版集团，2016.

[18]梁漱溟.中国文化要义[M].上海：上海人民出版社，2011.

[19]费孝通.乡土中国[M].北京：人民出版社，2008.

[20]王沪宁.当代中国村落家族文化[M].上海：上海人民出版社，1991.

[21]工怀超，秦刚.社会主义精神文明建设的历史进程与基本经验[M].北京：中共中央党校出版社，2011.

[22]魏后凯，闫坤.中国农村发展报告：新时代乡村全面振兴之路[M].北京：中国社会科学出版社，2018.

[23]秦刚.中国特色社会主义道路研究[M].北京：中共中央党校出版社，2017.

[24]孔祥智.乡村振兴的九个维度[M].广东：广东人民出版社，2020.

[25]姜长云.乡村振兴战略：理论、政策和规划研究[M].北京：中国财经经济出版社，2020.

[26]陈锡文.走中国特色社会主义乡村振兴道路[M].北京：中国社会科学出版社，2019.

[27]李秀忠，李妮娜.当代中国乡村文化建设问题研究[M].济南：山东人民出版社，2014.

[28]罗文章.新农村道德建设研究[M].北京：当代中国出版社，2008.

[29]李小云，赵旭东，叶敬忠.乡村文化与新农村建设[M].北京：社会科学文献出版社，2008.

[30]黄生成.中国新农村文化建设[M].北京：中国政法大学出版社，2017.

[31]冯颜利.中国特色社会主义文化建设[M].北京：中共中央党校出版社，2013.

[32]张晓山.乡村振兴战略[M].广州：广东经济出版社，2020.

[33]胡光宇.中国共产党文化建设[M].北京：人民出版社，2011.

[34]魏后凯，闫坤.中国农村发展报告：新时代乡村全面振兴之路[M].北京：中国社会科学出版社，2018.

[35]温铁军，张孝德.乡村振兴十人谈：乡村振兴战略深度解读[M].南昌：江西教育出版社，2018.

[36]刘玉娥.传统与现代：中华传统文化与新农村乡风文明建设[M].郑州：河南人民出版社，2014.

[37]李静.城市化进程与乡村叙事的文化互动[M].北京：中国社会科学出版社，2015.

[38]石霞.建设强富美的新农村[M].北京：人民出版社，2015.

[39]（美）亨廷顿.文明的冲突与世界秩序的重建[M].周琪等，译.北京：新华出版社，2002.

[40]（加）宝森.中国妇女与农村发展：云南禄村六十年的变迁[M].胡玉坤，译.南京：江苏人民出版社，2005.

[41]（美）亨廷顿.文化的重要作用[M].北京：新华出版社，2002.

[42]（美）罗吉斯.乡村社会变迁[M].王地宁，译.杭州：浙江人民出版社，1988.

[43]（美）弗里曼，毕克伟，赛尔登.中国乡村：社会主义国家[M].陶鹤山，译.北京：社会科学文献出版社，2002.

[44]（美）明恩溥.中国的乡村生活[M].陈午晴，唐军，译.北京：电子工业出版社，2012.

三、中文期刊

[1]王亚华，苏毅清.乡村振兴：中国农村发展新战略[J].中央社会主义学院学报，2017（06）：49-55.

[2]廖彩荣，陈美球.乡村振兴战略的理论逻辑、科学内涵与实现路径[J].农林经济管理学报，2017，16（6）：795-802.

[3]陈龙.新时代中国特色乡村振兴战略探究[J].西北农林科技大学学报（社会科学版），2018，18（3）：55-62.

[4]韩俊.扎实做好乡村振兴这篇大文章：深入学习贯彻习近平总书记关于实施乡村振兴战略重要讲话精神[J].党建，2020（10）：15-18.

[5]曲延春，王海镔.乡村振兴战略：价值意蕴、当前困局及突破路径[J].江淮论坛，2018（5）：33-38.

[6]郭晓鸣，张克俊，虞洪.实施乡村振兴战略的系统认识与道路选择[J].

农村经济，2018（1）：11-20.

[7]姜长云.全面把握实施乡村振兴战略的丰富内涵[J].经济研究参考，2017（63）：18-20.

[8]张红宇.理解把握乡村振兴战略的时代意义[J].农村工作通讯，2018（8）：16-18.

[9]钟钰.实施乡村振兴战略的科学内涵与实现路径[J].新疆师范大学学报（哲学社会科学版）.2018，39（5）：71-76+2.

[10]叶敬忠.乡村振兴战略：历史沿循、总体布局与路径省思[J].华南师范大学学报（社会科学版），2018（2）：64-69+191.

[11]唐任伍.新时代乡村振兴战略的实施路径及策略[J].人民论坛·学术前沿，2018（3）：26-33.

[12]周柏春.中国特色乡村文化振兴道路的内在机理与推进策略[J].学术交流，2021（7）：141-150+192.

[13]陈叙.新中国70年来乡村文化建设的历程与走向研究[J].中华文化论坛，2019（6）：140-147+158.

[14]慕良泽，赵勇.乡村振兴的历史基础和现实策略[J].广西大学学报（哲学社会科学版），2019，41（1）：121-126.

[15]高静，王志章.改革开放40年：中国乡村文化的变迁逻辑、振兴路径与制度构建[J].农业经济问题，2019（3）：49-60.

[16]张阳丽，王国敏，刘碧.我国实施乡村振兴战略的理论阐释、矛盾剖析及突破路径[J].天津师范大学学报（社会科学版），2020（3）：52-61.

[17]孔祥智.实施乡村振兴战略的进展、问题与趋势[J].中国特色社会主义研究，2019（1）：5-11.

[18]刘儒，刘江，王舒弘.乡村振兴战略：历史脉络、理论逻辑、推进路径[J].西北农林科技大学学报（社会科学版），2020，20（2）：1-9.

[19]范建华.乡村振兴战略的时代意义[J].行政管理改革，2018（2）：176-181.

[20]唐兴军，李定国.文化嵌入：新时代乡风文明建设的价值取向与现实路径[J].求实，2019（2）：86-96+112.

[21]宋小霞，王婷婷.文化振兴是乡村振兴的"根"与"魂"：乡村文化

振兴的重要性分析及现状和对策研究[J].山东社会科学，2019（4）176-181.

[22]温丽华.优秀家风在乡村文化建设中的内生动力价值与路径研究[J].中共福建省委党校学报，2017（11）：115-120.

[23]王宁.乡村振兴战略下乡村文化建设的现状及发展进路：基于浙江农村文化礼堂的实践探索[J].湖北社会科学，2018（9）：46-52.

[24]高瑞琴，朱启臻.何以为根：乡村文化的价值意蕴与振兴路径：基于《把根留住》一书的思考[J].中国农业大学学报（社会科学版），2019，36（3）：103-110.

[25]杨华，范岳，杜天欣.乡村文化的优势内核、发展困境与振兴策略[J].西北农林科技大学学报（社会科学版），2022，22（3）：23-31.

[26]吕宾.乡村振兴视域下乡村文化重塑的必要性、困境与路径[J].求实，2019（2）：97-108+112.

[27]汪盛玉."乡风文明"何以可能：基于社会主义核心价值观培育的视角[J].理论建设，2019（1）：21-26.

[28]方坤，梁宽.乡村振兴背景下传统文化传承创新的整体趋势分析[J].广西民族大学学报（哲学社会科学版），2020，42（5）：43-51.

[29]吴理财，解胜利.文化治理视角下的乡村文化振兴：价值耦合与体系建构[J].华中农业大学学报（社会科学版），2019（1）：16-23+162-163.

[30]徐学庆.乡村振兴战略背景下乡风文明建设的意义及其路径[J].中州学刊，2018（9）：71-76.

[31]戚迪明，刘玉侠，任丹丹.转型中乡村文化建设的困境与反思[J].江淮论坛，2019（6）：14-21+197.

[32]檀江林，顾文婷.社会主义新农村建设中乡风文明的有机生态系统构建[J].华中农业大学学报（社会科学版），2011（5）：59-66.

[33]徐越.乡村振兴战略背景下的乡风文明建设[J].红旗文稿，2019（21）：32-34.

[34]刘保庆，陈雨昕.乡村振兴背景下乡风文明建设的实现路径[J].农业经济，2020（10）：50-52.

[35]舒坤尧.以中华优秀传统文化促进乡村文化振兴[J].人民论坛，2022，（3）：123-125.

[36]李博.乡村振兴中的人才振兴及其推进路径：基于不同人才与乡村振兴之间的内在逻辑[J].云南社会科学，2020（4）：137-143.

[37]刘合光.激活参与主体积极性，大力实施乡村振兴战略[J].农业经济问题，2018（1）：14-20.

[38]周晓光.实施乡村振兴战略的人才瓶颈及对策建议[J].世界农业，2019（4）：32-37.

[39]孔韬.乡村振兴战略背景下新型职业农民培育的困境与出路[J].中国职业技术教育，2019（6）：80-85.

[40]谭金芳，张朝阳，孙育峰等.乡村振兴战略背景下人才战略的理论内涵和制度构建[J].中国农业教育，2018（6）：17-22+93.

[41]张丙宣，华逸婕.激励结构、内生能力与乡村振兴[J].浙江社会学，2018（5）：56-63+157-158.

[42]甘娜，汪虹成，陈红利.乡村振兴背景下"五位一体"乡村共同体建设路径研究[J].农村经济，2019（11）：69-71.

[43]梁红泉.现代化进程中农村文化共同体的建构[J].中共四川省委党校学报，2017（1）：82-85.

[44]谭明方.城乡融合发展促进实施乡村振兴战略的内在机理研究[J].学海，2020（4）：99-106.

[45]魏后凯，郜亮亮，崔凯等."十四五"时期促进乡村振兴的思路与政策[J].农村经济，2020（8）：1-11.

[46]岳国芳.脱贫攻坚与乡村振兴的衔接机制构建[J].经济问题，2020（8）：107-113.

[47]刘志刚.城乡融合发展视域下乡村振兴的文化困境与现实路径[J].江苏行政学院学报，2022（6）：76-82.

[48]韩广富，刘欢.新时代农村基层党组织推进乡风文明建设的逻辑理路[J]，理论探讨，2020（2）：137-143.

四、学位论文类

[1]余敏.乡村振兴战略下乡村优秀传统文化传承发展研究[D].兰州理工大学，2022.

[2]陈泽慧.新时代乡村文化振兴研究[D].牡丹江师范学院，2021.

[3]鲁晨.乡村振兴战略视域下乡村文化建设研究[D].河北经贸大学，2020.

[4]李辰.新时代乡村文化振兴研究[D].浙江农林大学，2021.

[5]卢玉英.乡村振兴战略背景下乡村文化建设路径研究[D].信阳师范学院，2020.

[6]王伟林.乡村振兴背景下的乡贤文化传承与应用研究[D].山东大学，2019.

[7]彭雅婷.乡村振兴战略视域下农村文化建设研究[D].中共陕西省委党校，2019.

[8]罗志峰.我国现代化进程中的乡村文化建设研究[D].中共中央党校，2019.

[9]赵琦.乡村振兴视角下乡村文化建设研究[D].长春理工大学，2019.

五、报纸及网络资料

[1]中共中央 国务院关于全面推进乡村振兴加快农业农村现代化的意见（全文）[N].人民日报，2021-2-22（1）.

[2]中共中央 国务院关于做好二〇二三年全面推进乡村振兴重点工作的意见[N].人民日报，2023-2-14（1）.

[3]国家脱贫攻坚普查公报（第二号）[N].人民日报，2021-2-26（5）.

[4]国家脱贫攻坚普查公报（第四号）[N].人民日报，2021-2-26（5）.

[5]中华人民共和国国民经济和社会发展第十四个五年规划和2035年远景目标纲要[N].人民日报，2021-3-13（1）.

[6]中共中央办公厅国务院办公厅印发.关于加强和改进乡村治理的指导意见（全文）[N].新华社，2019-06-23.

[7]中共中央 国务院.乡村振兴战略规划（2018-2022年）[N].人民日报，2018-09-27.

[8]中华人民共和国乡村振兴促进法[N].中国人大网，2021-4-29.

[9]农村人居环境整治三年行动方案[N].人民日报，2018-2-6（1）.

[10]全国政协围绕"注重家庭家教家风建设"召开网络议政远程协商会[N].人民日报，2019-6-29（4）.

[11]中国农村教育发展报告2019发布[N].中国报，2019-1-16（1）.

[12]中共中央 国务院关于建立健全城乡融合发展体制机制和政策体系的意见[N].人民日报，2019-5-6（8）.

[13]中共中央 国务院关于实施乡村振兴战略的意见[N].人民日报，2018-2-5.

[14]中共中央 国务院印发《乡村振兴战略规划（2018—2022年）》[N].人民日报，2018-9-27.

[15]习近平总书记在全国宣传思想工作会议上的讲话[N].人民日报，2013-8-19.

[16]习近平总书记在全国文艺工作座谈会上的重要讲话[N].人民日报，2015-10-15.

[17]习近平同志关于文化发展繁荣的系列重要讲话[N].人民日报，2016-9-22.

[18]骆郁廷，刘彦东.以文化为乡村振兴铸魂[N].光明日报，2018-5-8（11）.

[19]张毅慧.新时代加强全民乡村文化建设是乡村振兴的关键[N].吉林党校报，2019-4-1.

[20]何均民.乡村文化振兴须因地制宜精准施策[N].光明日报，2018-8-15（02）.

[21]蔡冬婷，陈松友.大力培育新型职业农民新知新觉：为乡村振兴听人才支撑[N].人民日报，2018-9-17.

[22]刘永刚.实施乡村振兴战略须率先振兴乡村文化[N].中国民族报，

2018-12-28.

[23]王慧娟，周方.在乡村振兴中发挥农民主体作用[N].中国社会科学报，2018-8-9.

[24]时明德.推进乡村文化振兴打造百姓精神家园[N].河南日报，2019-6-5.

[25]中国政府网.习近平：在决战决胜脱贫攻坚座谈会上的讲话[EB/OL]（2020-03-06）[2023-11-12].http:www.gov.cn/xinwen/2020-03-06/content_5488175.html.

[26]中国政府网.中华人民共和国文化部2012年文化发展统计公报[EB/OL].http:www.gov.cn/foot/site1/20140421/782bcb888d4914bf24b301.pdf.

[27]中国政府网.中共中央关于制定国民经济和社会发展第十三个五年规划[EB/OL]（2015-11-03）[2023-12-12].http:www.gov.cn/xinwen/2015-11/03/Content_5004093.html.

[28]中国政府网.国务院办公厅关于转发文化部等部门中国传统工艺振兴计划的通知[EB/OL]（2017-03-24）[2023-10-11].http:www.gov.cn/zhengce/content/2017-03-24/content_5180388.html.

后　记

随着最后一个句号的落下，这部专著终于完成了。站在这本书的终点，我不禁回想起整个写作过程的点点滴滴。这不仅仅是一本书的诞生，更是我多年研究与思考的结晶。回首往昔，我的学术之路并非一帆风顺，初涉这个领域时，我曾感到迷茫与困惑，无数次在夜深人静之时，对着满桌的文献和资料发愁。然而，正是这些挑战与困难，激发了我深入研究的决心。我深知，只有不断攀登学术的高峰，才能更好地为学术界和社会作出贡献。

在本书的写作过程中，我得到了许多人的帮助和支持。首先，我要感谢玉林师范学院马克思主义学院的各位领导、同事，尤其是丁祥艳、石瑞红、黄基凤等老师，他们的严谨审阅和深刻见解，使整部书稿得到了实质性的提升；他们的专业知识以及无私的付出，使我受益匪浅。其次，我还要感谢那些在我写作过程中提供宝贵意见的专家学者。他们的观点和建议，使我更深入地理解了主题，也使书稿更加丰富、富有深度。他们的帮助和支持，是我能够完成这篇文章的重要动力。最后，我要感谢在编辑和校对过程中付出辛勤努力的同事和编辑们。他们的专业精神和严谨态度，使书稿在最终呈现给读者时，达到了最高的标准。他们的帮助和付出，使我深感敬意和感激。总的来说，我非常珍视这次写作的经历，也深感每一位帮助过我的人的重要性。期待未来能有更多的机会与他们一起学习，一起进步。这本书是我对他们的感激之情的最好表达，也是对他们无私奉献的最好回报。

在本书的写作过程中，我力求做到严谨、客观、深入。我希望本书能够为读者提供一个全面、系统的学术视角，帮助读者更好地理解和把握这个领域的问题，同时，我也希望本书能够引发更多学者的关注和思考，从而共同推动这个领域的发展。当然，我深知本书的不足之处，在学术研究中，任何一部作品都只是冰山一角，我们永远无法穷尽所有的知识和智慧。因此，我恳请读者在阅读本书时，能够保持批判性思维，不断提出问题，也希望未来有机会对本书进行修订和完善，以更好地满足读者的需求。

从年少梦想到为之奋斗而不断靠近，每一次跌倒，我都义无反顾地爬起来继续前行，感谢我的家人一路相伴相知，我的父亲为了我能够一心做自己想做的事情，不远千里帮我照看年幼的儿子，我的爱人深知我不易，时时鼓励我、支持我，让我能够专注自己的事业，在人生路上不断前行，有家人的相伴和支持给予我莫大的动力。三十而立，应成为家庭的顶梁柱，更应是国家教育事业的中流砥柱，我愿奋斗一生，为我国教育事业贡献自己的绵薄之力！在学术研究的道路上，我们永远都在追求和探索。愿这部著作能够成为我们共同前进道路上的一盏明灯，照亮我们前行的道路。让我们携手并进，共同创造更加美好的未来！要感谢的人很多，但落笔之时，更想感谢中国共产党带领中国人民冲破近代的黑暗、带领人民不断创造美好未来；更想感谢我敬爱的祖国，祖国的强大、繁荣富强，时刻给予我前行的骨气和力量，如此荣幸生于华夏，生于当前盛世！未来，我将脚踏实地、不畏艰难、敢于拼搏，创造更精彩的人生！